交通工程学

主　编　孙亚平

副主编　李文芳　王　丹　曹　森　刘　军

主　审　姬程飞　宋彦军

北京理工大学出版社

BEIJING INSTITUTE OF TECHNOLOGY PRESS

内 容 简 介

本书系统地介绍了交通工程的基本概念和基础理论，共分 16 章，内容包括绪论，驾驶员、行人、乘客和车辆的交通特性，交通量，车速，交通密度，交通量、速度、密度的关系，延误，交通流理论，道路通行能力与服务水平分析，交通规划，停车场及服务设施，交通管理与控制，道路交通环境保护，交通事故与安全，城市公共交通系统，智能交通系统。

本书可作为高等院校交通工程专业、交通运输专业、道路桥梁与渡河工程专业、土木工程专业、工程管理专业、测绘工程专业教材，也可供从事交通工程研究的专业技术人员参考，还可作为城市交通规划等领域规划、设计与管理部门技术人员的参考用书。

图书在版编目（CIP）数据

交通工程学/孙亚平主编 . —北京：北京理工大学出版社，2020.10
ISBN 978 – 7 – 5682 – 9175 – 0

Ⅰ.①交⋯　　Ⅱ.①孙⋯　　Ⅲ.①交通工程学 – 高等学校 – 教材　　Ⅳ.①U491

中国版本图书馆 CIP 数据核字（2020）第 205831 号

出版发行 / 北京理工大学出版社有限责任公司
社　　　址 / 北京市海淀区中关村南大街 5 号
邮　　　编 / 100081
电　　　话 / （010）68914775（总编室）
　　　　　　（010）82562903（教材售后服务热线）
　　　　　　（010）68948351（其他图书服务热线）
网　　　址 / http：//www.bitpress.com.cn
经　　　销 / 全国各地新华书店
印　　　刷 / 北京紫瑞利印刷有限公司
开　　　本 / 787 毫米 ×1092 毫米　1/16
印　　　张 / 16
字　　　数 / 415 千字
版　　　次 / 2020 年 10 月第 1 版　　2020 年 10 月第 1 次印刷
定　　　价 / 48.00 元

责任编辑 / 陆世立
文案编辑 / 赵　轩
责任校对 / 刘亚男
责任印制 / 李志强

　　国内外的交通工程发展过程表明，交通工程学是一门交叉学科，相关的学科有土木工程、城市规划、车辆工程、管理学、心理学、系统工程学、信息科学与技术、运输工程、人类工程、道路工程、交通规划学、环境工程、自动控制、应用数学、电子计算机等。因此，交通工程学是一门由多种学科相互渗透的新兴边缘学科。

　　交通工程学研究的内容非常广泛，几乎涉及道路交通的各个方面。而就交通工程学这门学科来说，其基础理论是交通流理论、交通统计学、交通心理学、汽车动力学、交通经济学。《交通工程学》课程已成为交通工程、交通运输及土木工程等专业的平台课，并被全国高等学校交通工程教学指导分委员会设定为交通工程专业的五门主干课程之一。

　　本次编写旨在梳理教学顺序，使知识点的衔接与运用更加合理；精简重复教学内容，以便学生后续学习交通管理与控制、交通规划等课程；对非专业学生的学习降低了难度。

　　本书由黄河交通学院孙亚平、王丹、李文芳、曹森及周口职业技术学院刘军编写，其中孙亚平任主编，李文芳、王丹、曹森、刘军任副主编；刘军编写第一章、第二章，曹森编写第三章、第四章、第十二章，孙亚平编写第五章、第七章、第八章、第十章，王丹编写第六章、第九章、第十三章，李文芳编写第十一章、第十四章、第十五章、第十六章；全书由姬程飞、宋彦军主审。

　　本书在编写过程中参考了国内外诸多专家学者在交通工程领域的相关文献，此外，部分参考资料来源于百度文库等网络平台，无法考证其最初来源，在此向相关作者表示由衷的感谢。

　　由于编者学识有限，书中难免存有疏漏与不足之处，恳请各位专家、同行、读者批评指正。

编　者

目 录

第 1 章

绪论

本章主要讲述交通工程学的定义、交通的特点、交通工程学的作用、交通工程学的内容及相关学科、交通工程学的产生与发展等。

掌握交通工程学的定义和交通工程学的作用；明确交通工程学的研究内容；了解交通工程学的产生及发展历程。

1.1 交通工程概述

1.1.1 交通工程学的定义

交通工程学是一门发展中的学科，人们从不同的角度，用不同的观点和方法去研究和认识，因此，对其定义也有多种提法，目前还无世界公认的统一的定义。在交通工程学的发展历程中，各国学者先后提出过一些不同的定义。

世界上成立最早的交通工程师协会是美国交通工程师协会，而该协会早在 20 世纪 40 年代，就赋予了交通工程学明确的定义，他们定义交通工程学是工程学的一个分支，是研究道路规划、几何设计、交通管理和道路网、终点站、毗邻用地与各种交通方式的关系，以便使客货运输安全、有效和方便的学科；1983 年，在交通工程师协会的会员指南中修订并重新定义交通工程学的概念，他们定义交通工程学是运输工程学的一个分支，它涉及规划、几何设计、交通管理和道路网、终点站、毗邻用地，以及与其他交通方式的关系。

除此之外，还有很多机构、学者提出自己对交通工程学的理解和定义。其中，日本的渡边新三、佐佐木纲等学者认为：交通工程学研究的是结合客货运输的安全、方便与经济，探讨公路、城市道路及其相连接的整体用地规划、几何线形设计和运营管理等问题。而澳大利亚著名的交通工程学教授布伦敦认为：交通工程学是关于交通和出行的量测学科，是研究交通流和交通发生的基本规律的学科。为了使人和物安全而有效地移动，需将这些学科知识应用于交通系统的规划、设计和运营中。英国学者认为：道路工程学中研究交通运营与控制、交通规划、线形设计的那一部分称为交通工程学。苏联学者认为：交通工程学是交通过程的规律和交通对道路结构、人工构造物影响的学科。

我国的学者也从交通工程在我国的发展现状入手，提出了适应我国国情的交通工程学定义。其中，北京工业大学任福田教授从学科门类、研究目的、内容和对象四个方面对交通工程学进行了全面定义，他认为交通工程学是研究交通规律及其应用的一门技术学科。其目的是探讨如何使交通运输安全、迅速、舒适和经济；其研究内容主要是交通规划、交通设施、交通运营管理；其研究对象是驾驶员、行人、车辆、道路和交通环境。

综上可以看出，各国学者从不同的角度、用不同的观点对交通工程学进行了探索和研究，并提出了自己的定义。总的来讲，交通工程学是以人（驾驶员和行人等）为主体，以交通流为中心，以道路为基础，将这三个方面有关的内容统一在道路交通系统中进行研究，综合处理道路交通中人、车、路、环境之间的时间与空间关系的科学。其寻求的是道路通行能力最大、交通事故最少、能源机件损耗与公害程度最低、运输效率最高而费用最省的科学措施，从而达到安全、迅速、经济、舒适和低公害的目的。

1.1.2　交通的特点

交通是人、车在道路上的移动。透过简单的交通现象用系统学科的观点分析，交通是人类为满足人们出行和货物运输的需要，由人、车、路、环境等交通要素构成的复杂的动态系统。其有以下三个特点：

（1）系统性。交通系统是由相互作用和相互依赖的若干组成部分构成的、具有特定功能的有机整体。这一有机整体中的任何一个要素的行为或性质的变化都不再具有独立性，都会对整体发生影响。而研究人员研究的交通，它所包含的人、车、路、环境这几个互不相同的要素，在构成道路交通这样一个具有特定功能的整体时，就产生了相互依赖、相互作用的特定的不可分割的联系，也就是说交通具有系统性的特点。

（2）动态性。在交通过程中，随着时间的推移和外界交通环境的改变，行人和驾驶人员随时产生心理和生理状态的变化；交通的流量、车辆的运行速度、车辆密度等也随时发生变化；人、车、路、环境之间的协调、配合关系也随时处于变化和调整之中。这种道路交通状态随时间变化的特性，说明它不仅是一个系统，而且是一个动态系统。

（3）复杂性。在交通这一个动态的系统中，行人、车辆、道路、交通环境及驾驶员之间是无时无刻不在相互影响、相互制约的，这不可避免地造成人、车、路、环境这些交通要素之间的关系错综复杂，影响它们的不确定因素甚多。一条道路上除了车辆之间的相互制约，还有车辆与行人、与环境的相互制约，处理不当就极有可能引起交通拥挤。除此之外，我们知道交通现象并不仅仅产生于一点一线上，而是像一张巨大的网一样分布在整个交通网络上，并且更加复杂的是，在这个交通网络中，行人及车流的运动和分布是随机的、瞬息万变的，研究人员和工程技术人员要对其进行分析本就困难重重，更不用说还要描述和确定系统中各要素及整体的运动规律，这更是难上加难，而且研究人员研究的交通流一般都是某一状态下的模拟情境，而实际上交通流的运行还时常受外界因素的干扰。

除了上面介绍的交通系统的特点之外，我们还要了解，一方面，交通系统受城乡经济、人口分布、产业布局、能源供应、环境保护及科技水平的制约；另一方面，交通系统的有效性、经济性、安全性等又会直接或间接地影响整个社会的工作效率、经济效益、人民生活及社会秩序等。

这些实际情况都说明我们要研究分析的交通不仅是一个动态系统，更是一个复杂的动态系统。

1.1.3　交通工程学的作用

交通工程学作为一门重要的学科，其在我国经济社会的发展中起到十分重要的作用。通过总结国内外研究和运用交通工程学的实践以及交通工程学在发展过程中所显示的作用，我们可以将交通工程学的作用概括为以下几点：

（1）帮助交通管理的相关部门制定道路交通综合治理方案并保证其顺利实施，促使交通事故发生率全面下降，实现交通运输的安全和舒适的目标。

（2）有效地减少和避免日益突出的交通拥挤混乱，提高整个交通系统的运输效率，并能在一定程度上增加运输企业的经济效益，实现交通运输的迅速和经济的目标。

（3）有效协调人、车、路、环境的关系，改善交通环境，达到既提高道路通行能力又减轻驾驶员劳动强度的效果，而且通过对驾驶员交通心理及生理特性的研究和运用，实现对驾驶员的科学管理，提高安全驾驶的稳定性。

（4）通过系统的分析和研究，促使车辆和道路在质量和数量上协调发展，提高交通规划和公路网规划水平及道路的整体设计和施工水平，给交通的参与者提供更加安全高效、舒适、人性化的环境。

（5）通过交通工程学的研究，提升交通系统的舒适性，增进包括汽车驾驶员、乘客、行人等在内的道路使用者的安全感和舒适感，并且还可以达到减少道路运输中的货物损失的效果。

（6）加强交通工程学的研究，提高车辆的通行效率，降低车辆的使用率，可以间接地达到减少空气污染、降低交通噪声等交通公害的效果。

（7）交通工程学的研究可以提高包括车辆运行管理、公路运输行业和企业管理等在内的各项交通工作的管理水平、服务水平和法制教育水平等。

1.2　交通工程学的内容及相关学科

1.2.1　交通工程学的内容

交通工程学一般包括以下几个方面的内容。

1. 交通特性

为了研究某一地区的交通，首先需要掌握的就是该地区的交通特性以及它的发展趋势。这部分内容主要包括人（也就是指驾驶员和行人）、车、路以及交通流的交通特性。

（1）交通流的交通特性。交通流的交通特性也是交通工程研究的重要内容之一，它的主要研究内容是交通流的 3 个重要参数，即流量速度、密度特征及其在时间与空间环境中的相互作用关系。除此之外，交通流的特性还要研究车头时距分布、延误等。因为只有对交通流进行了定量分析，我们才能掌握各种特征参数的具体数据，便于针对具体情况进行科学的交通规划、线形设计和交通管理。

（2）道路的交通特性。道路作为交通的基本组成部分之一，其交通特性也十分重要。而我们所讨论的交通工程学，其研究的道路规划指标就是如何适应道路交通的发展，以及线形标准如何满足行车要求、线形设计如何保证交通安全、道路与环境如何协调这些与道路密切相关的特性，它们统称为道路的交通特性。

（3）车辆的交通特性。车辆的交通特性一般包括以下两方面的内容：

①车辆拥有量：车辆拥有量是一个城市或一个地区交通状况的具体体现。详细研究车辆历年来的增长率、按人口平均的车辆数、车辆增长与道路增多的关系、车辆组成以及车辆拥有量的发展趋势并得出一些有益的结论，这些统计数据和结论能在将来为该城市或该地区的交通规划提供必要的支撑依据。

②车辆运行特性：车辆的运行特性主要指的是研究车辆的尺寸大小与质量，研究车辆的操纵特性、通行性能、加速性能、制动性能、安全可靠性、经济特性与交通效率等和车辆运行性能密切相关的特性。

（4）驾驶员和行人的交通特性。驾驶员和行人是道路、车辆的使用者。应当从交通心理学的角度来研究驾驶员的视觉特性、反应特性，酒精对驾驶的危害性，驾驶员的驾驶适合性，以及当驾驶员和行人出现疲劳，情绪波动，意志、注意力降低等状态时对行车的影响。

2. 交通调查

交通调查包括交通量、交通速度、交通密度、交通延误调查，居民、车辆出行调查，道路及交叉口的通行能力调查，交通事故及违章调查，公共交通及停车场调查，交通污染大气、噪声调查等，这些是交通工程学的基本调查项目，是开展交通分析的基础。为满足何种要求而调查，如何进行调查（包括如何选取调查时间和调查地点，采用何种调查方法，如何制订调查方案），如何取样，如何进行数据分析，都是交通工程学需要研究的问题。

3. 交通流理论

交通流理论研究各种不同状态的交通流特性，研究如何利用各种交通流特征参数来表达其相互关系，寻求最恰当的模型描述各种交通状态，推导表达公式，为制定交通治理方案、增建交通设施、评定交通事故提供依据。而关于交通流理论的研究一直是交通工程学研究的热门问题，目前在交通工程学研究领域，学者和技术人员普遍采用概率论方法、流体力学理论、跟驰理论、排队论等对交通流进行科学的研究。

4. 道路的通行能力和服务水平

关于道路的通行能力和服务水平的研究主要包括城市道路、一般公路、高速公路通行能力的分析，以及城市道路交叉口（包括无信号控制交叉口、环形交叉口、有信号控制交叉口、立体交叉口在内的各种交叉口）通行能力的分析，还有公共交通线路（常规公交线、地铁轻轨线等）通行能力及线网运输能力的分析。此外，还包括服务水平的分级及划分标准等，这些都属于道路的通行能力和服务水平的研究范围。

5. 交通规划

作为交通工程学的重要内容，交通规划的内涵十分丰富，其实质主要是根据所研究城市的性质、用地功能分区与布局、工作与居民地点的分布来研究和规划城市内包括近期和远期内的城市客运量与货运量，以及车辆出行的次数与流向的变化规律，进而在此基础上可以计算出交通出行在各用地分区之间如何进行最为有效的分配能达到效果最优。

除此之外，交通规划还根据国民经济的发展水平和城市规划用地布局，分析所研究城市的交通特点，从而帮助选择出最为高效的交通方式和城市道路系统规划的初步方案，以及研究城市客运和货运的交通流量和流向分布图，从而为修正或规划道路系统提供必要的理论和实践依据。

交通规划的分类主要是根据其研究的范围和内容的不同来进行，也可以采用时间跨度来进行。根据研究范围和内容的不同，交通规划可以分为综合交通规划、道路交通规划、场站交通规划等。而从时间跨度来分类，交通规划又可分为战略交通规划、中长期交通规划和近期交通规划。

6. 交通管理

交通管理包括的内容比较多，如交通管理的原则、措施、设施、法规等；又如根据交通条件和道路情况，如何进行交通组织优化，进而使交通流迅速通过，减少交通延误；再如根据车流特性，如何采取交通管理措施，保证交通安全等。利用交通信号进行控制是目前最常见的一种交通控制方式，其可以从时间上将不同流向的车流进行分离。如何高效地利用道路的时空资源，如信号配时优化、交通渠化、车道功能划分、绿波控制、面控制等都是交通管理研究的内容。值得强调的是，我国大多数城市中机动车与非机动车混行的现象相当普遍，这与国外的交通状况存在显著差别。从我国经济发展的状况来看，这种现象还将长期存在。所以，必须从我国的实际情况出发，研究适合我国交通特点的交通管理方式。

7. 停车

随着车辆的不断增加，一些大城市已经出现停车难的局面，停车成为城市交通的棘手问题，急需提出一个有效的解决方法。关于停车问题，交通工程专业的研究人员需要根据车辆和出行的分布规律，研究如何选取停车场的位置，并规划停车场的合理规模。除此之外，研究人员还要研究如何合理布置停车场的车位，使停车场得到最大限度的利用，以及如何制定与交通需求管理相适应的停车政策，唯有采取综合应对的策略，才能以停车为手段促进人们出行行为的理性发展。目前在一些大城市，为了解决用地紧张的问题，以及考虑如何高效地利用有限的空间，已经开展研究向空中、地下和水下发展停车场的可行性问题。

8. 交通事故与安全

在全世界范围内，交通事故是一个严重的问题。据世界卫生组织统计，在一些工业发达国家中，全国的总死亡人数之中有 4% 死于车祸，而在 15~24 岁的男青年死亡人数中有 50% 死于道路交通事故。美国从 1776—1976 年的 200 年间，因战争死亡人数约为 115.6 万人，而 1900—1976 年的 76 年内，公路车祸死亡竟有 210 万人。而我国的交通事故也已成为社会性的大问题。因此，研究和掌握发生交通事故的规律，研究交通事故与人、车、路之间的相互关系及减少交通事故的措施，对保证交通安全极为重要。交通安全问题是世界各国普遍重视的一个问题。交通安全研究研究的是交通事故的定义、分类、表达方式、变化规律、影响因素、生成机理及安全保障措施等。

9. 城市交通

为了达到并实现城市为人们从事工作、生活和休息提供良好的条件这一要求，交通是很重要的一个先决条件。在有关城市的相关研究中，城市交通的研究其实质就是研究包括行人、自行车、小汽车、公共汽车和轨道交通等在内的各种交通方式的特点以及适用条件，并且考虑各种交通方式如何能够有效地衔接，以为居民交通提供最大程度上的方便，保证城市交通的健康可持续发展。

10. 交通环境保护

环境保护日益成为全世界的共识，而因交通产生的振动噪声和机动车尾气对大气产生的污染已经成为环境保护的绊脚石，它不但危及人身健康，而且影响工作效率。据研究，95~100 dB 的音量就影响人的听力，100 dB 以上可使人耳聋。大气污染可使人患肺气肿、支气管炎、心脏病的概率大幅度提升等。因此，要制定环境保护标准，研究减少噪声、减少排放废气和振动的实用措施，保证交通的可持续发展。

11. 交通系统的可持续发展规划

有关交通系统的可持续发展规划主要是研究交通合理结构的规划，包括大气污染、噪声污染等在内的交通环境污染的预测评价及预防方法，交通能耗的预测与评价。除此之外，交通系统中其他资源消耗的预测与评价，交通系统可持续发展的保障体系等也属于交通系统可持续发展规划的研究内容。

道路交通中的机动车辆在一般情况下是以石油燃料为直接动力源的能源消费型的交通工具，因此，减少机动车的能源消费是节约能源的一大途径。目前，研究道路交通能源节约的方法包括对现有道路进行改善，加强交通管理，减少塞车和使车速均匀，提高运载效率减少空车运行，对新生产车辆的燃料效率标准严格控制等，这些都可以有效地节约能源，且都属于交通系统的可持续发展规划的研究内容。

12. 交通工程的新理论、新方法、新技术

交通工程学是一门新学科，其随着科学技术的发展而发展，目前，交通工程的新理论、新方法、新技术主要集中在智能运输系统方面，包括现代通信技术、计算机技术、信息技术、管理技术、控制技术在交通管理中的应用，如车辆卫星导航技术、高速公路自动收费技术、自动高速公路等。

1.2.2 交通工程学的相关学科

正是由于交通工程学研究的内容非常广泛，几乎涉及道路交通的各个方面，所以，交通工程学所涉及的学科也比较多，这些学科既有基础理论学科，也有与交通工程密切相关的专业学科，其中交通工程学涉及的基础理论学科主要有交通流理论、交通统计学、交通心理学、汽车动力学、交通经济学等。而与交通工程密切相关的专业学科主要有汽车工程、运输工程、人类工程、道路工程、交通规划学、环境工程、自动控制、应用数学、电子计算机等。因此，从相关学科的关联性上看，交通工程学是一门由多种学科相互渗透的新兴边缘学科。

1.3 交通工程学的产生与发展

1.3.1 交通工程学的产生

人和物在道路上的移动构成道路交通。道路交通是人类使用最早，至今与人们生活最密切相关的一种交通方式。最初，修路只是供人、畜及人力、畜力车辆通行，工程师的任务也只是修好路。汽车的出现，使道路交通产生了第二次飞跃，即由人力和畜力车辆的低速交通时代进入了汽车的高速交通时代。从1885年德国人卡尔·本茨制造了第一辆三轮汽车，到1892年奥托发明了四冲程内燃汽油汽车，便完成了汽车由实验型向实用型的转变，形成了现代汽车的雏形。1908年，美国人亨利·福特采用标准化、专业化生产方式，大大降低了汽车的成本，使汽车成为大众普及的交通工具，汽车运输以其机动灵活、速度高、投资少、适应性强、可达性好等优点，得到了迅速的发展。

但是，随着汽车运输的发展，车辆行驶速度提高，车流量增大，出现了交通秩序混乱、交通阻塞、交通事故频繁等问题。因此，迫使从事道路交通工程方面工作的技术人员不得不专门研究交通中出现的新问题，于是产生了交通工程学。

美国是汽车运输发展最快的国家。1920年美国已有300多万辆汽车，300多万千米道路，而到1930年美国的汽车拥有量已达3 000多万辆，道路400多万千米，平均每1 000位居民拥有180辆汽车。汽车已成为美国人生活中不可缺少的交通工具，大城市汽车交通已相当繁忙。1921年美国任命了第一位交通工程师；1926年在哈佛大学创立了交通工程专修课。这一时期交通工程学主要研究交通法规的制定，交通管理，交通信号灯及交通标志、标线设置等方面的问题。随

着交通的需要和研究的发展，1930 年美国成立了世界上第一个交通工程师协会，并正式提出了"交通工程学"的名称，这标志着交通工程学作为一门独立的工程技术学科诞生。

1.3.2　交通工程学的发展

20 世纪 30 年代，交通工程学创立初期，其发展主要集中在研究车辆的到达分布特性、单点自动信号控制、交通管理，以及如何使道路适应汽车行驶和如何减少交叉口的阻塞方面。除此之外，这一阶段的交通工程学的发展还开展了其他一些交通管理方面的研究，比如，如何通过交通管理来减少交通堵塞和交通事故，以及采取诸如设立交通标志、安装手动信号、路面划线等措施来对交通进行有效管理。

随着人们对交通工程学的深入研究，20 世纪 40 年代之后，交通工程学的研究人员和技术人员开始逐渐意识到只靠简单的交通管理已经无法根治日益突出的交通问题，必须深入开展交通工程学的研究。这一阶段的研究热点主要在交通调查、交通规划，以及如何根据交通调查及远景交通量的调查，利用科学的数学模型进行交通工程规划和设计，以及研究如何提高路面质量与交叉口通行能力方面的数学模型计算。在对交通工程深入研究的基础上，研究人员发现不按交通量的大小去修建道路带有很大的盲目性，道路修建好之后也不一定能解决需要解决的交通问题，这就推动交通工程学研究增加了交通调查、交通规划这两项重要内容。而且，在交通工程学界逐渐形成共识，即在道路修建之前，工程技术人员首先要进行交通调查，预测出该区域的远景交通量。然后，技术人员根据车流的流量、流向，对道路布局标准、线形几何设计提出设计方案以适合车辆运行的需要。除此之外，技术人员还要考虑交通管理方案并配备必要的交通设施，综合考虑不同交通方式的特点为人们出行提供更为安全舒适的解决方案。

进入 20 世纪 50 年代，伴随着各工业发达国家的汽车工业的发展和高速公路的大范围兴建，全世界的汽车拥有量迅速增加，逐渐形成了"汽车化"运输的新局面。这一时期交通工程学主要研究方向也逐渐集中到高速道路线形设计、通行能力计算、立体交叉设计、停车存放问题的解决上来。这一时期，也相继设立了一些关于道路通行能力问题、线形设计、立体交叉设计、停车场问题方面的研究课题。而关于交通安全方面的研究则由于道路条件的逐步改善，特别是高速公路的发展都要求要将车辆的驾驶行为与车辆的机械性能两者结合起来考虑，使得交通工程专业的研究人员和技术人员逐渐开始注意人—车—路三者的相互影响和相互协调的问题。

进入 20 世纪 60 年代，随着全世界汽车数量激增而带来的全球汽车化浪潮，一些发展相对较早的发达国家的汽车密度已经逐渐趋于饱和，车辆增多带来的交通问题更加突出。1969 年，美国每千人汽车拥有量为 518 辆，法国每千人汽车拥有量为 275 辆，英国每千人汽车拥有量为 235 辆，德国每千人汽车拥有量为 226 辆，日本每千人汽车拥有量为 149 辆。从这些数据统计中可以看出交通拥挤、阻塞现象的严重程度。此外，在一些大城市，如纽约、巴黎、伦敦等城市的中心街道上，汽车的平均车速每小时只有十多公里。但是，交通事故的发生却与日俱增，越来越严重地威胁到人们的生命安全。其中，以美国为例，20 世纪 60 年代该国统计数据显示平均每分钟就有 4 人因交通事故受伤，每小时就有 6 人因交通事故丧生，造成的经济损失几乎等于全国道路新建、改建和养护管理等费用的总和。其他国家的交通事故发生率也急剧上升，交通事故的死亡人数甚至占非疾病死亡人数的 2/3 以上，导致交通事故成为社会最大的公害。为了达到疏导交通、减少事故、提高行车速度的目的，这一阶段交通工程学的发展主要集中在研究车流特性、城市综合调查与交通渠化、交通规划及试用计算机控制交通方面，尤其是综合治理交通方面的研究更是比较深入。除此之外，交通工程学的发展也推动了道路设计的发展，使设计人员明白在设计道路时不仅要注意线形标准以及各元素之间保持协调，而且还要考虑对所在地区的影响，使得交通工程学逐渐发展为一门综合研究人—车—路—环境之间相互依存关系的综合性学科。

进入 20 世纪 70 年代，大量人口聚集在城市，造成道路上交通密度过高、交通拥挤程度严重、通行效率低的问题，以及大量汽车排出的废气对空气产生污染、噪声、振动危及人们的健康等问题也日益突出。而由于动力机车对石油的巨大需求导致的能源危机，更是迫使人们不得不从宏观上研究如何组织城市交通问题。这一时期的交通工程学发展为重点研究并拟定合理的交通规划，减少不必要的客流，缩短行程，倡导步行，恢复并优先发展公共交通，给汽车选择最佳运行路线，从根本上改变交通组成，从而减少交通拥挤程度和交通事故，同时加强防治交通对环境的污染，以期使交通运输发挥最佳服务效能的系统科学。

20 世纪 80 年代之后，交通工程学又有较大的发展，这一时期的发展主要表现在以下几个方面。第一，在人的交通特性方面，技术人员开展了对驾驶员和行人的心理、生理特性以及生物节律的研究；道路通行能力的研究；汽车在制动、转弯、撞击以及碰撞时如何保证乘车人及驾驶员安全的汽车行驶性能的研究。第二，在公路几何设计方面，改变了以往主要以汽车运动力学平衡原则进行道路线形设计的传统思路，更新为要考虑驾驶员的驾驶生理和心理要求，以及线形组合要考虑对驾驶员的视觉诱导条件下的新思路。第三，在交通规划方面，加强了研究经济发展对交通的定量需求和交通对经济发展的影响，并体现在交通规划和道路网设计上，进而从更加宏观的层面研究路网密度的理论和计算公式。第四，在交通控制方面，进行了在主要干线和主要街道上设置自动控制系统的研究以及反光标志、标线、可变标志的研究。第五，在交通管理方面，开展了按照交通工程学原理制定交通法规的理论研究。第六，在设备与手段方面，交通控制与车辆检测、测试、调查分析方面的自动化程度大大提高。第七，在公害防治和环境保护方面，进行了汽车交通噪声控制和限制废气排放标准、采取措施等工作。

进入 21 世纪的城市化时代，全世界有 50% 以上的人口居住在城市，规模超过 100 万人以上的城市有数百个，有些城市的人口甚至超过 1 000 万。面对城市规模的不断扩大，只有组织高效的城市交通，才能保证城市功能得以全面实现，而要实现组织高效的城市交通则必将引起一场包括交通规划、交通方式、交通政策、交通管理等方面的综合变革。在城市发展与交通发展的这种互动协调关系中，交通工程学的理论与实践相互印证和革新，不断地推动交通工程学向前发展。

目前，交通工程学的发展主要集中在如何缓解当前日益突出的交通供需矛盾和协调各种运输方式提高系统的整体效率方面。其中，要缓解当前日益突出的交通供需矛盾就需要将交通供给管理和交通需求管理作为一个整体进行研究，以期减少交通需求并增加交通供给，双向解决供需矛盾。而关于如何高效地协调采用各种运输方式，则主要是通过研究各种运输方式的功能与使用条件，尽量发挥各自的优势，以及研究各种运输方式的衔接，以便形成有效的交通系统。除此之外，智能车路系统也是交通工程学的重要发展方向之一，世界各工业发达国家均集中力量运用各种高新技术研究智能运输系统。其中，早在 20 世纪 80 年代后期，日本和欧洲就已经开始这方面的研究。而美国在 1991 年颁布实施地面运输方式效率法案之后也加速开展这方面的研究。各国都在研究如何提高公路交通的安全度和通行能力，实现整个公路交通系统的智能化。

1.4　交通工程学在我国的发展

中国作为四大文明古国，是人类文明的重要发源地之一，道路交通在我国的发展也源远流长。在近代工业革命之前，交通工程学还没有成为一门独立的学科时，我国勤劳智慧的先民就已经做了很多属于近代交通工程学范畴的工作，并且这些工作对我国交通工程学的发展起到了促进作用，比如著名的秦直道、赵州桥等。自 20 世纪 70 年代以来，以外籍专家张秋先生为代表的大批交通工程专家，先后在以上海、北京、西安、南京、哈尔滨等城市为代表的中国各地讲学交流，系统地介绍了西方发达国家在交通规划、交通管理、交通控制及交通安全方面的建设与管理经验，国内也派出了多个代表团出国参加国际交通工程学术会议，交通工程学逐渐进入我国，受到道路交通规划、设计部门，公共交通系统、交通管理单位，有关学校、科研机构的普遍重视。1980 年上海市在国内成立了第一个交通工程学会，而随后的中国交通工程学会的成立，更是标志着我国的交通工程学已进入了发展的快车道，各行业结合具体情况开展工作，极大地推动了交通工程学在我国的发展。

1. 交通调查

交通调查主要包括公路交通调查和居民出行调查两方面的工作，我国在交通调查方面的发展也十分迅速。我国在公路交通调查方面的研究，早在 20 世纪 70 年代中期就已经开始实施了。这一时期，我国原交通部公路科学研究所和公路规划设计院共同对国道进行了交通调查，并且为了方便交通调查和提高调查的效率，研制了手控和自动控制（便携式和固定式）的交通量调查仪。之后在 1979 年，更是由原交通部以公交路字（79）837 号文通知各省、市、自治区交通厅（局），要求在全国范围内对国家干线公路（国道）进行技术调查。各单位在国道上先后建立了 11 262 个间隙式交通调查点和 183 个连续式交通调查站，对交通量、车速、交通组成进行观测，这是一项具有开创性和深远意义的交通工程实践工作。技术人员根据统计的数据资料分析掌握了该时期国道交通情况和交通变化规律，并整理出所在地区的交通量换算系数，积累了我国公路交通发展的第一手资料。而现在随着电子、通信技术的发展，一些交通调查手段先进的大城市还利用视频、微波、线圈、激光等检测器观测交通信息，通过交通监测系统进行实时的交通调查，大大提升了交通调查的效率和精度。

而在居民出行调查方面，早在 1981 年，原建设部城市规划设计院就与天津市合作对天津市行政区进行了出行调查，询问被调查人因工作、学习、购物、文化娱乐、社交等产生交通的情况，得出了天津市居民出行特征的主要参数和出行起讫分布规律。随后广州、南京、沈阳、武汉等很多城市也开展了居民出行调查，获得了交通决策需要的基本数据，掌握了城市客流交通的特性及其在时间、空间上的分布规律。根据调查得到的资料和规律，制定更有针对性的交通政策，指导城市交通规划和建设，这样才可能使交通措施有的放矢。

2. 交通规划

（1）公路路网交通规划。那坎—镇南关—龙州公路是我国 1908 年在云南修建的第一条公路，截止到 2000 年我国的实有公路里程已经达到 167.98 万 km。我国公路路网建设发展迅速，尤其是在改革开放之后。为了适应国家提出的四个现代化建设的整体要求，公路路网规划方面急需建立一个以国家干线公路为骨架，布局合理、干支结合、四通八达的全国公路网。在这种大环境背景下，国家相关部门修订了国家干线公路网规划并于 1980 年在全国交通工作会议上提出试行方案，由原国家计委、经委和交通部以计交〔1981〕789 号文颁布试行。这次规划的国道网共有 70 条干线公路，总里程达到 116 768 km，扣除重复里程和城市管辖里程之后，实际规划里程为 11 037 km，其中，首都放射线 12 条共计 23 178 km，南北纵线 28 条共计 38 004 km，东西横线 30 条共计 48 855 km。进入 20 世纪 90 年代，原交通部在原来规划的基础上制定了一个以高速公路、汽车专用公路为主体的公路主骨架规划，并且计划用 30 年或更长的时间完成五纵七横的布局框架，建设共 12 条约 3.5 万 km 的国道主干线。之后，原交通部更是发文要求各省级、专区级、县级政府所辖交通部门，着手编制本辖区的 30 年公路路网规划。

（2）城市交通规划。城市的形成与演变在很大程度上取决于交通的发展，而交通的发展又很大程度上依赖于城市的发展。早在1990年4月，全国人民代表大会通过的《中华人民共和国城市规划法》就明确了城市规划必须包括城市交通综合体系规划的要求。根据相关统计数据，截止到2000年底我国已有城市663个。其中，200万人口以上的特大城市有13个，100万～200万人口的城市有27个，50万～100万人口的城市有53个，20万～50万人口的城市有218个。为了适应国民经济的发展以及城市规模的不断扩大，大中小城市陆续修改或编制了自己的城市总体规划，而城市交通规划则是其重要的组成部分。

北京市为进一步控制城市的发展规模，合理开发有限的城市用地，已经明确规定，凡是属于2万平方米以上的商业开发用地或5万平方米以上的住房开发用地都必须在开发前进行交通影响评价。一方面，可以进行开发项目对交通系统的影响的客观评价；另一方面，也可以通过交通咨询对开发项目的交通条件进行优化，以减少对城市交通系统的压力，从而规范城市用地的开发，把交通规划纳入开发城市用地的总体规划中来。

（3）交通规划理论与方法。交通规划的实践和理论是相辅相成的，我国交通工程方面的专家学者以及广大技术人员在借鉴总结国外先进经验的同时，也逐渐探讨并提出了适应我国国情的交通规划理论与方法。其中，针对国外陈旧的交通规划理论与方法进行城市交通规划，工作量大且费时费钱，以及在交通分配模型方面也需要改进的问题，国内一些高校探讨了城市交通规划的规范化交通调查内容及调查技术，对最短路分配、容量限制—增量加载分配、多路径概率分配的实用性进行了研究，提出了动态多路径交通分配模型。与此同时，国内对交通枢纽规划的研究也取得了一些突破性的成果，提出了一套包括交通枢纽规划内容、规划流程、枢纽选址方法与计算程序，以及枢纽规模的确定与功能设计在内的可供实际应用的交通枢纽规划方法。除此之外，我国对公共交通线路优化的研究也获得了一批研究成果。目前，我国的交通工程科技人员正在探索建立定性分析与定量分析相结合的交通规划理论与方法，以期更好地解决我国在交通规划方面存在的一些问题。

3. 交通管理与控制

（1）交通管理。涉及政治经济技术等诸多问题的道路交通管理是一个复杂的开放系统，该系统的有效治理需要运用系统工程理论和思维并采取综合的措施。在交通管理方面，早在20世纪80年代，我国就已经在开展交通安全教育、制定交通法规、推广各种管理措施方面做了大量的基础性工作。1986年国家颁布了原交通部和公安部联合编写的《道路交通标志和标线》（GB 5768—86），1988年国务院颁布实施了《中华人民共和国道路交通管理条例》，之后，公安部及各地公安部门还陆续制定了各种道路交通管理条例和违章处罚的规定等。此外，在交通管理的研究开展之初，国家采取了限制性购车，错峰上班、轮休、弹性工作制，禁止某种车在规定时间进入特定区域等措施，以期望减少交通需求达到交通管理的目的。但是随着社会的发展，汽车产业逐渐成为国家经济支柱性产业，经济社会的发展也降低了人们购车的门槛，这时仅靠以往的经验和方法就难以实现科学的交通需求管理。

目前，为了加强交通管理以改善交通秩序，减少交通资源的浪费，在城市交通管理中广泛采取了信号控制路面线、路口渠化、街区交通组织、禁止路边停车、变向车道等各种先进的措施，并建立了自动控制系统以充分发挥道路系统的通行能力。

（2）交通控制。交通控制是伴随着交通控制设备如雨后春笋般的推广使用而快速发展起来的，全国各大城市普遍采用的是20世纪70年代原交通部公路科学研究院研制的单点定周期的红绿灯信号控制机，该信号控制机的周期频率可根据交通流量进行调节，大大解放了警力，由于优点突出，得到了广泛应用。而同一时期的其他交通控制设备也发展迅速，1973年，在北京北太平庄路口试验成功了单点感应式信号控制机，并研制了感应式信号机及环形线圈式、磁感应式和超声波等车辆检测器，实现了可自动辨认自行车和逆行汽车的功能。此外，公路科学研究院与北京市公安局合作，在北京前三门大街进行了城市交通线控系统的试验。1974 年，公路科学研究又与天津市公安局合作，在天津和平区最繁华的路段进行了城市交通区域控制系统的试验，系统地研制了交通自动控制设备和开发计算机控制软件，对城市交通实施自动控制。1988 年，北京市引进国外设备和软件，在北京市中区 52 个路口、东区 39 个路口实施了计算机区域联网控制。至今该系统仍在发挥作用。此后，上海、深圳等城市也相继建立了计算机区域控制系统。

　　智能交通系统研究的不断深入推动了交通自动控制系统再次成为我国交通工程领域研究的热点问题。在国家牵头的智能交通系统关键技术及示范工程的科技攻关项目中，智能交通控制系统被列为一个独立的研究项目，期望能根据我国城市的交通特点，研制适合我国国情的交通自动控制系统。与此同时，城市快速路的控制系统也正如火如荼地由众多科研单位共同进行研发。

　　4. 道路工程

　　（1）高速公路和快速路的修建。伴随着国内经济社会的高速发展，国家大力投资建设交通等基础设施以解除交通基础设施对经济发展的制约。这一时期，高速公路和快速路的建设也得到了长足的发展，根据相关统计数据，早在 2002 年年底，中国大陆的高速公路通车里程就已经达到 2.52 万 km，而在城市附近也修建了很多标准比较高的快速公路。其中，京津塘高速公路由北京东南郊的左安门经天津至塘沽河北路，全长 142.48 km，有 4 条车道，中间设分隔带，实行全封闭管理。

　　（2）互通式立交桥的修建。1964 年广州市修建的大北环形立交是我国第一座城市道路立交，而北京市昌平路上的白浮桥、蓝靛厂路上的八里庄桥和车道沟桥三座跨路、跨河立交也是兴建比较早的道路立交桥。1974 年在城区建成北京复兴门立交桥是第一座苜蓿叶形互通式立交桥，更是具有划时代的意义，之后立交桥的建设如雨后春笋般遍地开花，先后建立了环形立交、菱形立交、跨线立交、变形的菱形立交等各式各样的立交桥。其中，北京的四惠桥是一座机动车和非机动车完全分离的新型组合型立交桥，更是造型美观。

　　（3）道路线形设计新理论的提出。随着高速公路和快速路，以及互通式立交桥等道路工程的建设实践，道路线形设计理论存在的问题日益突出，尤其是在研究道路交通安全的过程中，技术人员发现一些交通事故与道路设计不合理有着重要的关系。以往的道路线形设计理论往往是以汽车行驶对道路的要求为依据，机械地套用《公路工程技术标准》（JTG B01—2014）的规定，将道路线形元素的尺寸进行孤立的计算和设计，不能综合考虑。针对这种情况，国内一些著名的专家学者提出了道路线形设计新理论。该理论是以道路使用者的交通需求为依据，用动态的观点从实际交通状况的角度分析问题，根据驾驶员在道路中实际的运行速度进行协调设计，这就避免了以往的道路线形设计理论带来的弊端，更加注重道路线形设计的协调。而所谓协调，主要指的是道路与环境的协调，道路三个投影面之间的协调，各线形元素之间的协调，用速度连续和视觉连续作为判断协调的标准。按照这一全新的理念上形成的新的道路线形设计理论设计出的道路安全优势明显，因为这类道路充分考虑了道路使用者的生理和心理特征，能够设计出的道路线形更加符合车辆在道路实际的行车规律，大大提高了道路交通安全系数。

　　5. 其他方面的发展

　　（1）交通安全。交通安全的研究在交通工程学的发展中占有重要地位，我国的专家学者也十分重视交通安全的研究，并在交通安全方面取得了一些长足的发展。例如，北京工业大学早在 20 世纪七八十年代就开始有层次地开展道路交通安全系列的研究并取得了一些重要成果。随着研究的深入，国内的专家学者为了分析影响交通安全的道路条件、交通条件和环境条件等诸多因素，综合运用系统论、信息论、控制论的原理和方法，揭示出了产生交通事故的机理和事故发生的规律，为科学地预测、预报交通事故奠定了基础，从而形成在宏观上可控制道路交通安全水平，在微观上能指导预防道路交通事故的道路安全保障体系。除此之外，涉及交通安全的高速公路交通安全设施标准、高速公路交通安全法规体系等研究都在进行当中。

（2）交通评价理论与评价方法。有关交通评价理论与方法的研究也取得了巨大的发展，我国的众多专家学者重点研究了综合效益权数法、模糊数学法，以及灰色理论等在交通评价领域的应用问题，提出了建模原则，并在此基础上建立了适合不同用途的评价体系以及交通规划评价专家系统。可以说，我国在交通评价领域取得了丰硕的成果，并且这些成果都已经广泛应用于城市交通综合评价、城市道路网系统综合评价、道路系统工程评价、交通规划方案评价、交叉路口评价、路面管理评价、交通安全评价等方面，同时，根据反馈结果来看效果良好。

（3）道路通行能力。有关道路通行能力方面的研究开展得比较早，也取得了一定的成绩。其中，20 世纪 80 年代，原交通部公路科学研究院对混合交通双车道公路路段设计通行能力做了广泛、深入的研究，确定了四级服务水平，获得了五种路段上各车型的车辆折算系数，确定了设计通行能力及其影响因素。接着，在 20 世纪 90 年代，原交通部公路科学研究院主持的"等级公路适应交通量和折算系数标准"的研究更是提出了各级公路初期和远期所能适应的 AADT 建议值，以及各级公路车辆折算系数推荐值。除此之外，还有很多的专家学者运用流体力学、冲突点、有效绿灯和车队法等方法研究了信号交叉口和环形交叉口的通行能力。国家相关部门也十分重视道路通行的研究，通过设立的一系列课题对高速公路、双车道公路和无信号控制交叉口的通行能力进行广泛、系统的研究，并在实际观测数据的基础上，提出了适合我国道路交通状况的公路通行能力分析方法、公路通行能力分析指南及其相关的计算机分析软件。

（4）交通仿真。交通仿真是进行交通工程学研究的重要手段之一，我国交通工程专业的科技人员进行了很多的仿真模型研究。其中在微观仿真方面，科技人员可以运用计算机动态图形的方法，直观、开放地对道路交通系统进行实时仿真；还可以按照不同的跟车类型，以不同的车头时距组成反映不同车辆组成的交通流状况，在对驾驶员判断和操作特性以及车辆性能因素综合考虑的基础上，建立用模糊推理和可能性方法描述驾驶员和车辆单元行为的驾驶模型。除此之外，还有的模型可以用来研究高速公路基本路段的通行能力和车辆折算系数，以及各种设计速度下各种典型交通组成的速度—流量曲线；更有模型研究了信号交叉口的优化设计方法，提供了适合我国国情的信号交叉口优化设计工具；而基于驾驶员心理反应 PEV 模式的车辆行驶模型，更是被用来评价影响道路入口匝道范围内交通流运行状况各因素的作用。

（5）智能交通系统。智能交通（ITS）作为近年来交通工程学发展的热门领域，我国专家学者从 20 世纪 90 年代初就开始关注国际上智能交通系统的发展。在国内众多专家学者和技术人员的科研攻关下，我国相继开展的一系列相关的科学研究和工程实施都取得了不俗的成果。除此之外，早在 1999 年 11 月我国就组建了国家智能交通系统工程技术研究中心，并在 2000 年成立了全国智能运输系统协调指导小组及办公室，之后初步完成了中国智能交通系统体系框架建设，包括服务领域、逻辑框架和物理框架。

思考题

1. 交通工程学的定义是什么？
2. 交通工程学主要研究哪些内容？
3. 交通工程学是如何产生并发展的？
4. 交通工程学在我国有哪些重要的进展？
5. 试述交通工程学今后的发展趋势。

第 2 章

驾驶员、行人、乘客和车辆的交通特性

★ 本章主要内容

本章主要讲述驾驶员的交通特性、行人的交通特性、乘客的交通特性、机动车辆及自行车的交通特性、道路的交通特性等。

★ 本章学习目标

掌握驾驶员的交通特性、行人的交通特性、机动车的交通特性、道路的交通特性；了解乘客的交通特性、自行车等非机动车的交通特性等。

2.1 驾驶员的交通特性

道路交通系统中的人包括车辆（机动车和非机动车）驾驶员、乘客和行人，他们都是道路的使用者。其中，机动车驾驶员由于具有主观能动性，故其交通特性是研究的主要对象。驾驶员作为道路交通系统中"会思考"的重要部分。其主要任务包括以下几个方面：

（1）沿着选定的路线驾驶车辆，完成从起点到终点的运输过程，以实现人员和货物在空间上的转移。

（2）遵守交通法规，正确理解信号、标志、标线的含义，服从交通警察的指挥，自觉维护交通秩序以保证交通的安全和通畅。

（3）遇到不利情况及时调整车速或改变车辆的位置和方向，甚至停车，以避免交通事故的发生。

以上三项任务中，后两项任务决定着车辆运行的可靠性和安全程度。而为了保证车辆运行的安全可靠，研究包括驾驶员的感觉、知觉、视觉、听觉、反应等相关交通特性就显得十分必要。

2.1.1 感觉、知觉与信息处理

1. 感觉

感觉是对客观物体个别属性的反应。其是驾驶员认识周围环境的开始。而驾驶员大体上具有视觉、听觉、嗅觉、味觉、触觉、动觉和平衡觉等不同的感觉。其中，视觉给驾驶员提供的交

通情况的信息占到80%左右，而听觉能够使驾驶员根据声音信息区分汽车机件的故障。另外，用手操纵转向盘，用脚踩踏板，手和腿的每个关节肌肉的感觉都为驾驶员提供行车方向和行车速度的信息，这些信息对于驾驶员驾驶车辆都十分重要。而平衡觉主要是向驾驶员发送物体空间位置的信息。总之，根据这些感觉，驾驶员可以正确地判断行车速度、前进方向，保证车辆的安全高效行驶。

2. 知觉

知觉是对整个物体的认识，只有知觉才能断定物体的性质。所说的看见物体，既包括感觉到物体的颜色和气味，也包括断定物体的形状和数量。例如，驾驶员在行车过程中先区分前方道路上是纸片还是标线，软硬状态如何，外观形状如何，而后决定保持行车方向还是改变行车方向或者改变行车速度。另外，还可以在知觉的基础上形成深度知觉，如目测距离、估计时间等，这些都可以帮助驾驶员正确地判断交通情况。

3. 信息处理

汽车行驶时，驾驶员通过视觉、听觉、触觉等感觉器官感知车内外的各种行车信息，这些信息通过注意的选择，一部分以较深刻的印象进入驾驶员的大脑神经中枢，并结合驾驶员已往的经验进行加工，加工的结果是作出相应的判断和决策，最后通过手、脚等运动器官来操纵车辆。此时，如果车辆运动与驾驶员的实际期望出现偏差，必须将信息及时返回到神经中枢进行修正，然后再传递执行修正后的命令。在这一过程中，驾驶员要受到自身的生理和心理因素的制约，以及外部条件的影响，如果在这些环节中的任何一个环节上发生差错，都有可能会危及交通的安全和通畅。因此，有必要对信息处理的各个阶段及它们之间的联系作以下简要的介绍：

（1）信息感知阶段。信息感知阶段是第一个阶段，主要是收集并理解相关信息。而所谓感知，其实就是感觉器官获取的信息在头脑中的反映。信息感知阶段的过程：首先信息被驾驶员的感觉器官接收后，经传入神经传递到驾驶员的大脑皮层，并在这里产生相应的映象。通常，信息感知的过程速度极快，如果因疲劳等某些原因延缓了这一过程，就会造成感知的迟缓，甚至可能会造成感知的错误。根据相关数据统计，由于感知方面的原因造成的事故约占驾驶员责任事故的一半以上，所以在信息感知阶段，一定要做到准确而敏捷。

发生感知迟缓或感知错误的原因主要包括两个方面：一方面是刺激方面的原因，例如，有些信息过于突然、过于隐蔽、刺激强度过于微弱等。另一方面主要是驾驶员心理和生理方面的原因。心理方面主要是驾驶员在驾驶车辆过程中注意力不集中、注意的范围过小、注意转移和分配能力差等；生理方面主要是感觉器官和大脑机能不健全或不正常，例如，常见的有视觉障碍、色盲、近视、酒精中毒、驾驶疲劳情况。驾驶员心理和生理方面的原因都会造成感官和大脑出现迟钝，进而造成感知缓慢甚至出现错误。其中，需要特别提醒的是酒后驾驶行为，它能造成感知能力比正常时明显降低，极易造成重大事故，所以，我国法律明确规定禁止酒后驾驶行为。

（2）分析判断阶段。通过上一个阶段，信息被驾驶员感知以后，需要迅速将感知到的信息与自己的知识经验进行对照、分析，从而判断出前方道路、车辆、行人的具体情况，并根据自驾车辆的技术状况、本人的健康状况及心理机能等进行迅速的分析判断，然后决定采取哪些应对措施。在这一过程中，任何一项判断不准，都可能造成交通安全事故。其中，对于距离的判断在驾驶员的所有判断中是最为重要的。因为在驾驶过程中会经常进行会车、超车的操作，其中，会车时要判断两车侧向间隙的大小；而超车时则要正确判断前车的车速、前后两车的距离，同时当对面来车时甚至还要正确判断与对面来车的距离及来车的车速等。如果驾驶员在这些过程中出现了低估车速和距离等情况，就会造成危险。

（3）操作反应阶段。经过前两个阶段之后，操作反应阶段是驾驶员处理信息的最后阶段。

该阶段主要是肢体的操作反应，主要是指手、脚按大脑决策后的指令进行具体操作，从而达到预期的效果。根据统计资料可以发现，由于该类失误造成的事故常常比较严重。因此，很有必要要求每一位驾驶员都具有熟练的操作技能，这样才能保证在紧急情况下不致出现失误而造成不可挽回的损失。

在实际驾驶过程中，感知、判断、操作是有机地结合在一起形成的一个统一的整体。其中，感知敏捷是正确判断的前提，它可以为判断提供材料，而且是分析判断的源泉；分析判断为正确操作提供指令；而操作是感知、判断的必然结果，同时，操作的结果又可以反馈到感觉器官，继而对操作进行修正、调整，保证操作结果最优。反馈能够保证了解操作的结果如何，保证动作的准确性。

所以，感知、判断、操作三位一体，它们有机地构成了驾驶员的信息处理过程，其中的任一环节失误都有可能导致整个信息处理过程的失败，并且这一信息处理过程通过反馈可以进行循环往复不间断的工作运行。

2.1.2　视觉

驾驶员在行车过程中，主要依靠两只眼睛收集情报，所以，视觉机能的正常对驾驶员安全高效驾驶至关重要。

1. 视觉器官

所谓视觉就是外界刺激经过视觉器官在大脑中所引起的生理反应。人的眼睛是视觉器官的外周感受器，其突出的特点是眼睛周围的神经细胞高度发达，具有完善的光学系统及各种使眼睛转动并调节的肌肉组织。其中，视网膜是感受外界刺激的器官，上面分布有圆锥细胞和圆柱细胞两种感光细胞。这两种细胞分布不均匀，圆锥细胞主要分布在视网膜的中央，特别是中央窝部分，而圆柱细胞则大多分布在视网膜的边缘部分。而且它们的特点也不相同，其中圆锥细胞对光的角膜强度有较低的感受性，因而是白昼、强光视觉器官，其还可以感受和分辨颜色，而圆柱细胞对弱光有高度的感受性，因而是夜晚、黄昏、微光视觉器官。在正常的情况下，眼睛注视目标时，由目标反射出来的光进入眼内，经过眼中间物质的屈光和折射之后投射到眼睛中的黄斑中心窝，形成物像，再由视神经经过视路传至大脑的枕叶视中枢，通过一系列的心理和生理反应，形成视觉。

2. 视力

所谓视力，就是眼睛分辨两物点之间最小距离的能力。视力有静视力、动视力和夜间视力之分。

（1）静视力。静视力是站在视力表前 5 m 处，依次辨认视标测定的视力。静视力共分 12 级，我国机动车驾驶员的体检视力标准为两眼的视力各应在 0.7 以上或裸眼视力 0.4 以上，矫正视力达到 0.7 以上，并且无红绿色盲。

（2）动视力。处在运动中观察物体的视力称为动视力。动视力与汽车行驶的速度有很大的关系，一般规律是随着车速的提高，动视力明显下降。例如，以 6 km/h 的速度行驶，驾驶员能看清楚车前 240 m 的标志，而以 80 km/h 的速度行驶，则在接近 160 m 处才能看清，车速提高 3%，视认距离减小 36%。为保证驾驶员在发现前方有障碍物时，能有足够的时间辨认和采取措施，希望车速提高时，视认距离能相应地增加。但由于人的生理条件所限，其结果恰恰相反。因此，汽车的最高车速也受人的动视力的限制。另外，年龄也会影响驾驶员的动视力，一般规律是年龄越大，动视力降低的幅度越大。

（3）夜间视力。夜间视力受光照度、背景亮度等诸多因素的影响较为强烈。一般情况下，光照度增加则视力增加，在一定范围内，光照度与视力之间近乎为直线关系。光照度较低时的黄昏时间对驾驶员行车最为不利，其原因在于黄昏时段车辆前灯的照度与周围景物的光亮度较为相近，这就导致驾驶员难以看清楚周围的车辆和行人，很容易发生交通事故。

夜间照明微弱，视网膜上的圆锥细胞不能工作，视力主要依赖分布于周边的圆柱细胞的活动。专管夜里看东西的圆柱细胞不能分辨颜色，所以，白天非常鲜艳的黄色、红色、橙色，天黑后被感知为暗蓝色。白天并不鲜明的青色反而惹人注目。由于汽车前灯光线较低，因此物体在车前的位置越低，夜间越容易被发现。交通标志立杆的下部，应经常清洗刷漆，便于驾驶员发现。一般来说，明度对比大的物体容易确认，但确认距离比白天短53%。加强交通标志的颜色对比，有助于驾驶员较早发现，以便及时采取措施。夜间行车，自发现路上有物至确认路上有何物的距离之差，对交通安全影响很大，应在道路系统中采取措施增大发现物体距离与确认物体距离的差值。

3. 视觉适应

视觉适应是视觉器官对于光亮程度突然变化而引起的感受性适应过程。由明亮处进入暗处，眼睛习惯后，视力恢复，称为暗适应；由暗处到明亮处，眼睛习惯后，视力恢复，称为明适应。暗适应时间较长，如入暗室时，成为习惯所需时间约为15 min，若完全适应，则需要30 min以上。适应速度的快慢受照明强度的影响，而明适应较快，不过数秒至1 min。眼睛在明亮的白天和黑暗的夜间，虽然能通过瞳孔的变化来适应环境，发挥视觉功能，但对明暗的突然变化不能立即适应，特别是由明到暗，比由暗到明更慢。

一般情况下，由隧道外进入没有照明条件的隧道内，大约发生10 s的视觉障碍。夜晚在城区和郊区交界处，由于照明条件的改变也会使驾驶员产生视觉障碍，从而影响行车安全。设置照明设施时应予以考虑。因此，在隧道入口处应设有缓和照明，以减少视觉障碍，或在路旁设立"隧道内注意开灯"的标志，唤起驾驶员注意。另外，对于不同年龄的驾驶员来说，暗适应能力也有明显不同，研究结果表明，从20~30岁，暗适应能力是不断提高的，40岁以后开始逐渐下降，而60岁时的暗适应能力则仅为20岁人的1/8。了解驾驶员暗适应的变化特点，对预防交通事故的发生是十分必要的。

4. 立体视觉

立体视觉是人对三维空间各种物体远近、前后、高低、深浅和凹凸的一种感知能力。现代视差信息理论认为，双眼注视景物时，会在视网膜上产生视差，这是深度知觉的基础。当深度信息传到大脑枕区再经加工处理后，便产生了深度立体感知。这种将两眼视差所产生的二维物像融合为一个单一完整的具有三维立体感的三维物像的能力称为双眼视觉。立体视觉的生理基础是双眼视觉功能必须正常，立体盲患者在视差的传递或视中枢信息处理时会发生断路或紊乱，从而导致对深度距离的判断不准或反应迟钝。

立体视觉良好是安全行车的重要条件。美国等一些工业发达国家早已将立体视觉列入选用汽车驾驶员的必查项目。而我国选用汽车驾驶员时，不进行立体视觉的测试，以致造成了一些不应有的交通事故隐患。

立体盲是一种比夜盲、色盲更为有害的眼病。据统计，国外立体盲的发病率为2.6%，我国约有1 000多万人是立体盲，立体视觉异常者高达30%。研究表明，患立体盲的驾驶员的肇事率明显高于正常驾驶员。1985年2月我国出版了《立体视觉检查图》，该检查图调查项目包括立体视锐度、立体视范围、红绿互补等。在以上的检查中，如果立体视锐度、交叉视差和非交叉视差三项中有一项异常者即立体视觉异常，如果立体视锐度异常则为立体盲，患有立体盲的人不能从事汽车驾驶工作。《立体视觉检查图》的出版为进行驾驶员立体视觉测定创造了条件。据1987年4月26日《解放军报》报道，中国人民解放军总后勤部有关部门已经决定，在部队汽车驾驶员中率先进行立体视觉检查，对具有规定的视力，但不具备立体视觉者，停止驾驶车辆。这一决定的实行，提高了我军汽车驾驶员的生理条件要求，促进了行车安全。

5. 耀眼

通常，光线越明亮视觉越好。若视野内有强光照射，颜色不均匀，使人的眼睛产生不舒适感，形成视觉障碍，这就是耀眼。夜间行车，对向来车的前灯强光照射，最易使驾驶员产生耀眼现象。耀眼是由眩光产生的。眩光会使人的视力下降，下降的程度取决于光源的强度、视线与影响光之间的夹角、光源周围的亮度、眼的适应性等多种因素。汽车夜间行驶，多数遇见的是间断性眩光。

强光照射中断以后，视力从眩光影响中恢复过来需要的时间，从亮处到暗处大约需要 6 s，从暗处到亮处约需 3 s。视力恢复时间的长短与刺激光的亮度、持续时间、受刺激人的年龄有关系。为了避免眩光影响，可采取交通工程措施，如改善道路照明，设置防眩网，设置道路中央分隔带并植树遮蔽迎面来车的灯光等。另外，还可以采用正在研究的汽车前灯用偏光玻璃作灯罩、防眩眼镜、驾驶员内服药物等。

6. 颜色视觉

能引起视觉的电磁波称为可见光。可见光只占电磁振荡全部波长的很小一段，在可见光波长范围内，不同波长的感觉阈限不同，可见光的波长为 400 ~ 760 m。可见的颜色是从波短的紫色到波长的红色之间的颜色。波长在此范围以上的称为红外线；在此范围以下的称为紫外线。颜色有色相、明度、彩度三个属性。

（1）色相——反映各种具体色彩面貌的属性。色相取决于物体反射光的波长，是物体颜色在质方面的特性。红、黄、蓝为彩色的基本色。客观世界色彩缤纷，肉眼所能辨别的也不过几万种至十几万种，而大多数色彩人们无法命名。

（2）明度——彩色的明暗程度。就视觉反应而言可以将明度理解为反射光引起视觉刺激的程度，如浅红、深红、暗红、灰红等明度变化。

（3）彩度——颜色的纯度。当一个颜色的色素含量达到极限时，正好发挥其色彩的固有特性，正是该色相的标准色。

不同的颜色对驾驶员会产生不同的生理和心理作用。如红色显近，青色显远；明度高的物体视之似大，显轻；明度低者，视之似小，显重等。从远处辨认颜色的顺序为红、黄、绿。表面色易读顺序为黑/黄、红/白、绿/白、蓝/白、白/蓝、黑/白（分子为表面色，分母为底色）。红/黄色虽不易读，但最能唤起人们的注意。我国制定的交通标志，就按照易读的原则将警告标志都定为黄底黑色图案。

7. 视野

所谓视野，就是当两眼注视某一目标时，注视点两侧可以看到的范围。视野分为静视野和动视野，两者可以用角度来衡量大小，其中，静视野是指在静止状态下，头部不动两眼注视前方时，眼睛两侧可以看到的范围。而动视野则是指头部不动，但眼球可以转动时，所能看见的范围。

一般情况下，正常人的双眼同时注视一个目标时，视野大约有 120° 左右是重叠的，并且双眼视野比单眼视野的范围大。正常人的动视野比静视野大，左右约宽 15°，上方约宽 10°，下方无明显变化。人眼的视野可用视野计进行测定，如果驾驶员的双眼视野过小，则不利于行车安全，因为驾驶员的视野与行车速度有着密切的关系。当汽车行驶时，视野的深度、宽度，视野内的画面都在不断变化，驾驶员就是根据视野的内容操作车辆的。

通常当汽车的行驶速度增高时，驾驶员的注视点就会前移，导致视野变窄，周界感减少，而且汽车的行驶速度越高，驾驶员越注视远方，视野就变得越窄，注意力越集中于景象的中心而置两侧于不顾，这样持续下去就容易使驾驶员产生疲劳驾驶的现象，诱发安全事故的发生。根据这一原理，在道路的平面线形设计时一定要注意限制道路直线段的长度，采取技术手段促使驾驶员变换注视点的方向，避免出现上述由于注意力长时间集中于景象中心造成的视觉疲劳。

除此之外，车辆不但在静止时存在视野死角，而且在行驶过程中，也有视野死角。一般情况下，当车辆在高速行驶时，驾驶员会感到车外的树木、房屋以及固定物不断向车辆的后方移动，而且离车辆越近的物体移动的速度越快，近到一定限度，驾驶员甚至都无法辨认物体的特征。这种现象的发生是由于物体的映像在人眼的视网膜上停留的时间太过于短暂，以至于驾驶员来不及仔细分辨物体的细节特征。根据这一规律，在道路两侧设置的交通标志应与驾驶员有一定的距离，以保证驾驶员能够看清交通标志。

8. 视觉敏锐条件

理论上讲，视觉可以感知视野范围内的所有物体，但不同部位的物体被感知的程度不同。在3°~5°的锥体内，视觉最敏锐，在5°~6°的锥体内，视觉十分敏锐；在10°~12°的锥体内，视觉清晰；在20°的锥体内，有满意的视觉。在垂直面上，视觉敏锐程度只是水平面上视觉敏锐程度的 $1/3 \sim 1/2$。

研究表明，辨认出道路路标上字母的能力，随着眼睛的光轴与到字体方向之间夹角的增大急速降低。如果该夹角在5°~8°以下时，有98%的驾驶员能准确地分辨字母；该夹角增大到16°时，就只有66%的驾驶员能准确辨认出字母。驾驶员的年龄对视觉敏锐度有影响，若取20周岁的视觉敏锐度为100%，那么40周岁的视觉敏锐度则为90%，60周岁的视觉敏锐度则为74%。

9. 错觉

对外界事物的不正确的知觉称为错觉，它既可能是生理原因造成的，也有可能是心理原因引起的。造成错觉的原因众多，比如，思维推理上的错误，当前的知觉与过去的经验相矛盾，不同分析器所提供的信号不一致等都有可能造成错觉。再比如，我们参加内容枯燥的活动就会觉得时间过得很慢；而如果活动十分有趣则会感到时间过得很快。有经验的驾驶员会有这样的体验，行驶在改建道路上时，虽然路幅宽度的一半进行改建而另一半维持通车，但是坐在车上总觉得翻修的那半幅宽一些，而维持行车的这半幅窄一些，这也是由驾驶员的错觉造成的。此外，车辆驾驶员经过凹形路段时，从下坡段看对面的上坡段，往往容易产生错觉认为上坡段的坡度比实际坡度要大得多。而在下坡路段上向下行驶时，驾驶员往往觉察不出自己是在下坡，这也是驾驶员的错觉。不同的错觉具有不同的特点，有一些错觉会重复出现且不易克服；而有一些错觉经过实践活动可以慢慢改正，不再形成错觉。但是对于驾驶员来说，不论能否克服都应知道有这种客观现象的存在，注意避免由于错觉而造成交通事故。

但是错觉的存在并不一定会带来不利的影响，我们可以深入研究错觉产生的机理，并充分利用错觉，从而使之为交通安全服务。例如，多数驾驶人员在车辆高速行驶时不但会出现反应迟缓的现象，还会对自己的车速判断不准，这就造成很多车辆从高等级公路驶入一般公路的环形交叉口前，由于对车速判断不准而减速不足造成交通事故的发生。所以一般情况下，在车辆进入环形交叉口前，在路面涂上由疏到密的间隔不等的黄色横线，并根据距环形交叉口的远近，使横线间隔逐渐减小。这样处理之后，驾驶员看到这些黄线就会产生警觉随后降低车速，并适应路面标线的视觉变化情况，把车速降到合理水平。据英国的实验数据统计分析，涂布此种标线之后，事故发生率由每年发生14起降低到一年只发生一起交通事故。而在弯道前100 m的路面上涂上V形标线，在弯道上使V形标线的夹角逐渐加大，进入直线路段后再使V形标线的夹角逐渐减小，这样可以使驾驶员开车经过时产生道路变窄的错觉，从而降低车速避免交通事故的发生。

2.1.3　听觉

听觉与声波关系密切，物体振动发出的声波作用于听分析器而引起听觉，并且听觉有音高、响度、音色的区别。

所谓音高，其实就是反映声音的频率，即音高基本上取决于音波每秒振动的次数。一般情况下，振动的频率越大，人们听到的声音就越高。普通人对于 1 000 Hz 左右的声音感受性最强，而对于在 500 Hz 以下和 5 000 Hz 以上的声音，就需要大得多的强度才能被人们感受到。如果声音的频率在 20 Hz 以下或 20 000 Hz 以上，那么不论强度多大，人们都感受不到这种声音的存在。而响度，则是与声音的物理强度相对应的，它的计量单位是分贝（dB）。响度不能太大，一般情况下响度不宜超过 140 db，如果响度超过 140 dB 则会引起不舒适的痛觉。而音色的作用主要是把基本频率与强度相同的声音区分开来的，它是依靠附加振动的成分不同区分不同声音的特殊品质。

车辆驾驶员可以根据交通指挥人员的指令进行各种操作，还可以根据汽车机件发出的噪声来判断是否发生故障等，这些都属于车辆驾驶员依靠听觉接收的声音信息。为了研究听觉在车辆驾驶中的重要作用，美国曾对全聋的驾驶员与不聋的驾驶员进行过试验，如果驾驶员是女性，那么在发生交通事故和违犯交通法规方面没显著差别。如果驾驶员是男性时，在违犯交通法规方面同样没显著区别，但是在发生交通事故方面，聋的驾驶员显著增多，统计数据显示事故次数比不聋驾驶员的多 1.8 倍。鉴于听觉的重要性，我国规定的噪声标准是听力保护的最大值即 90 dB，思考工作允许值为 45 dB。

2.1.4　注意

所谓注意，就是对既定目标产生方向性意识，也可以定义为驾驶员在驾驶汽车时对即将出现的交通情况产生的方向性意识。注意是驾驶员的一项基本指标，通常按这一指标来评定其行车时的心理状态。对驾驶员来说，重要的不是看见目标，而是要了解看见的目标。注意力不集中的驾驶员，即使看见了危险情况，但是并不理解它的状态，这往往是他们采取错误决定的原因之一，并将因此而造成交通事故。

注意有无意注意和有意注意之分。其中，人对周围事物无自觉的预先未加关心的注意称为无意注意，如突然听到对向车流中车辆轮胎的爆裂声就属于无意注意。而对于那些自觉的、有预定目的的、需要付出一定努力的注意，则称为有意注意，比如驾驶员在交通繁忙的道路上驾车时要时刻注意相邻车辆的行驶状态就属于有意注意。驾驶员在驾车过程中，注意的主次顺序不能颠倒，否则有可能引发交通安全问题，驾驶员应该对与行车安全有关的信息时刻保持有意注意，而对其他事物则持以无意注意。

除此之外，驾驶员还应当有分配注意的能力，以便同时接受几个信号，同时完成几个工序。而且驾驶员不但要有分配注意的能力，还要有一定的注意灵活程度，因为依靠注意灵活性，驾驶员能把注意从一个目标转移到另一个目标，从各种现象的总体中，分辨出最本质的现象，而实际情况是交通安全多取决于这种性能。在城市里的街道上开车，驾驶员心理紧张的程度更强烈，往往需要比在乡村公路上开车更大的注意力集中程度。因此，当驾驶员沿通往城市的公路行车进入市区时要特别注意集中注意力。

此外，驾驶员的注意力衰减在单一枯燥的行车环境中会更加快速，这需要引起道路设计人员的注意。一般情况下，驾驶员如果在 15 ~ 20 min 内得不到新鲜信息，便会感到枯燥无味，继而出现注意力衰减、难以集中。因此，应在道路线形设计、道路环境的布置方面采取一些措施不断地向驾驶员提供新鲜信息，进而保持驾驶员的注意力稳定。

2.1.5 反应

所谓反应，就是人们对于外界的某种刺激所产生的应激动作，它可以分为简单反应与复杂反应两大类。

所谓简单反应，其实就是以某一种动作作为对单一信号的反应。这种反应只与该信号有关系，驾驶员的注意力不会受到其他目标的影响。我们通常认为驾驶员对外界某种刺激的反应是即刻产生的，但实际情况却是，驾驶员对外界某种刺激的反应需要一定的时间。通过实验发现，驾驶员对于诸如要求按响喇叭这种从眼到手的简单反应，通常需要 0.15 ~ 0.25 s 的反应时间，而对于要求踩下制动踏板这种从眼到脚的简单反应，通常需要 0.5 s 的反应时间。曾有人在试验室里用亮灯作信号，测量从亮灯开始到喇叭或制动收到电脉冲为止的反应时间。根据实验数据可知，被试人员对从简单到复杂的刺激，大约需要 0.2 ~ 1.5 s 的反应时间。但是由于是在室内做的试验，并且要求被试人员对给出的信号做出反应，没有犹豫或思考时间，而实际上在路上驾驶车辆的驾驶员对外界刺激产生反应的条件与室内试验是完全不同的。

所谓复杂反应，其实是对几种信号中的某一种信号做出反应，需要根据选择出的信号做出回答动作。例如，操纵转向盘的动作属于复杂反应。复杂反应的复杂程度取决于交通量大小、汽车和车流中其他车辆的速度等多种因素。反应时间的长短取决于反应复杂程度、驾驶员的训练情况、心理生理状态、疲劳影响、疾病或酒精作用等。一般情况下，驾驶员在驾驶汽车时往往需要同时观察若干个目标，比如车辆和行人交通情况、道路状况、各种标志、停车位置等。驾驶员不但要对外界的刺激产生正确的反应，还要协调自己应对诸多因素的动作。一般情况下，随着复杂程度的增加，驾驶员的反应时间也有所增加。在有信号控制的交叉路口的入口街道上，自由行驶的车辆对红灯制动反应时间平均为 0.5 s；在车流量很大且行人很多的街道上，由于驾驶员要进行观察之后做出判断，这种情况下对于相同信号的制动反应时间要增加到 1.2 ~ 1.5 s。

国外研究结果建议，对所有车速在确定安全停车距离时，反应时间应在 2.5 s；在确定交叉口视距时，反应时间应在 2.0 s。但是实际上，总反应时间处在一个较大的范围内波动（0.5 ~ 40 s），因为反应时间的长短取决于驾驶员的性别、年龄、个性、对反应的准备程度以及工作经验。比如其他情况相同而年龄或性别不同的驾驶员，他们也需要不同的反应时间，而即使年龄、性别、工作经验等条件都相同的驾驶员，他们的反应时间也可能因个性、心理状态等的影响而不同。

此外，还有研究表明，女性的反应时间明显长于男性，且年龄越大，需要的反应时间越长，也就是说，同一个人，随着年龄的增加，需要的反应时间也增长。一般情况下，从 40 岁开始，反应时间均匀增加，一直到 50 岁，比平均反应时间增加 25%。50 岁以后反应时间开始明显增加。我们在探讨反应时间的时候要明确一个前提，就是驾驶员反应时间不单要快而且动作还要正确。因为驾驶员没有权力为了避免撞车，不考虑采取的措施如何而一味地追求反应速度快，这样往往会招致更为严重的后果。尤其是在城市里，交通条件更为复杂，从众多的危险之中选择最危险的情况，正确地、冷静地、迅速地做出反应是驾驶人员必备的品质，特别是当有中等密度的行人时更应如此。冷静、克服瞬时惊慌、注意力集中对快而准确地做出反应有很大意义，这才是我们探讨的反应。

2.1.6 动态判断

在动态条件下驾驶员对距离和速度的知觉称为动态判断。动态判断不但对驾驶员正确估计自己十分重要，而且对避免事故的发生也有很大意义。一般情况下，没有经验的驾驶员往往不能正确估计超车距离、被超车的车速和对面来车速度，其实也就是该驾驶员动态判断的能力不足。有经验的驾驶员有足够的动态判断能力，能够客观地了解对面来车的速度，可以提高超车效率，可见，动态判断能力十分重要。

（1）视线移动速度和视线方向。在视野 12° 以内的目标，能够清晰可见，但是当视野角度增大之后，视力会明显下降，视物能力有所降低。因此，为了保证驾驶员驾车的安全，在路上驾驶车辆时，驾驶员应当经常移动自己的视线，以保证目标置于视力清晰的视野范围之内。一般情况下，当车速较小时，视线可以放得近些；但当车速较大时，视线要放得远些。因为车速越大，驾驶员应当越早地看见障碍物，以便有足够的时间采取绕行或制动措施。

但是驾驶员不能仅考虑车辆前方的情况，有时候危险也可能在后面或者在侧面发生。驾驶员在驾驶车辆时要用周边视觉观察左右两侧的物体，一旦发现有物体向行驶中的汽车运动，即使轮廓不是十分清楚，也应当马上注意捕捉运动着的目标，使之处于视觉清晰的区域。

除此之外，感觉视线的移动好像是瞬间完成的，其实视线的移动是需要一定的时间的。相关研究表明，在交叉口驾驶员确定目标所需要的时间分别是视线向左移用 0.15 ~ 0.23 s；视线向右移用 0.15 ~ 0.23 s；眼睛在左侧确定目标用 0.10 ~ 0.30 s；眼睛在右侧确定目标用 0.10 ~ 0.30 s；充分观察所用时间为 0.5 s。而上述这些数据只是观察时间，并未计入反应时间。而实际上驾驶员观察不易观察的交叉口时，包括判定交叉口的目标运动方向和位置，并采取某种决定，这两部分时间会达到 2.5 s。驾驶员通过反光镜的画面观察情况，进行判断并采取决定所用的时间，约为 2 s，可见，实际上驾驶员观察情况并做出正确的反应所需的时间要比试验条件下的观察时间长得多。

（2）判断行车速度。驾驶员驾驶车辆时要对时间和距离有准确的知觉，这对行车安全十分重要。为了防止撞到前方行驶的车辆，尾随汽车的驾驶员应当能正确估计两车之间距离和前方车辆车速的变化，并能正确估计道路宽度、超车距离、选择可插间隙等。

驾驶员的驾驶经验对于空间知觉的判断十分重要。一般情况下，新驾驶员通过狭窄的通道或门时，一开始会怀疑自己的汽车不能通过。而一些有经验的驾驶员在由驾驶小汽车换成驾驶公共汽车或大型货车的情况下，一开始也会遇到同样情况，怀疑自己驾驶的汽车不能通过。而经过一段时间之后他们才能达到以前判断距离的能力。

除此之外，驾驶员的驾驶经验对于车辆速度的判断也十分重要。有经验的驾驶员甚至可以达到不看速度表就能相当准确地判断出汽车速度的程度。但是，在从城外干道驶入城市的入口道路上时，很多驾驶员不能及时根据已经变化的交通条件改变速度，从而造成在郊区道路上的事故数量比市中心区交通量很大的街道上的事故数量大，这也是由于驾驶员对车速判断不准造成的。

对驾驶员判断行车速度有影响的还有周围环境。在四车道的道路上，有经验的驾驶员以 100 ~ 110 km/h 的车速行车，其感受与以 60 ~ 70 km/h 的车速在有行道树的双车道道路上行车时是一样的，这就是周围环境对驾驶员判断行车速度的影响。

动态目测可以帮助驾驶员正确估计驶向交叉口的其他汽车的行进速度和到交叉口的距离，而动态目测的基础是对运动速度和方向的知觉。此外，在选择距离和时间开始绕行超车、进入院门、离开没有色灯控制的交叉口等情况下，良好的动态目测能力对驾驶员来说是必要的，但是对于动态目测能力比较弱的驾驶员，可以通过实地练习，培养并增强这种能力。

2.1.7　饮酒与驾驶

我国已经出台相关法律严格禁止酒后驾驶行为，但是每年因饮酒造成的交通事故仍然很多，造成的生命财产损失触目惊心。国外的研究人员通过做对比试验发现，当驾驶员血液中的酒精浓度在 0.03% ~ 0.09% 时，其驾车发生事故的概率要比不饮酒者增加 7 倍。当驾驶员血液中酒精浓度为 0.1% ~ 0.14% 时，其驾车发生事故的概率为不饮酒者的 32 倍。当驾驶员血液中酒精浓度为 0.15% 时，其驾车发生事故的概率比不饮酒者增加 128 倍。无数的实践证明，酒后开车多产生恶性事故，全世界各国都规定禁止酒后开车。我国的相关法律法规也早已明确规定"严禁酒后开车"。

（1）饮酒对人的影响。饮酒之后，胃壁、肠壁迅速吸收的酒精渗入体内组织并溶于血液之中，然后运送到全身各处。当酒精随着血液运送到大脑及其他神经组织中的，一旦这些地方的酒精浓度增高就会引起中枢神经的活动逐渐迟钝，并延至脊髓神经，使判断力发生障碍，进而造成驾驶员的手脚迟缓，并伴随有脉搏加快的迹象。一般情况下，正常闭目静坐状态的脉搏跳动次数约为 100 次，而饮酒后，同样状态下的脉搏跳动次数增加 55%。此外，酒精对人体的麻醉作用还会造成记忆障碍，使饮酒者对饮酒时自己的言行健忘。

人体内酒精含量不同，其心理活动和外观表现也不一样，通常可分为五种情况。第一种是不醉，即人体血液中的酒精含量小于 0.5 mg/mL 的状态，此时检查不出是否带有酒气，外观无异常；第二种是微醉，即人体血液中酒精含量为 0.5 ~ 2 mg/mL 的状态，此时饮酒者脸红话多，心神不定，对外来的刺激反应迟钝，但尚未忘记自己；第三种是轻醉，即人体血液中酒精含量为 2 ~ 3 mg/mL 的状态，此时饮酒者兴奋多话，语言不清，酒言酒语，有时哭笑；第四种是深醉，即人体血液中酒精含量为 3 ~ 4 mg/mL 的状态，此时饮酒者动作失调，腿软不能走路，言语不清，反应显著低落，陷入麻痹状态；第五种是泥醉，即人体血液中酒精含量为 4 ~ 5 mg/mL 的状态，此时饮酒者随处倒卧，陷入昏睡状态，四肢无力，呼吸困难，若失去医护有死亡危险。

（2）饮酒对驾驶机能的影响。饮酒会对驾驶员的驾驶机能产生重要的影响，造成驾驶员的驾驶机能下降。国外研究表明，当血液中酒精含量达到 0.5 mg/mL 时，驾驶机能受到的影响主要包括辨色能力降低，选择反应时间增加，并且错误反应率增加 46%。国外学者认为，驾驶员血液中酒精浓度为 0.03% 时，驾驶机能就开始下降；当血液中酒精浓度为 0.1% 时，驾驶机能要比正常状态下低落 15%；当血液中酒精浓度为 0.15% 时，驾驶机能要比正常状态下低落 30%。还有学者曾做实验将优秀驾驶员分为三组，第一组不饮酒，第二组饮相当于 23 mL 的威士忌酒，第三组饮相当于 68 mL 的威士忌酒，然后让三组驾驶员分别驾驶着宽度为 244 cm 的大客车进行穿桩试验。实验结果发现，当两桩的间距为 246 cm 时，不饮酒者均判断穿不过去而不穿行。而第二组有三人竟大胆穿行，其中一人在桩距 35 cm 时也欲穿行。第三组有二人欲穿行 36 ~ 41 cm 的桩距。

（3）酒后开车所产生事故的特点。驾驶员酒后驾车所发生的交通事故有一些共同的特点，比如，向静止物体（如安全带、分车道混凝土墩、电杆、树、栏杆等）撞击，向停驻的车辆冲撞，夜间与对向车迎面撞击，因看错路而引起的各种翻车，重大事故和恶性事故多、致死率高，这些都是驾驶员酒后驾车所发生的交通事故的共同特点。

（4）饮酒鉴别。由于酒后驾车危害性极大，所以需要对驾驶员是否饮酒作出鉴别，而常用的鉴别方法主要有以下几种：第一种方法是观察驾驶状态，当驾驶员血液中酒精达到一定浓度后，驾驶行为会有诸如在路上缓慢行驶，该快不快，该慢不慢，该停不停；过路口时停车时间过长，信号灯变绿灯后迟迟不起动，超车时跨越中线过度；换挡有声响；因其他原因汽车被管理人员制止时，驾驶员态度异常等反常表现。第二种方法是心理生理试验。该方法其实就是用一些简单试验，检核驾驶员行动的灵敏程度。如平衡试验、步行及回转试验、指鼻试验、拾硬币试验、书写试验、言语试验、光照试验等都属于心理生理试验。第三种方法是直接检查驾驶员体内的酒精含量。通常的做法是用仪器检查驾驶员呼气中的酒精含量或直接检验血液中的酒精含量，借以判断驾驶员是否饮酒。

2.1.8 驾驶疲劳

由于驾驶作业引起的身体上的变化、心理上的疲劳及客观测定驾驶机能的低落统称为驾驶疲劳。作为一项脑力劳动与体力劳动并重的技术性工作，驾驶工作会造成驾驶员的神经比较紧张。长时间驾车会使驾驶员的感觉、知觉、判断、意志、运动等出现疲劳，产生驾驶疲劳现象。驾驶疲劳对安全行车带来的影响主要表现在驾驶员在驾车中反应时间增长、操作能力下降、判断失误增多等。根据实际检查结果来看，驾驶疲劳的驾驶员往往出现视力下降，作业粗糙，注意力不集中，对环境、高度、距离等判断发生错误，动作的准确性和协调性变差的现象。造成驾驶员驾驶疲劳的原因很多，主要包括以下几个方面。

（1）驾驶员生活情况。驾驶员睡眠不充足，与家庭、同事的关系不和睦，或者家庭生活负担过重等都有可能造成驾驶疲劳。一般情况下，如果驾驶员前一天睡眠时间不足 4.5 h 而第二天驾驶超过 10 h，由于睡眠不足就容易打瞌睡，这样的话，事故率必然增高。还有如果驾驶员家庭生活负担过重或者家庭关系或同事关系不和睦，往往在驾车时易走神、烦闷或者因过度劳累而产生驾驶疲劳现象。

（2）车内外环境。包括温度、湿度、噪声、振动、照明、气味、座椅的舒适度、与同乘者关系的融洽状况等这些车内环境因素中的一项或多项，如果出现不利状态并长时间作用于驾驶员也会产生驾驶疲劳。除此之外，包括时间的昼或夜，天气的晴、雨、雪、雾，道路的线形，路面的状况，沿线设施及交通条件，车流畅通程度等这些车外环境也会影响到驾驶员的驾驶状态，如在夜间、雨天、雾天、雪天驾车往往比较辛苦，容易产生驾驶疲劳，而如果道路线形单调或视线不良、路面颠簸不平或太光滑、沿线设施繁杂或设置不当、车流太拥挤或车流速度反复变化等这些情况往往也会使驾驶员的身体和神经或者劳累，或者枯燥，或者过度紧张而易产生驾驶疲劳现象，诱发交通事故的发生。

（3）驾驶员自身特性。年龄、性别、身体状况、性格取向、驾驶技术等这些都属于驾驶员的自身特性，它们也会影响到驾驶员的状态。比如，相较于老驾驶员，年轻的驾驶员既易产生疲劳，但是也易消除疲劳。还有相较于男性驾驶员，女性驾驶员在相同行车条件下更易产生疲劳。此外，身体健康、性格开朗的驾驶员在同等条件下驾车相对来说更不易产生驾驶疲劳。

目前对驾驶疲劳的检查方法比较多，一般有生化法、生理心理测试法和他觉观察及主诉症状调查法。其中，生化法是通过检查作业者的血、尿、汗及唾液成分的变化判断疲劳。这种方法的不足之处是，测定时需中止驾驶活动，且容易给被测者带来不适和反感。而生理心理测试法的种类较多，主要包括膝腱反射机能检查法、两点刺激敏感阈限检查法、频闪融合阈限检查法、连续色名呼叫检查法、反应时间测定法、脑电肌电测定法、心率脉率血压测定法等。在这些方法中，膝腱反射机能检查法和两点刺激敏感阈限检查法使用起来较方便，是传统的检查方法，只要使用简单的仪器即能进行。而脑电肌电测定法和心率脉率血压测定法则较先进、精确、全面，是从深层次生理、心理机制上寻找疲劳原因的检测方法，但这些仪器较贵重，使用起来也较复杂。而他觉观察和主诉症状调查法也称自我感觉摄影，是以测试者自我感觉或体验来记述疲劳的特征和程度的检查方法。

2.1.9 驾驶员的差异

诸如性别、年龄气质、知识水平、驾驶技术熟练程度、精神状态等这些驾驶员的各种特点在拟定道路设计标准和汽车结构尺寸时，在对事故进行分析并采取安全措施时都是需要考虑的。而在拟定道路设计标准和汽车结构尺寸时的设计取值一般根据满足 85% 驾驶员的需要为标准，对于其余 15% 的驾驶员的变化只予以适当考虑。驾驶员特点的差异很多，其中主要包括以下几个方面的差异：

（1）性别差异。我们知道男女性别差异会造成其性格上的区别，一般情况下，男性多属于开朗、活跃、善交际的外倾型性格，并且积极、富有正义感和意志决定能力；而与之对应的，女性多属于深沉、文静的内倾型性格，并且直观、情绪不定。这些性格特点表现在驾驶行为上主要包括连续行车时间较短时女性的肇事率低，若时间较长则肇事率高于男性；遇到紧急情况时男女差别则更大，例如在遇到正面冲撞之前的一刹那，多数男性想方设法摆脱，而女驾驶员则陷入恐慌、手脚失措；男驾驶员反应时间短，女驾驶员反应时间相对较长；达到领执照标准，女性驾驶员比男性时间长 26%；女驾驶员的身高体重、坐高均不如男驾驶员，左右手握力只有 10～15 kg。

由于驾驶员性别差异会造成上述诸多差异，所以在交通管理中就应注意男、女驾驶员的心理、生理特点，有针对性地进行管理。此外，在培训驾驶员时，还应考虑是否应该适当延长女学员训练的时间，以及在安排任务时，优先安排女驾驶员操纵轻便的车型。这样充分考虑男女驾驶员在性别上的差异会造成特点上的区别，就可以制定出更有针对性的政策，有利于搞好交通运输，确保交通安全。

（2）年龄差异。年龄的差异也会对驾驶员的驾驶状态产生一定的影响，国外学者通过对若干名不同年龄段的驾驶员进行一般情况和紧急情况下驾驶测验发现，年龄不超过 45 岁的驾驶员的状态较好、事故率低，尤其是年龄在 20～25 岁的年轻驾驶员在遇到紧急情况下驾驶车辆发生事故率要比年龄大的驾驶员发生的事故率低。国外有关研究发现，22 岁的青年在教习 22 个小时之后就可获得驾驶执照，而 45 岁的男性则需要教习 35 个小时方可获得驾驶执照。可见，45 岁以上的驾驶员的身体素质、神经感觉、精力等均有所衰退，造成驾驶机能降低。

除此之外，年龄在 22～25 岁的驾驶员反应灵敏，反应时间在各年龄段中是最短的。对于夜间眩光后的恢复，也有这样的规律，年龄越小恢复得越快。一般青年驾驶员视力恢复时间约需 2～3 s，而超过 55 岁的驾驶员所需恢复时间大约为 10 s 左右。由于老年人对交通标志、弯道、障碍判断不清，反应迟钝，容易造成交通肇事，但是年轻人往往因违章超速、冒险行车而违反交通规则。但是随着我国经济社会的快速发展和人民生活水平的不断提高，老年人驾车是一个不能回避的问题。虽然老年人驾车在某些方面也有自己的优点，如生活阅历丰富、处事平静沉稳等，但是毕竟它们的生理心理机能，如视觉特性、认知能力、反应速度、身体状况等必然下降，这就要求我们不得不及时研究老年人驾车的安全问题。我国也要及时借鉴经济发达国家对老年人驾车行为及行车安全问题的研究成果，结合我国具体国情对老年人驾车特性及安全问题的研究给予足够的重视。

（3）气质差异。人的典型的、稳定的心理特点就称为气质。气质的体现不以活动的内容、目的和动机为转移，它以同样的方式表现在各种各样的活动中。古代医学家早就发现不同人有不同气质，并且根据人体内血液、黏液、黄胆汁和黑胆汁四种体液的混合比例表现出人类机体的状态，也就是由于某种体液占优势而产生四种气质。第一种是血液占优势的多血质气质，其特征是活泼、好动、敏感、反应迅速、喜欢与人交往、注意力容易转移、兴趣容易变换等；第二种是黄胆汁占优势的胆汁质气质，其特征是直率、热情、精力旺盛、情绪易于冲动、心境变换剧烈等；第三种是黏液占优势的黏液质气质，其特征是安静、稳重、反应缓慢、沉默寡言、情绪不易外露、注意稳定但又难于转移、善于忍耐等；第四种是黑胆汁占优势的抑郁质气质，其特征是孤僻、行动迟缓、体验深刻、善于觉察别人的细小事物等。

但是我们不能绝对地说所有的人都可按照四种气质类型来划分，而实际情况是只有少数人是四种气质类型的典型代表，大多数人是介于各类型之间的中间类型。所以，在判断某个人的气质时，并非一定把他们划归为某种类型，主要是观察和测定构成人的气质类型的各种心理特征。那么，了解人的气质类型有什么用呢？在交通工程方面，了解人的气质对于安全教育、驾驶员培训、组织交通运输业务都有重要意义。例如针对多血质的驾驶员的特点，着重进行踏实、专一、不开快车等方面的教育；对胆汁质驾驶员，注意进行耐力、细心方面的教育，对这类驾驶员的缺点错误不要当面批评，不要用激将法；对黏液质驾驶员，多给予指导，注意培养机动灵活的精神；对抑郁质驾驶员，应当多鼓励，培养自信心。总之就是要根据不同气质类型的特点进行有针对性的管理。

2.1.10　外界因素的影响

其实，影响驾驶员交通特性的因素众多，既有自身生理素质、婚姻状况、精神状态等条件影响，又有道路条件、车辆条件、交通环境等外界因素的影响。而关于外界因素的影响主要体现在以下几个方面：

（1）道路线形设计不合理则有可能使视线失去诱导，使驾驶员产生错觉，增加驾驶员的心理紧张程度和驾驶疲劳。

（2）驾驶员所驾驶车辆的结构尺寸、仪表位置、操纵系统、安全设备等不能和驾驶员形成完美契合，往往会对驾驶产生影响，如容易造成驾驶疲劳等。有研究表明，车辆的制动踏板高于加速踏板 15 cm 要比制动踏板和加速踏板在同一平面上布置效果更好，因为这两种情况下脚由加速踏板移到制动踏板上的时间是不一样的。

（3）驾驶员驾驶车辆时的交通环境也会对驾驶员产生重要影响。比如，交通标志的布设会约束驾驶员的行动；道路周围若有吸引人注意的干扰点时，驾驶员的注意力就会受到影响而不易集中；驾驶过程中播放轻音乐，则容易造成驾驶员不自觉地加快车速；路上行人过多时，会增加驾驶员的心理紧张或造成驾驶疲劳等。

2.2　行人的交通特性

2.2.1　行人交通特性分析的必要性

由于相对驾驶员和车辆等其他交通参与者来说，行人是弱势群体，容易受到交通系统中各种危险的伤害，发生行人交通事故的比例较大，所以我们有必要研究行人的交通特性，加强对行人交通的管理。

我国行人交通事故相当严重，尤其是在 20 世纪末 21 世纪初，我国交通行业的大发展也带来行人交通事故的多发。据相关数据统计，上海市 2001 年交通事故总数为 42 078 起，交通事故总死亡 1 503 人，其中，行人交通事故 1 456 起，占总事故数的 3.5%，行人死亡人数 265 人，占交通事故总死亡人数的 17.6%。

从事故地点上来看，行人交通事故多发生在行人较集中的地方以及过街道出入巷口交叉和转向等交通情况比较复杂的路段或交叉口附近。国外统计资料显示，交叉口附近发生行人交通事故的比例占 41.8%，而在路段上横穿过街发生行人交通事故的约占 50.8%。我国一些城市的统计资料也呈现同样的规律，也即在路段、过街道上要比在交叉口内发生的行人交通事故要多。除此之外，发生行人交通事故的另一个主要地点是人行横道。

从事故发生的时间上来看，一般在交通最拥挤的时候容易发生行人交通事故，尤其是上、下班人流、车流的高峰期是行人交通事故发生的高峰时段。

从事故发生的年龄段上来看，65 岁以上的老人在行人交通事故导致的死亡人数中占比最大，紧随其后的是 14 岁以下的儿童和 45~64 岁的人。分析原因主要是由于老年人的心理和生理机能已出现衰退，而儿童又因身体和心理机能尚未成熟，所以这两个年龄段的行人交通事故死亡率比较大。

可见，行人发生交通事故在交通事故中的占比较大，并且在发生地点、发生时间、发生的年龄段等方面都有独特的特点，所以有必要对行人的交通特性进行分析研究。

2.2.2　分述行人的交通特性

行人交通特性包括的内容众多，现将行人的交通特性分述如下：

（1）基本参数特征。在研究行人的交通特性时经常用到的基本参数主要包括步幅、步频和步速三个方面的内容。其中，行人行走时每跨出一步的长度通常称为步幅，也称为步长，它的衡量单位为 cm 或 m。根据相关统计资料显示，我国行人步幅的平均值约为 63.7 cm，并且男性步幅比女性步幅稍大。而行人在单位时间内行走时跨步的次数通常就是步频，也就是指双脚先后依次着地次数，常用的衡量单位为步数/min。根据相关统计资料显示，我国行人每分钟行走的步数变化在 80~150 次之间，也就是步频为 120/min。行人在单位时间内所行进的距离通常称为步速，一般采用 m/s、m/min 或 km/h 表示。步速的影响因素较多，不但有男女老少之别，而且还受到步行道路特性的影响，我们在进行设计时一般采用平均值，也就是采用 1~1.2 m/s 的步速作为设计参考值。

（2）行人过街基本情况。行人过街的情况有很多种，单就行人横过街道就有单人穿越和结群而过之分，而单人过街又可归纳为三种情况和四种类型。第一种情况是待机而过，也即行人等待汽车停驻或车流中出现足以过街的空隙时再穿越街道；第二种情况是抢行过街，即在车流中本来无可过街的间隙的情况下，行人快步穿越街道的情况；第三种情况是适时过街，即当行人走到人行横道端点时恰巧车流中出现可过街的间隙，这时行人不需要等待直接穿越。而四种类型包括均匀步速前进、中途停驻、中途加快并且大多是在过中线后加快脚步、中途放慢并且大多是过中线后放慢步速。

（3）行人过街的等待时间。道路上汽车交通量、道路宽度、行人心理因素等是决定行人过街等待时间长短的决定性因素。道路上交通量大，可穿越的间隙就少，行人只有等到变换信号灯时才可过街，等待过街时间就长；而如果道路上交通量小，可穿越的间隙就多，行人等待过街的时间就短。还有，街道宽，等待时间长；街道窄，等待时间短。此外，一般情况下，女性较男性的等待时间要长；年岁大的比年轻人等待时间长；上下班时间比非上下班时间等待时间要短。

（4）行人过街的危险性。过街人数的多少会影响到行人过街时的危险程度。一般情况下，人行横道上过街的人数多时，驾驶员易提高警惕，故安全程度大；而人行横道上过街的人数少时，不易引起驾驶员的注意，危险程度大。除此之外，车辆暂停礼让行人过街时，如果后续的车辆继续从停驻车的左侧通过时，由于先行车停在那里挡住后续车辆视线造成死角，这样往往会使行人与后续车辆发生冲突，大大增加了行人过街的危险程度。行人过街时除了要根据左侧来车情况决定是否过街，同时还要注意路中线另一边右前方的车辆动向并考虑跨过中线后的处境。

（5）人行横道的使用情况。很多人由于不愿意绕路或是在匆忙赶路等，以为车辆少、没关系或认为车辆可能停驻等原因而不走人行横道，随意穿行街道，这大大增加了行人过街的危险性。据国外的调查结果显示，一般情况下，横道距离行人过街地点在 20 m 以内时，人们才乐于使用人行横道。由于种种原因，有将近 60% 的行人不愿沿人行横道过街，而是选择捷径直接穿越街道。这些情况需要我们在设置人行横道的地点时加以考虑，并且要对行人进行安全教育，同时采取一些措施迫使行人走人行横道。

（6）过街天桥和地道的使用情况。过街天桥和过街地道作为供行人过街用的交通设施，虽然可以大大增加行人过街的安全性，但是其使用情况与其设置有密切关系。一般情况下，如果行人沿人行横道过街和经天桥（或地道）过街用的时间大致相等时，约有 80% 的人喜欢使用天桥或地道。但是如果经天桥（或地道）的时间大于直接过街的时间时，使用天桥（或地道）的人数就会有所下降。而一旦经过天桥（或地道）过街的时间超过直接过街时间的一倍时，几乎无人使用天桥或地道。

2.2.3 儿童行人的交通特性

汽车交通的发展使儿童的活动空间变小，从而给他们的生活带来了很大影响。由于儿童在道路上玩耍，或者在上下学的路上和广场上玩球等都有可能与汽车的行驶发生冲突而造成安全隐患。因此，不但家庭和学校有必要对儿童进行交通安全教育，而且交通领域也有必要对儿童行人的交通特性进行分析探讨。

儿童的活动有其特点。通常情况下，6 岁以下的儿童的活动半径很小，一般距住地不超过 100 m。但是如果家长看护不到，儿童就有可能突然跑到街上玩耍而出现安全隐患。幼儿园的儿童及小学低年级学生，由于智力发育不健全，思想比较简单，并且缺少交通安全知识，敢冒险从汽车前后穿越，这往往是酿成交通事故的重要原因。此外，随着年龄的增长，小学高年级学生及初中学生的活动范围进一步增大，经常骑车上学，这也有可能因骑车技术不熟练或速度过快而发生交通事故。儿童作为祖国的未来，为了保护儿童的安全，需要从小对儿童进行诸如如何过人行横道等方面的交通安全教育，最好还要设置儿童公园，以及在小学、幼儿园所在范围的道路上设置安全警示标牌以引起驾驶员注意。

2.3 乘客的交通特性

乘客也是道路交通系统的重要组成部分，但是乘客交通特性的共同要求是安全、迅速、舒适，相对来说比较简单，并且受到道路交通系统中其他参与者的影响比较大，所以主要在线形设计、交通工具配备、交通设施布设等方面给予考虑就能满足要求。

在道路的设计方面，要充分考虑乘客对乘车安全的需求。一般情况下，车辆在横向力系数大于 0.2 的曲线上行驶时，乘客就会有不稳定感；而当横向力系数大于 0.4 时，乘客就会出现站立不稳并有倾倒的危险，所以在线形设计标准中对平曲线的最小半径有规定，以保证车辆的横向力系数不能太大，从而保证乘客乘车的安全。此外，汽车由直线段经缓和曲线进入圆曲线段时，汽车的离心力是逐渐增加的，并且当离心力增加很快时，乘客会明显感到不舒服。为了使车辆转弯时乘客不至于感到不舒服就需要限制离心加速度，这就对道路线形设计中的缓和曲线的长度提出了要求。除此之外，车辆在山区道路上或者在陡边坡的高填土道路上行驶时，由于乘客看不到坡脚，会产生害怕心理，我们如果在这种路段的路肩上设置护栏或放缓边坡就会消除乘客的不安心理，这些都是我们在进行道路设计时需要考虑的方向。而最优化的道路设计，不但能够保障道路的交通安全，而且还能够体现出道路美学。比如，采用顺畅连续的线形、宽阔的带弧形的边沟、平缓的边坡等既可以增加交通安全又有助于道路美化。

此外，乘客对所乘坐交通工具的迅速到达性也十分注重，希望能够尽可能地缩短出行时间，尽快到达目的地。比如，我们在道路交通中经常见到的挤车现象就是这种心理状态的具体表现。再比如，对于已经在车上的乘客，他们希望中途一站不停，尽快到达目的地；而对于要乘车的旅客，则希望出门就有车站，每辆车都能停靠，来车就能上去，这些都是乘客对于所乘坐车的迅速到达性要求的体现。

乘客对于乘车舒适度的要求也是乘客交通特性的重要内容之一。一般说来，乘客乘车时希望有一个舒适的环境，但是随着乘车时间的增加，乘客不可避免地容易产生疲劳，乘车的舒适性体验不好。有调查资料表明，工人乘坐电力列车到郊区上班，如果坐着乘行 60 min 以上，与在市里上班，需要换乘，站着乘行小于 60 min 相比，前者的舒适性体验要好。

为了提高乘客乘车的舒适性，可采取一些有效措施。比如，市内公共交通规划应明确规定职工上、下班出行时间，配备适量的交通工具，规定车辆满员率。并且尽量达到市内工作出行时间不宜超过 45 min，郊区工作出行时间不宜大于 70 min。

此外，由于乘客保持一个姿势长久坐着会产生疲劳，所以在车辆的座位设计时应考虑采用软垫，座位靠背可改变倾斜角度，同时应注意调节车内的温度、湿度、空气并防尘等一系列的措施减少乘客的疲劳感并增加舒适度。为了避免乘客长时间坐车产生烦躁情绪，交通路线的布设应考虑到美学要求，尽量利用名胜古迹、自然景物组成优美的道路交通环境，使乘客在旅途中能够观赏风光，感到心旷神怡，提高乘车的舒适性体验。同时，应尽可能地在道路沿线布设一些休息场地，能够使长途旅行的车辆稍停片刻以便乘客下车活动伸展肌肉减轻疲劳。

总之，在进行交通道路建设时一定要充分考虑乘客的交通特性，尽可能地为乘客创造一个安全、舒适的乘车环境，并在保证安全的前提下尽可能迅速地将乘客送达目的地。

2.4 汽车的交通特性

根据国务院 1988 年发布的《中华人民共和国道路交通管理条例》，车辆是指在道路上行驶的下列机动车和非机动车。机动车是指各种汽车、电车、电瓶车、摩托车、拖拉机、轮式专用机械车；非机动车是指自行车、三轮车、人力车、畜力车、残疾人专用车。道路交通中最为常见的机动车辆为汽车，而汽车作为道路交通系统的重要组成部分，其交通特性的研究十分重要。而汽车的几何尺寸、质量参数、技术性能等交通特性会影响到道路线形、交通结构物的净空、停车场地等交通设施的设计。

2.4.1 汽车的分类

按照我国的国家标准，汽车可以划分成轿车、客车、货车、越野汽车、自卸汽车、牵引汽车、专用汽车共计七类。

轿车是指乘坐 2~8 人的小型载客车辆，根据发动机排量大小可分为微型、普通级、中级、中高级和高级轿车五种。其中，微型轿车的发动机排量在 1 L 以下；普通级轿车的发动机排量为 1.0~1.6 L；中级轿车的发动机排量为 1.6~2.5 L；中高级轿车的发动机排量为 2.5~4.0 L；高级轿车的发动机排量在 4 L 以上。

乘坐 9 人以上，具有长方形车厢，主要用于载运人员及其行李物品的车辆称为客车。根据车辆的长度可将客车分为微型、轻型、中型、大型、特大型 5 种。其中，微型客车车身长度在 3.5 m 以下；轻型客车车身长度为 3.5~7.0 m；中型客车车身长度为 7~10 m；大型客车车身长度为 10~12 m；特大型客车包括车身长度大于 12 m 的铰接式客车和车身长度为 10~12 m 的双层客车。

货车就是我们常说的卡车，又称为载货汽车、载重汽车，主要是用来运送各种货物或牵引全挂车。货车按载重量可分为微型、轻型、中型、重型 4 种。其中，微型货车总质量小于 1.8 t；轻型货车总质量为 1.8~6 t；中型货车总质量为 6~14 t；重型货车总质量大于 14 t。

越野汽车主要用于非公路上载运人员和货物或牵引设备，一般为全轴驱动。按驱动形式可分为 4×4、6×6、8×8 三种。

货厢能自动倾翻的载货汽车称为自卸汽车，比如用在工矿企业和建筑工地上装载散装原料、砂土的汽车就属于自卸汽车。自卸汽车根据它卸货的方式不同可以分为向后倾卸的汽车和向左、右、后三个方向均可倾卸的汽车两种。

牵引汽车是专门或主要用来牵引的车辆，如专门牵引集装箱的挂车就属于牵引汽车。牵引汽车又可分为全挂牵引车和半挂牵引车两种类型。

专用汽车是一种为了承担专门的运输任务或作业，装有专用的设备，具备专用功能的车辆，又称为特种汽车。比如救护车、消防车、押钞车、洒水车、邮政车、电视转播车、油罐运输车、水泥搅拌车等都属于专用汽车。

2.4.2　汽车的尺寸和质量参数

汽车的几何尺寸和质量是其重要的物理参数，其交通特性对道路交通系统影响深远，所以有必要探讨分析汽车的尺寸参数和质量参数。

（1）尺寸参数。外廓尺寸、轴距轮距、前悬、后悬等是汽车的主要尺寸参数。其中，外廓尺寸是车辆外廓的长、宽、高，它的大小主要影响道路建设的净空和车内容量。而轴距是汽车前、后轮轴之间的距离，它对汽车的整备质量、总长、最小转弯直径、纵向通过半径以及汽车的轴荷分配、制动性、操纵稳定性等都有影响。汽车横向两轮间的距离称为轮距，它主要影响车内宽度、车辆最小转弯半径等。前悬、后悬分别是指汽车前、后轴中心到汽车最前端和最后端之间的距离，这两个参数对汽车的通过性、撞车的安全性，以及驾驶员的视野等起着决定性的作用。

（2）质量参数。汽车的质量参数主要是指汽车的整车整备质量、载客量或装载质量、自身质量利用系数和轴荷分配。整车整备质量是指车上带有包括随车工具、备胎等在内的全部装备，加满燃料和水，但没有装货和载人时的整车质量。它对汽车的成本和使用经济性均有影响。载客量是指轿车和客车的座位数，而装载质量是指汽车在硬质良好路面上行驶时所允许的额定装载量。载客量或装载质量不但影响道路的运营效益，而且也与行车的安全性密切相关。自身质量利用系数是指汽车装载质量与整车整备质量的比值，该系数反映了汽车的设计水平和工艺水平，该系数越大，说明该汽车的结构和制造工艺越先进。至于轴荷分配，则是指汽车在空载或满载静止的状态下，各车轴对支承平面的垂直载荷，也可以用占空载或满载总质量的百分比来表示，该参数对轮胎寿命和汽车的使用性能有影响。

2.4.3　汽车的动力性

汽车的动力性是汽车的重要性能指标之一，并且汽车的动力性与驾驶员的驾车特性有重要关系。作为汽车性能的重要指标之一，汽车的动力性可以用最高车速、加速时间、爬坡能力三方面的指标来衡量。

（1）最高车速。所谓最高车速，就是指汽车在水平良好的水泥混凝土或沥青路面上所能达到的最高行驶速度，它是衡量汽车动力性的第一个重要指标。

（2）加速时间。衡量车辆动力性能的加速时间分为原地起步加速时间和超车加速时间两类。其中，汽车由第 I 挡起步，以最大的加速强度逐步换至高速挡后达到某一预定的距离或车速所需要的时间称为原地起步加速时间。汽车原地起步的加速时间通常采用速度由 0 加速到 100 km/h 时的秒数来表示。而关于超车加速能力时间，采用较多的是用高速挡或次高速挡由 30 km/h 或 40 km/h 全力加速至某一高速度所需时间来表示。

（3）爬坡能力。汽车爬坡能力是用汽车满载时 I 挡在良好路面上的最大爬坡度（%）来表示的。而不同的车型对爬坡能力的要求并不一样，其中，由于小客车的最高车速大，加速时间短，一般情况下都在较好的平坦路面上行驶，所以并不十分强调它的爬坡能力。但是，由于载货汽车经常要在各种路面上行驶，所以要求它具有足够的爬坡能力，一般要求最大爬坡度为30%，即16.5°左右。除此之外，有的国家为了维持道路上各种车辆形成的车流畅通行驶，特意规定在经常遇到的坡道上，汽车必须保证一定的速度以表明汽车的爬坡能力。比如，要求单车在3%的坡道上应能以60 km/h的车速平稳行驶，排队汽车在2%的坡道上应能以50 km/h的速度平稳行驶。

2.4.4　汽车的通过性

所谓汽车的通过性，指的是机动车在不用其他辅助措施的条件下，能以足够高的平均速度通过包括潮湿、冰、雪等在内的各种路面，以及在无路地段行驶和越过各种自然障碍物的能力。汽车通过性作为汽车的重要性能指标，与车辆的支承—牵引参数及几何参数，以及汽车的动力性、平顺性、稳定性、视野等因素有密切的关联性。汽车的通过性主要包括轮廓通过性和支承通过性两个方面的内容。

（1）轮廓通过性指标。汽车轮廓通过性的评价指标包括最小离地间隙、接近角和离去角、纵向和横向通过半径、车辆所能通过的最大横坡四个方面的内容。其中，最小离地间隙是车辆的最低点（除车轮外）与路面间的距离。它主要是用来表征机动车无碰撞越过障碍物的能力。如果该间隙不足，车辆就有可能被地面拖住而无法通过，或者由于车辆底部零件碰到地面而被顶住；接近角和离去角是指从车身前后凸出点向前后轮引出的切线与路面间的夹角。接近角或离去角过小，将发生车辆前端或尾部触及地面而不能通过的现象。纵向通过半径是指在机动车侧视图上所作的与前、后车轮及两轴间轮廓线最低点相切的圆的半径，该半径可以表征汽车无碰撞通过如小丘、拱桥等弧形凸起障碍的能力。横向通过半径则是在机动车正视图上所作的与驱动桥两车轮及桥壳最低点相切的圆的半径。车辆所能通过的最大横坡是指车辆重力通过一侧车轮中心，而另一侧车轮的地面法向反作用力等于零时路面的横向坡度，此时车辆即将发生侧翻。车辆发生侧翻的极限坡度取决于车辆的轮距和质心高度。

（2）支承通过性指标。汽车的支承通过性指标主要包括附着质量、附着质量系数和车轮接地比压（车轮对地面的单位压力）三个方面的评价指标。其中，附着质量是指驱动轮承载的质量，附着质量与总质量的比值即为附着质量系数。根据机动车行驶的附着条件，驱动轮的附着质量和附着质量系数越大，机动车在坏路面上丧失通过性的概率就越低。

2.4.5　汽车的稳定性

汽车根据驾驶员的意愿按照规定的方向行驶，且不产生侧滑或倾翻的能力称为汽车行驶的稳定性。影响汽车稳定性的主要因素主要包括轴距和轮距、质心位置、汽车绕过质心垂线的转动惯量、轮胎特性、转向系的结构与性能、车身的空气动力学性能等几个方面。

2.4.6　汽车的制动性

如果汽车的制动性不可靠，那么再好的动力性也得不到发挥，所以，汽车的制动性是汽车的主要性能之一。汽车制动性直接关系到人民生命财产的安全，是汽车行驶的重要保障。根据交通事故的统计资料显示，因制动性不好而造成交通事故的案例数目众多。因此，要想保证在安全行驶的条件下提高行车速度，从而提高运输生产率就必须要求汽车具有良好的制动性能。汽车的制动性主要指以下三个方面：

（1）动效能。所谓动效能就是指制动距离与制动减速度。驾驶员从发现障碍物采取措施到制动器生效需要一段时间，这段时间统称为反应时间，其长短因人而异。在确定安全停车距离时一般反应时间为 1.5 ~ 2.0 s。

（2）制动效能的恒定性。汽车制动的过程实际上就是把汽车行驶的动能通过制动器吸收转化为热能的过程，该过程导致温度升高，而升温后汽车能否保持在冷状态时的制动效能就是制动效能的恒定性问题。制动效能的恒定性对高速时制动和长下坡连续制动很有意义。

（3）制动时汽车的方向稳定性。汽车制动时不产生跑偏、侧滑及失去转向能力的性能就是汽车制动时的方向稳定性。制动造成的跑偏、侧滑，特别是后轴侧滑是造成交通事故的主要原因，很多起交通事故都是由于制动时后轴侧滑或汽车失去转向能力造成的。因此，交通管理部门验车时，应对汽车的制动性严格检验。

2.5　自行车的交通特性

车辆主要包括机动车和非机动车，其中，汽车是机动车的典型代表，并且在道路交通中最为常见，而自行车则是非机动车的典型代表，并且随着共享单车等共享经济的发展，自行车交通在我国的道路交通系统中也占据着重要的位置，根据相关统计资料数据显示，自行车交通出行曾经在道路交通出行方式中占比巨大，一般大城市自行车出行量占总出行量的 35% ~ 55%；中等城市自行车出行量占总出行量的 45% ~ 65%；小城市更高，有的城市自行车出行量占总出行量的比例超过 80%。因此，研究自行车的交通特性对于治理城市交通的相关顽疾，保障交通安全具有重要的意义。自行车的交通特性主要包括以下几个方面：

（1）短程性。自行车作为依靠骑车人自己体力转动车轮而行驶的非机动车，其行驶速度的快慢和行驶距离的远近都受到骑车人的体力、心情和意志的重要影响。除此之外，所行驶的路线的纵坡度、平面线形、车道宽度、车道划分、气候条件等外部环境和条件对自行车的行驶也有直接的影响。所以短程性是自行车交通的第一个特性，自行车出行一般只适用于短距离出行。

（2）行进稳定性。虽然自行车在静止状态时是不稳定的、不能自行立稳的，但是自行车作为一种交通工具，其在以一定的速度前进时是具有比较好的行进稳定性的，完全可以保证骑车人在行进过程中不至于出现侧倾的现象，除非在受到突然出现的过大横向力的干扰时才可能失去稳定性而侧向倾倒。

（3）动态平衡性。虽然自行车具有一定的行进稳定性，但是由于骑车人骑在自行车上后整体的重心比较高，为了避免在行驶过程中出现侧翻就要在骑行过程中保持骑行的动态平衡性。尤其是在自行车转向或通过半径比较小的弯道时，由于惯性力和离心力的作用极易摔倒，这时就要借助于人体的变位或重心倾斜以维持运行中的动态平衡性。

（4）动力递减性。自行车是依靠骑车人的体力，也就是骑车人两脚的蹬踏之力推动前进的。根据相关研究表明，一般成年男子在 10 min 以上的骑行活动中可能发挥出的功率大约为 220.6 W，成年女子在 10 min 以上的骑行活动中可能发挥出的功率大约为 147.1 W，并且骑行持续的时间越长，可能发挥出的功率越小。这样的情况下，车速也随着前进动力的衰减而不断减小。这就是自行车出行的动力递减性。

（5）爬坡性能。关于爬坡性能，由于随着骑行时间的增加，自行车的动力逐渐衰减，所以普通的自行车为了避免出现交通事故危险，一般要求不能爬升太大的坡或陡坡。按照国家的相关规范要求，自行车行驶时，在短坡道上坡度不宜大于 5%，长坡道上坡度不宜大于 3%；或者对于坡度为 3%、4% 与 5% 的纵向坡道，自行车行驶的极限坡长分别为 500 m、200 m 和 100 m。如果在天气寒冷的冬季或北方地区，自行车的爬坡能力会更小，甚至无法骑车出行。

（6）制动性能。自行车的制动性能，对于行车安全与通行能力具有重要的意义，它与反应时间一起决定纵向安全间距，即纵向动态净空。

2.6 道路的交通特性

道路作为道路交通系统中重要的组成部分，它是供车辆行驶和行人出行的基础设施。按照其所处的地区的不同，我们通常可以将其划分为公路、城市道路、厂矿道路、林区道路、乡村道路等。而我们在交通出行中最为常见的道路就是位于城市范围内的城市道路和位于城市及郊区以外的公路。

2.6.1 公路的等级划分

在国家的公路路网中，不同的公路所处的自然环境和建设条件各不相同，在国家经济社会中的地位也不同，其上所行驶车辆的种类和速度以及运量也千差万别，以及不同公路的运营管理方法也有差异。这些差异和不同导致我们必须从规划、设计和管理的多角度出发，综合地对公路路网中的公路进行等级划分。

（1）公路的技术等级。按照技术等级划分，公路根据其交通量、任务及性质可以分为高速公路、一级公路、二级公路、三级公路、四级公路五个等级，这种划分是根据我国交通运输部颁布的《公路工程技术标准》（JTG B01—2014）中规定划分的，并且除了划分为上述五个等级，在五个等级之中又根据其所处的地形和其他条件的差异进行了更为细致的划分。

其中，可以专供汽车分向、分车道行驶并全部控制出入的干线公路称为高速公路。而为了便于区分，高速公路又可根据其车道数的多少进一步细分为四车道高速公路、六车道高速公路、八车道高速公路等类别。其中四车道高速公路一般能适应按各种汽车折合成小客车的远景设计年限年平均昼夜交通量为 25 000 ~ 55 000 辆的等级要求；六车道高速公路一般能适应按各种汽车折合成小客车的远景设计年限年平均昼夜交通量为 45 000 ~ 80 000 辆的等级要求；八车道高速公路一般能适应按各种汽车折合成小客车的远景设计年限年平均昼夜交通量为 60 000 ~ 100 000 辆的等级要求。

除高速公路以外的公路包括四个等级。其中，供汽车分向、分车道行驶的公路称为一级公路，该等级的公路一般能适应按各种汽车折合成小客车的远景设计年限年平均昼夜交通量为 15 000 ~ 30 000 辆的等级要求；二级公路一般能适应按各种车辆折合成中型载货汽车的远景设计年限年平均昼夜交通量为 3 000 ~ 7 500 辆的等级要求；三级公路一般能适应按各种车辆折合成中型载货汽车的远景设计年限年平均昼夜交通量为 1 000 ~ 4 000 辆的等级要求；四级公路又根据单车道和双车道之分，要求双车道能适应按各种车辆折合成中型载货汽车的远景设计年限年平均昼夜交通量为 1 500 辆以下，而单车道则在 200 辆以下。

（2）公路的行政等级。国家颁布的《中华人民共和国公路管理条例实施细则》中规定，按行政等级划分，公路分为国道（即国家干线公路）、省道（即省、自治区、直辖市干线公路）、县道（即县级公路）、乡道（即乡级公路）和专用公路五个等级。

其中，包括重要的国际公路，国防公路，连接首都与各省或自治区首府和直辖市的公路，连接各大经济中心港站、枢纽、商品生产基地和战略要地的，具有全国性政治、经济意义的主要干线公路称为国道。而省道则是指在各省区域内具有重要的政治意义和经济意义，连接省内中心城市和主要经济区的公路，以及不属于国道的省际的重要公路。县道是指各县区域内具有重要的政治意义和经济意义，连接县城和县内主要乡镇、主要商品生产和集散地的公路，以及不属于国道、省道的县际间的公路。乡道则是指主要为乡镇经济、文化、行政服务的公路，以及不属于县道的乡与乡之间及乡与外部联络的公路。而对于专供或主要供厂矿、林区、油田、农场、旅游区、军事要地等与外部联络的公路称为专用公路。

2.6.2　城市道路的类别划分

城市道路也是重要的道路类型之一，并且城市道路在为生产、生活服务的过程中，因不同的城市道路在城市中的地位、功能及其交通特征各不相同，我们可以根据城市道路的交通性质、交通量和行车速度将城市道路划分为不同的类别。此外，由于城市结构组成与交通运输方式的错综复杂，仅从交通性质、交通量和行车速度等指标来划分城市道路的类别可能不尽合理，因此，在城市道路的类别划分过程中还要综合考虑城市性质、规模及其现状等因素来合理划分。所以，在我国《城市道路工程设计规范（2016年版）》（CJJ37—2012）中通过综合考虑城市道路在城市道路网中的地位、交通功能以及对沿线建筑物的服务功能，将城市道路分为以下类别：

（1）快速路。为城市中大量的、长距离的、快速交通服务的道路称为快速路。一般情况下，快速路主要在特大城市或长度超过30 km的带状城市中设置，并且主要用来联系城市内部各主要区域、市区和主要的近郊区、卫星城镇、主要对外公路，为城市远距离交通服务，所以，对于快速路一般要求其具有较高的车速和较大的通行能力。根据相关规定，快速路的对向车行道之间应设置中间分隔带分开对向行驶的车辆，并且一般在其进出口应采用全部控制或部分控制的控制方式。此外，快速路的两侧不应设置吸引车流、人流的公共建筑物的进出口，并且两侧一般建筑物的进出口也应加以控制。

为了实现快速路为城市中大量的、长距离的、快速交通服务的功能，一般要求快速路满足诸多技术要求。首先，快速路只准汽车行驶，禁止行人和非机动车进入；其次，快速路上的每个行车方向至少有两条机动车道，中间设置宽度不小于1 m的中央分隔带；再次，快速路的大部分交叉口应采用立体交叉，最好人行横道也设置为立体交叉；此外，还要控制快速车道的出入口，车辆只能在指定的地点进出等要求。

（2）主干路。以交通功能为主，为连接城市各主要分区的干线道路称为主干路。各个主干路联系城市的主要工业区、居住区、港口、车站等客货运中心，承担城市的主要客货运交通任务，是城市内部的交通大动脉。

主干路一般设置为六条车道，或四条机动车道加两条有分隔带的非机动车道，并且，主干路一般不像快速路一样设立体交叉，而是采用扩宽交叉口引道的办法来提高通行能力，但是在个别流量特别大的主干路交叉口也可设置立体交叉。此外，对于主干路，在其沿线的两侧，特别是在交叉口附近，不宜设置吸引大量人流的公共建筑。对于受其他条件限制而必须设置公共建筑时，建筑物应适当后退以让出停车和人流疏散场地，但是不宜搞成商业街，并且街坊出入口应尽量设在侧面支路。

（3）次干路。次干路主要是基于联系各部分和集散交通的功能设置，配合主干路组成城市干道网，是城市中数量较多的一般交通性道路。和主干路一样，次干路一般不设立体交叉，而是将部分交叉口扩大，并加以渠化。次干路一般可设四条车道，并可不设单独的非机动车道。

（4）支路。支路是一个地区内（如居住区内）与街坊路的连接线，以服务功能为主，并且主要服务于局部地区的交通。部分支路可以补充干道网的不足，用于公共交通路线和自行车专用道，但是支路上不宜通行过境的车辆，只允许通行为本地区服务的交通。

除了上述所介绍的快速路、主干路、次干路和支路之外，还可以根据不同城市的具体情况规划自行车专用道、有轨电车专用道、商业步行街、货运道路等专用道路。例如，由于两侧有大量的文化商业设施，文化商业街的道路仅为公共交通和行人服务，一般不负担过境交通。这类道路仅为沿街单位运输服务，白天禁止货运。

2.6.3 路网密度及布局

1. 路网密度

路网密度是衡量道路设施数量的一个基本指标。一个区域的路网密度等于该区域内道路总长与该区域的总面积之比。一般来讲，路网密度越高，路网总的容量、服务能力越大。但路网的密度也不是越大越好，路网密度的大小应与所在区域内的交通需求相适应，与当地的经济发展水平相当，并且兼顾各方面的因素，在道路建设的经济性和服务水平以及道路系统的社会效益、经济效益、环境效益之间找到一个最佳的路网密度，使其既能适当超前，也要节约投资。在我国颁布的《城市综合交通体系规划标准》（GB/T 51328—2018）中规定了不同规模城市的路网密度等规划指标，在进行城市规划建设和路网密度设置时可供参考。

2. 路网布局

不论是公路还是城市道路，其规划、设计不能仅仅局限在一条道路的建设上，而应从整个路网系统着眼，注重整个路网的布局。因为路网布局会影响到整个运输系统的效率，良好的路网布局不但可以大大提高运输系统的效率，增加路网的可达性，还可以达到节约大量的投资，节省运输时间和运输费用的效果，最终实现良好的经济效益、社会效益与环境效益。

而关于路网布局，不同的区域或不同的城市需要根据所在地区的自然、社会、经济情况综合考虑，并不存在统一的适用所有情况的路网布局模式。就公路路网布局而言，我国常见到的典型路网布局有三角形、并列形、放射形、树叉形等。其中，放射形路网一般用于中心城市与外围郊区、周围城镇间的交通联系，该类型的路网能够发挥大城市的经济、政治、科技、文化中心作用，促进中心城市对周围地区的辐射和影响。而三角形路网主要用于规模相当的重要城镇间的直达交通联系，这种布局具有通达性好，运输效率高的优点，但是该路网布局的建设量大，平行的几条干线分别联系着一系列城镇，而处于两条线上的城镇之间缺少便捷道路连接，这是该种路网布局的缺点所在。树叉形的路网是从干线公路上分叉出去的支线公路，是将乡镇、自然村与市、县政府连接起来一种形式。

我国公路网按行政体制由国道、省道、县道和乡道组成。其中，国道网的建设方案从1964年就开始编制，并于1981年由原国家经委、计委和交通部颁发试行。该方案将国道分三类。第一类是由首都向四周各省放射，共12条，编号为101、102、……、112；第二类是由南北走向的纵线组成，共28条，编号为201、202、……、228；第三类是由东西走向的横线组成，共30条，编号为301、302、……、330。

而城市道路的路网布局也有很多的形式，其中常见的有棋盘形（方格形）、带形、放射形、放射环形等。我国古代城市道路以方格形为主，在近现代社会，城市发展了许多其他形式的道路布局。

思考题

1. 感觉和知觉的区别有哪些？
2. 哪些因素容易导致疲劳，应该如何避免？
3. 饮酒驾驶有什么危害？
4. 驾驶员的哪些个性特征可以影响驾驶行为，其影响如何？
5. 行人的交通特点有哪些？
6. 汽车的技术性能参数有哪些？
7. 如何划分公路的类别与等级？
8. 常见的路网布局有哪些形式？

交通量

本章主要讲述交通量的特性及交通量调查与表示方法。

掌握交通量的时空特性；掌握交通量的表达方式；掌握交通量调查方法的运用。

3.1　交通量概述

交通量是指单位时间内通过道路某一断面（一般为往、返两个方向，如特指时可为某一方向或某一车道）的交通实体数，又称为交通流量或流量。按交通类型可分为机动车交通量、非机动车交通量和行人交通量。

交通量具有随时间不断变化的特征，同一段道路在不同时间上的交通量差异极大，具有明显的随机性，但也逐年、逐月甚至每日的不同时段体现出一定的规律[1]。交通量不仅在每年的同月份中有不同的规律，在每周也会由于工作日和双休日的区别表现出不同的特点。道路上各方向的交通量通常是基本相当的，但在某些特定的时段都表现出明显的单一方向性。不仅如此，当高等级公路同一个方向有多条车道时，每条车道上交通量的分布也会有所不同。这种分布规律与车道两侧的横向干扰、大型车的比例及出入口数量和位置密切相关，是制约通行效率的重要因素[2]。

3.1.1　交通量的时空特性

交通量的时间差异是指一年中某个季节、某个月、某一天、某个小时的差异。所谓空间不同

---

〔1〕　侯俊杰，陶勇，高全援．基于服务水平的公路技术标准分析与评价［J］．公路，2007，11
（11）：158 - 162.

〔2〕　梁宪莹．交通量特性及其与道路规划设计相关关系研究［J］．工程建设与设计，2019（5）：
177 - 178，1182.

是指地域、城乡、路线、方向、车道等的差别。交通量随时间和空间所发生的变化反映了经济与社会上对交通的需求。交通量按年度和空间变化的规律在推算远景交通量时会讨论，这里只叙述年度内交通量的时间和空间分布。

1. 交通量的时间分布

（1）一年内月交通量的变化。以一年为周期，统计12个月的交通量，每个月的交通量不尽相同。一年内各月交通量的变化称为月变化。以月份为横坐标；月平均日交通量相当于年平均日交通量的百分数为纵坐标，绘制成交通量的月变图。年平均日交通量与月平均日交通量之比，称为交通量的月变系数 $K_月$（也称月不均衡系数或月换算系数），用以表示一年内月交通量的变化。其表达式如下：

$$K_月 = \frac{AADT}{MADT} = \frac{年平均日交通量}{月平均日交通量} = \frac{\frac{1}{365}\sum_{i=1}^{365} Q_i}{\frac{1}{k}\sum_{i=1}^{k} Q_i}$$

式中　k——当月的天数，可以取 30、31、28、29（天）；

　　　Q_i——观测日的交通量。

$$AADT = \frac{12\ 个月的月平均日交通量的总和}{12}$$

（2）一周内日交通量的变化。以一周为周期，每天的交通量分布也不均匀，但有规律性。一周内各天交通量的变化称为日变化。在我国的城市道路上，一般工价日的交通量变化不大，在节假日变化比较明显，多数交通量都会减少；而主要为旅游服务的乡村公路一般工作日的交通量不大，节假日则有较明显的增加；一般公路交通量相对变化不大。通常用日交通量系数 K_d（也称日变系数）表示交通量的日变化。其表达式如下：

$$K_d = \frac{周平均日交通量}{观测日交通量} = \frac{\frac{1}{7}\sum_{i=1}^{7} Q_i}{Q_i}$$

式中　Q_i——一周 i 的交通量。

$$Q_i = \frac{全年所有周一的日交通量总和}{全年周一的总天数}$$

（3）一日内各小时交通量的变化。若以一日为周期，各个小时的交通量分布也不均衡。虽然由于地点不同，交通量大小各异，导致每天的分布曲线不尽相同，但是分布曲线的变化趋势和高峰出现时间却大致相似。我国国家干线公路交通量调查资料表明，高峰小时在上午9点至10点之间出现。高峰小时交通量为当日交通量的9%~11%。一天中交通量主要集中分布在12~16个小时之内。所以，通常采用日交通量12小时系数和16小时系数来表征日交通量的集中程度。这两个系数在进行交通量调查观测等工作中有着重要的应用。日交通量12小时系数是指6：00—18：00时段的交通量占日交通量的百分比；日交通量16小时系数是指5：00—21：00时段的交通量占日交通量的百分比。根据我国一些连续式交通量观测站（点）的观测资料，其代表路段平均日交通量12小时系数为：东中部省份0.67，西部省份0.71；16小时系数为：东中部省份0.82，西部省份0.87。

一日内以连续60 min计的交通量的最高值称为高峰小时交通量。其是影响道路交通畅通的一个重要因素。道路通行能力若能够满足高峰小时的交通量，就能满足全天其他时段的交通需求。常用高峰小时交通量比来描述高峰小时交通量的特征，高峰小时交通量比是高峰小时交通量与全天交通量的比值，反映高峰小时交通量的集中程度，并可用于高峰小时交通量与日交通量之间的相互换算。据统计，我国公路高峰小时交通量比一般为 8% ~ 10%，出现时间与观测站距离城市中心的位置有关。

城市道路交通量一般有两个高峰，即早高峰和晚高峰。一般机动车晚高峰交通量低于早高峰。根据我国大城市主干道的观测数据，工作日每天上午 7：00—9：00 为机动车早高峰；17：00—19：00 为机动车晚高峰。节假日有些后延，且高峰小时交通量较小。

标准高峰小时交通量比的确定方法：首先以小时交通量的大小为序绘制曲线，曲线横坐标为小时交通量序数，纵坐标为小时交通量与年平均日交通量的比值，然后从曲线中找出曲率变化明显处的小时交通量比值，即标准高峰小时交通量比 K。K 值一般为 9% ~ 14%。

（4）高峰小时内交通量的变化。高峰小时交通量的持续时间并非刚好一个小时，可能大于或小于一个小时。同时，高峰小时内交通量也不均匀。因此，再将高峰小时划分成更短的时段，以显示各时段交通量的变化特征。一般按 5 min 和 15 min 划分时段。某高峰小时内连续 5 min 或 15 min 交通量最大的时段，称为高峰小时内的高峰时段，并将由该时段的交通量推算得到的小时流率称为高峰小时流率。

高峰小时交通量与高峰小时内某一时段推算的高峰小时流率的比值称为高峰小时系数 PHF。

据美国 2000 年《道路通行能力手册》（以下简称 HCM2000）介绍，15 min 的高峰交通量是造成交通阻塞的重要因素，所以，常常研究 15 min 的高峰小时交通量，在城市道路中，15 min 的高峰小时系数一般为 0.8 ~ 0.98，较低值表示在高峰小时中交通量具有较大的可变性；较高值表示交通量变化不大，超过 0.95 时通常表示在高峰小时内交通量受到通行能力制约。

高峰小时交通量占该天全日交通量的百分数称为高峰小时交通量比。高峰小时交通量比的大小反映了高峰小时交通量的集中程度。我国的观测数据表明，高峰小时交通量比为 8% ~ 10%。

高峰小时系数 PHF 是指高峰小时交通量与高峰小时内交通量最大的某一时段的交通量扩大为高峰小时后的交通量之比。

一般 $t = 5$ min 或 $t = 6$ min 或 $t = 10$ min，最常用 $t = 15$ min。

PHF < 1，PHF 越接近 1，说明变化越平缓，越小，说明峰值越明显。

2. 交通量的空间特性

（1）地域分布。所谓空间不同是指地域、城乡、路线、方向、车道等的差别，下面简要对交通量的空间进行介绍。由于我国幅员辽阔，各地区经济发展水平、工农业生产水平、居民生活水平不均衡，导致东南部沿海经济发达省份、中部经济一般发达省份和西部经济欠发达省份之间交通量有明显差别。

（2）城乡分布。城乡之间经济发展生产活动、生活水平的不均衡造成城乡之间交通量有明显差别。一般来说，城市道路的交通量大于农村道路的交通量。如美国，在乡村公路 44% 的里程中，交通量都小于 1 000 辆/d；在城市道路 64% 以上的里程中，交通量都大于 4 000 辆/d；而在约 36% 的城市街道上，交通量超过 10 000 辆/d。

2017 年我国公路交通量观测站的数据表明，广大农村公路的交通量都很小，90% 的乡道、村道年平均日交通量不超过 100 辆/d，85% 的县道年平均日交通量不超过 3 500 辆/d；而大城市出入口道路的交通量一般都大于 10 000 辆/d，城市道路的交通量则更大，2017 年 8 月 15 日北京市北五环安立路的调查结果为 38 154 辆/d。

（3）方向分布。一条道路往返两个方向的交通量，在较长的时间内可能是平衡的，但是在某段时间内，可能是一年中的某个季节，一月中的某几天，也可能是一天中的某个时段，两个方向的交通量会有很大的差别。对于农村公路，秋季有大量农副产品运进城镇，冬季有丰富的轻工产品运到农间，上班时间有大量的车辆外出，下班时间则流向相反。对于靠近停车场、专业车队的道路，市郊道路，上下班时间客流方向明显不同。（4）车道分布。当同向车行道有两条或多于两条时，处于不同位置的车道，其交通量分布不同。每条车道交通量的大小主要与车道两侧的干扰、慢行车的比例和进出口的数量、位置有关。当车流为连续流时，主要受车辆车速差别的大小影响，小汽车专用车道的交通量显然比大型汽车车道大。

3.1.2　交通量的表达方式

交通量是一个随机数，随时间和空间发生变化。

交通量的流率表现形式：当观测交通量的时间不足一个小时，将测到的交通量转换为流率表示。

1. 平均交通量

（1）平均日交通量（ADT）：任意期间的交通量累计之和除以该期间的总天数所得的交通量。

（2）年平均日交通量（AADT）：一年内连续累计交通量之和除以该年的天数（365 或 366）所得的交通量。

（3）周平均日交通量（WADT）：一周内交通量之和除以周日天数（7）所得的交通量。

（4）月平均日交通量（MADT）：一月内交通量之和除以该月天数（28、29、30 或 31）所得的交通量。

（5）年平均月交通量（AAMT）：一年内连续累计交通量之和除以一年的月份数（12）所得的交通量。

2. 最高小时交通量

高峰小时交通量（PHT 或 VPH）：一天 24 h 内交通量最高的某一小时的交通量。一般还可分为上午高峰（早高峰）和下午高峰（晚高峰）小时交通量。其时间的区划一般从 n 点到 $n+1$ 点整数区划。为研究分析目的也可寻找高峰期连续 60 min 最高交通量（非整点到非整点）。

3. 第 30 位小时交通量

将一年中所有 8 760 h 的小时交通量按顺序由大至小排列时其第 30 位的小时交通量。通常，将第 30 位小时交通量作为设计小时交通量。图 3.1 是我国采用的设计小时交通量图示。

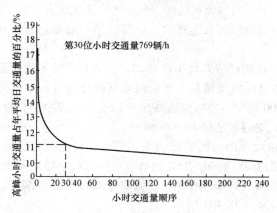

图 3.1　第 30 位小时交通量

4. 设计小时交通量

（1）设计小时交通量的含义及作用。交通量具有随时间变化和出现高峰小时的特点，因此，在进行道路设施规划设计时，必须考虑这个特点。工程上为了保证道路在规划期内满足绝大多数小时车流能顺利通过，不造成严重阻塞，同时避免建成后车流量很低，投资效益不高，规定必须选择适当的小时交通量作为设计小时交通量（DDHV）。

（2）设计小时交通量的应用。

①确定车道数和路幅宽度（多车道公路）。

②评价道路的服务水平（双车道公路）。

③交通量调查。

3.2 交通量调查

交通量调查的目的是通过长期连续性观测或短期间隙和临时观测，收集交通量资料，了解交通量在时间、空间上的变化和分布规律，为交通规划、道路建设、交通控制与管理、工程经济分析等提供必要的数据。

3.2.1 交通量调查的方法

1. 气压式检测器

气压式检测器的主要缺点是不能分出各车道的交通量。由于橡胶管直接放置在路面上，受来往车辆碾压，特别是当扫路车、铲雪车、防滑轮胎碾压及紧急制动滑行时易损坏；当无人看管时，易于被人偷盗；长期使用，橡胶易于老化，精度降低；冰雪及温度变化较大时，也影响其精度。

安放气压式检测器的地点要选择适当。要使橡胶管与车辆行驶方向正交，避开车辆转向处，以免由于车辆与橡胶管斜交而发生重复计数；不要安放在车辆易发生滑溜的地方，如小半径曲线处；要避开行车易出现大的加速或紧急制动的地方，如较陡的坡道上；要选择路面平整的地方，以免损坏橡胶管；要避开路侧停车的地点；在交叉口引道上，要安放在可能的排队长度以外；在其他可能出现车辆排队的地方，如收费站、加油站等处也应同样考虑。

2. 电接触式检测器

电接触式检测器有固定式和便携式两种类型。所谓固定式是将两组带有绝缘橡胶的电接点埋置于车行道路面之下，其顶面与路面齐平。当车辆通过时，电极接通，检测车辆。这种形式的检测器避免了气压式检测器的缺点，可以分车道统计交通量，但由于需要挖开路面，增加了安装的困难和费用。

3. 便携式检测器

便携式检测器是一条横于车行道的内有两组接点的电橡胶带，靠电橡胶带内的电极是否接通传递来车信息，其优缺点及安装时的注意事项与气压式检测器相同。这种类型的检测器可以得到分车道、分方向、分车型的交通量、车速、车头时距等数据。

4. 光电式检测器

光电式检测器由光源和光电管组成。通过光源是否被遮断使光电管感知车辆的有无。其主要优点是结构简单，可以与各种类型的计数器相连接；其缺点是不能区分各车道的交通量，同时，停止的车辆及行人或自行车遮断光源都会计数；在交通量大时精度较低。

光电式检测器的安装高度不易选择。其距离地面的高度既不能是大型车的车轴高度，又不能是小轿车的车窗高度。光电式检测器不适用于交通量在 1 000 辆/h 以上的双车道或多车道的道路，一般来说，只能用于统计货车的交通量。

5. 雷达式检测器

雷达式检测器是根据多普勒效应（Doppler Eleet）制成的。其精度很高，性能可靠，不受来往车辆碾压和天气的影响，也不存在老化问题，可同时用于车速调查。通常安装在拟调查的车道中心上方，因此，可得到每车道的交通量计数。但是雷达式检测器的价格和维修费用比其他类型的检测器都高。

6. 磁场式检测器

磁场式检测器有主动式和被动式两种类型。其都是根据车辆通过引起磁场变化的原理获得来车信息的。所不同的是前者形成自身的电磁场；后者不形成电磁场，而是利用地磁场。磁场式检测器可避免气压式检测器的缺点，不受路上交通的影响，也不受冰、雪等恶劣天气的影响，可以分车道检测。但检测线圈的安装麻烦，需要挖开路面，且不易维修。便携式磁场型交通量检测仪尽管安装和使用方便，但价格昂贵，且一台仪器仅能检测一个车道。

7. 超声波式检测器

超声波式检测器是利用超声波发生器向地面发射超声波，通过鉴别其反射波来感知车辆的有无。其优点是精度很高不受来往车辆碾压的影响，也不受天气的影响；缺点是成本高，且无论是对于车辆还是行人，只要通过探头下方都会计数。通常，将超声波探头安装在车行道

3.2.2　交通量的表示方法

1. 汇总表

各种调查方法所获得的交通量资料，经过整理都可以列成汇总表。汇总表要有内容详细的表头，至少应包括现场记录表表头的所有项目。汇总表竖向一般按时间分隔，若以 15 min 为一栏，则每小时要小计一次，横向可以按车种分隔，当不计车种时，可以按流向划分。对于长期连续观测站的资料，每周的调查结果可以汇总在一张表内。对于交叉路口高峰期间的调查结果，还应提出高峰小时各入口方向分流向、分车种的交通量汇总表，以及以百分比表示的流向分布和车种分布表。

2. 柱状图

柱状图常用来表示一天中小时交通量的变化。横坐标为绝对时间；纵坐标为相应小时的交通量，更多时候采用的是小时交通量占日交通量的百分比，一般采用双向交通量的合计值。

3. 曲线图

曲线图常用来表示交通量的小时变化、日变化和月变化，以及一年按序号排列的小时交通量变化。直接连接每个小矩形顶部的中心，便得到一天中小时交通量的曲线图。

4. 交通量流向图

交通量流向图通常用来表示交叉路口车辆的运行状况。该图通常根据高峰小时的当量交通量绘制。当不知道车辆换算系数时，也可直接用混合交通量代替。当机动车高峰与非机动车高峰不重复时一般应对每个高峰小时的机动车和非机动车分别进行会制。

对于以路口改建前后对比研究为目的交通量调查，要使两次调查的时间、地点、方法、天气条件尽可能相同。

研究路口通行能力，有时要用到饱和交通量。当路口交通量已经饱和时，例如，一个周期的绿灯期间，每面排队等候的车辆均不能全部放行，饱和交通量不难获得。当交通量达不到饱和情况时，有时要用"阻车"法来人为地使其饱和，即利用原有路线上的车辆，使其在短时间内暂

停通行，待各入口引道上积累了一定数量的车辆后再放行，这时进行观测便可获得饱和交通量。这一方法，除非确有必要，不可随意采用。因此法实施起来有很大困难，容易发生交通事故，造成交通阻塞给群众带来诸多不便。非用不可时，需事先向当地行政管理部门提出详细报告，说明其必要性和重要性，争取支持，实施时要和交通管理部门密切配合。参加人员要明确分工，另外，要避开上下班的高峰时间，尽可能缩短堵车时间。

5. 路网交通量普查

进行路网交通量普查的目的是绘制某区域道路网的交通量图。该图对于运输规划、路网规划、编制道路养护维修计划等是十分有用的。交通量图一般用年平均日交通量绘制。

进行路网交通量普查之前，首先应对拟调查的区域做详细的研究，将所有的道路标在该地区的平面图上，然后确定观测站系统。

交通量资料由连续观测站和间隙观测站提供。当拟调查的区域已建有连续和间隙观测站时，就不必再设观测站；当拟调查的区域没有这类观测站时，应在每一类型的道路上于交通量有代表性的地方建立间隙观测站。间隙站一般每三个月连续观测一周，或者每个月选择星期一至星期五中的一天，每隔一个月增加一个星期日进行 24 h 观测，但要避开交通量异常的日子和开放夜市的夜间。间隙站多采用人工计数，根据设备情况，有时也可以用自动装置代替。

补充观测站遍布整个拟调查的区域。其间距根据人力和设备条件确定，一般规定郊区干线公路 3~5 km 一个，城区 1.5 km 左右一个，在交通量变化较大的地点还需要增设补充观测站。通常采用人工计数，选择星期一至星期五中的一天做 24 h 或 48 h 连续观测，也可以用流动车法或自动装置代替。

6. 小区出入交通量调查

进行小区出入交通量调查是确定进入和流出某个特定的、根据自然条件或根据需要人为划定的一个完全封闭的小区的交通量。进入与流出交通量之差，可以表征小区内累计交通量的增加或减少情况。

小区出入交通量调查有两种类型，一种用于 OD 调查，另一种用于中心商业区。前者将在 OD 调查中讲述，这里只讲述后者的调查。

一般来说，每一条道路与拟调查区域的境界线的交点处都要设立观测站，对于某些交通量很小的街道也可以不进行调查，但必须保证这些不进行调查的街道上的总交通量不得超过总出入交通量的 3%~4%。观测断面要选择在路段上，以避免由于存在转向车辆而造成的重复计数。

为了减少观测站的数量，境界线应尽量利用天然的或人为的分隔线，如河流、区界线等，但不要选择在道路的中线上。划定的区域要包括所有的通过主要临街商店的道路，避免在境界线上有较大的临街商业网点。

思考题

1. 交通量有哪些特性？
2. 第 30 位小时交通量是什么？
3. 交通量如何调查？

第 4 章

车速

本章主要讲述车速的定义、分类，影响车速的变化因素，地点车速调查，行驶车速及区间车速调查与车速资料整理。

掌握车速的分类与影响车速的变化因素；了解地点车速调查、行驶车速及区间车速调查与车速资料整理。

4.1　车速概述

1. 车速的定义

车速是车辆在单位时间内驶过的距离。即车速（v）是车辆行驶路程（s）除以行驶所需时间（t）的商数（$v = s/t$）。单位用 km/h 或 m/s 表示。

2. 车速的分类

（1）地点车速：车辆驶过道路某断面时的瞬时速度。即

$$v = \frac{L}{t}$$

式中　v——地点车速，计量单位分别为 m/s、km/h；

　　　L——短观测段的距离；

　　　t——车辆驶过距离 L 的时间（s）。

（2）行驶车速：车辆驶过的某段路程的长度与行驶时间之比。

（3）区间车速：车辆驶过某段路程的长度与所用的总时间（包括中途停车损失时间在内，但不包括客运、货运车辆在起点、终点的调头时间）之比。

（4）时间平均车速在道路、交通、气候良好的情况下仅受道路设计特点控制时所能保持的最大安全车速即时间平均车速；在单位时间内测得通过道路某断面各车辆的地点车速，这些地点车速的算术平均值，即该断面的时间平均车速。

$$\overline{v_t} = \frac{1}{n}\sum_{i=1}^{n}v_i$$

式中　$\overline{v_t}$——时间平均车速（km/h）；

　　　$\overline{v_i}$——第 i 次行程的行程时间（h）；

　　　n——行驶该行程 L 的次数。

（5）区间平均车速：在某一特定瞬间，行驶于道路某一特定长度内的全部车辆的车速分布的平均值。

$$\overline{v_s} = \frac{L \cdot n}{\sum\limits_{i=1}^{n}t_i}$$

式中　$\overline{v_s}$——区间平均车速（km/h）；

　　　t_i——第 i 次行程的行程时间（h）；

　　　n——行驶该行程 L 的次数；

　　　L——行程长度（km）。

二者数学关系：$\overline{v_s} = -1.889\,60 + 1.026\,19\,\overline{v_t}$

表明：速度增加，两种车速两侧之间的差异变小。

车速频率分布：在同一地点观测到的以某一确定速度行驶的车辆数，与总的观测车数的比值（图 4.1、图 4.2）。

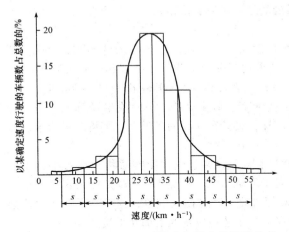

图 4.1　以某确定速度行驶的车辆数占总数的比值

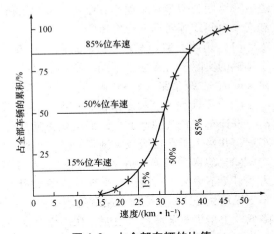

图 4.2　占全部车辆的比值

（6）中位车速（也称 50%位车速）：是指在该路段上在该速度以下行驶的车辆数与在该速度以上行驶的车辆数相等。

（7）85%位车速：在该路段行驶的所有车辆中，有 85%的车辆行驶速度在此速度以下，只有 15%的车辆行驶速度高于此值。常以此速度作为某些路段的限制车速。

（8）15%位车速：在该路段行驶的所有车辆中，有 15%的车辆行驶速度在此速度以下，有 85%的车辆行驶速度高于此值。

在高速公路和快速道路上为了行车安全，减少阻塞排队现象，要规定低速限制，因此，15%位车速测定是非常重要的。

85%位车速与 15%车速之差反映了该路段上的车速波动幅度。

4.2 车速的影响因素

车速随驾驶员、车辆、道路、交通条件及环境等因素的变化而变化。其规律简述如下。

4.2.1 驾驶员的影响

汽车行驶速度除与驾驶员的技术高低、开车时间长短有关系外，还与驾驶员的个性、年龄、性别和婚姻状况有关。一般来说，开新车长途旅行的人比本地出行的人开得快。车上无乘客时，驾驶员开车往往比有乘客时快。青年驾驶员、男性驾驶员、单身驾驶员，一般比中年驾驶员、女性驾驶员、已婚驾驶员开车快。

4.2.2 车辆的影响

车型及其车辆的技术状况对行车速度有较大的影响。在我国，小客车车速最快，货车次之，大客车相对较慢。载货汽车的平均车速按轻型单机货车、中型货车、重型组合车、重型单机货车的次序下降，且随载货总重的增加而下降。

4.2.3 道路的影响

驾驶员实际开车速度在很大程度上受道路条件的影响。诸如道路类型、平纵线形、坡长、车道数和路面类型等对车速都有影响。又如道路所处的地理位置、视距条件、车道位置、侧向净空和交叉口间距等对车速也有影响。

（1）道路类型。不同类型的道路，其设计行车速度不同，汽车的运行条件不同，因此，其上车辆的实际运行速度也不同。我国公路上汽车的平均行驶速度为：一级公路（12 000 辆/d）：54 km/h；二级公路（5 000 辆/d）：45～52.5 km/h；三级公路（2 000 辆/d）：46.4 km/h。

（2）平曲线形。一般来说，在平曲线上较在直线段上车速要低。平曲线半径越大，车速越高。设计车速较低的弯道上，平均车速接近设计车速；设计车速高的弯道上，平均车速低于设计车速，并接近于在切线段观测到的平均车速。

（3）纵断面线形。道路的纵断面线形对车速影响显著，并且这种影响对货车比对小客车更为明显。下坡时，与运行在平坡直线路段相比，对于货车当纵坡大至 5%，对专用大客车和小客车当纵坡大至 3%，平均车速都是增加的。当下坡超过此限度及在上坡道，各类车辆的车速都会降低。重型货车爬坡行驶表明，在一定坡度的路段上，车速随坡度的增加几乎是直线下降的，直至降到等于爬坡速度时方可继续上坡。

（4）车道数及车道位置。多于四车道时车行道的特性与四车道设施相似。四车道公路上，由于行驶时不受对向行车的约束，比双车道和三车道公路上的平均车速高。当中央有分隔带时这种差异更明显。三车道上的车速略高于相类似的双车道公路。

在行近市区的道路上，入境车辆的平均车速一般比出境车速高 3～6 km/h。多车道的公路上，地点车速由靠中央分隔带的车道向靠路肩的车道逐次递减。

（5）视距。道路上视距若不能满足要求，则车速明显降低。

（6）侧向净空。在双车道公路上，一般侧向净空受到限制时，平均车速降低 2～5 km/h，货车比客车受到的影响小。

（7）路面条件。路面由低级发展到高级时，地点车速逐渐增加。我国大量砂石路面已改善为高级、次高级路面，车速提高了 30% 左右。目前，载货汽车在高级路面上行驶，车速可达 60～80 km/h；在次高级路面上行驶，车速可达 40～60 km/h；在中级路面上行驶，车速可达 30～40 km/h。我国干线公路调查指出，沥青路面上的平均车速为 38.5 km/h，砂石路面上的平均车速为 30.0 km/h（26.9～33.1 km/h）。同一类型路面，其状况的优劣也直接影响车速。

4.2.4 交通条件的影响

（1）交通量。交通量越大，交通密度越大，车速越低。这是由于交通量越大，超车越困难。超车时，驾驶员要提高车速，一般比被超车辆平均高 16 km/h，由于超车数量的减少，快行车的潜力得不到发挥，所以平均车速要下降。

（2）交通组成。快慢车分离比快慢车混合行驶车速高，在郊区公路上，畜力车越多，汽车车速越低，在城市道路上，三块板道路比一块板道路上的汽车车速高。行人，特别是横过街道的行人交通量的大小，对车速很有影响。

（3）交通管理。道路渠化能使车速有比较明显的提高，这是由于车辆各行其道，减少了相互之间的干扰。另外，交通信号、交通标志、交通设施及交通管理措施都对道路上的行车速度起控制影响作用。

4.2.5 环境的影响

季节、气候和地理位置的变化对车辆运行速度有影响。我国有关部门进行的车速调查表明，在山岭、重丘区公路上，载货汽车的平均运行速度为 33.9 km/h；在平原、微丘区的公路上平均运行车速为 39.9 km/h。后者较前者快15%。白天的平均车速比夜晚高，市区约高 1.6 km/h，郊区高出 3～13 km/h。在临近或穿越村镇、居民区等交通环境复杂的路段上，车速明显降低。

4.3 地点车速调查

4.3.1 调查的主要目的

（1）掌握某地点车速分布规律及变化趋势。
（2）作为改善道路的依据。
（3）用于交通事故分析。
（4）前后对比分析判断交通改善措施的成效。
（5）确定道路限制车速。
（6）作为设置交通标志的依据。

4.3.2 调查地点

地点车速表征汽车通过某个地点的瞬间速度。因此，观测地点应选择在交叉口之间、线形平直、间距较大而又无路侧停车和行人等干扰影响的路段，或特定地点。地点车速调查应选择在气候良好和交通情况正常的日子进行。

4.3.3 调查时间

调查的具体时间取决于调查目的和用途。调查车速限制、收集基础数据等一般性调查，应选择非高峰时段；如做前后对比调查或长期观测，应尽可能使先后调查时间和交通流状况保持一致。

4.3.4　调查方法

调查地点车速有两种最基本的方法：一种是测量驶过已知距离的时间，另一种是利用多普勒原理。由于使用的仪器不同，又可分为人工测量法和自动测量法两种。其中，自动测量法包括道路检测器法、雷达仪法、光电管法、摄影测量法（照相法、航空摄影法）。

4.3.5　样本要求

最少样本量可按下式计算：

$$N \geqslant \left(\frac{SK}{E} \right)^2$$

式中　N——最少样本量；

　　　S——计算的样本标准差（km/h）；

　　　K——相应于要求置信度的常数；

　　　E——车速计算中的容许误差（km/h）。

样本的选择：抽样应是随机的，尽量避免总是选择车队中的第一辆汽车，当不区分车种调查时，样本中各种车辆所占比例应与其在交通流中比例大体一致。

4.4　行驶车速及区间车速调查

4.4.1　调查目的

（1）掌握道路交通现状。
（2）作为衡量道路上车辆运营经济性的重要参数。
（3）用作分流与改建的依据。
（4）评价道路改建及交通管理措施的效果。

4.4.2　调查方法

1. 车牌号码登记法

在调查路段的起点、终点各设调查员 4~6 人，按上下行可分为两组观测。当只需要一个方向的资料时，起点、终点各需要 2~3 人。一人读通过该点的汽车车牌号码的末三位数及车型；一人读通过该点的时间；一人记录。计时宜采用电子秒表。观测完毕后，将两端记录的车辆牌照号码进行对照，计算出每辆车的运行时间。

车牌号码登记法测车速可与测交通量及车头时距同时进行。这种方法的主要优点是能实地测得各种类型车辆的行程车速。但要求观测人员有连续读秒表的技能，且劳动强度大，不适宜做大于 2 h 的观测。整理时必须使用计算机，否则内业工作量太大。使用这种方法只能测得行程车速，不能测得延误和行驶车速，无法知道路段中间停车及延误的原因，所以，不适用于交叉口多及停车点多的路段。

2. 跟车测速法

跟车测速法用图纸量测路段全长及各交叉口之间及特殊地点（如道路断面宽度变化点）之间的长度，并在实地上做好标记。测速时，测试车辆必须跟踪道路上的车队行驶。车上有两名观测人员，一人观测沿线交通情况，并用秒表读出经过各标记的时间、沿线停车时间及停车原因；

另一人做好记录并用表测试全程的行驶时间。

跟车测速法的主要优点是能量测全程各路段之间的行程车速、行驶车速、停车延误时间及原因，便于综合分析与车速有关的因素；所需要的观测人员少，劳动强度低，适用于交通量大、交叉口多的道路。

跟车测速法的缺点是量测次数受行程时间的影响，次数不可能很多，一般只能往、返 6～8 次，有时还要受偶然因素的影响。当交通量大时，测量数据能代表道路上的实际行车速度，但当交通量小时，试验车较难跟踪到有代表性的车辆，所测车速受到试验车性能及驾驶员行车习惯的影响。

3. 流动车法

测定方法及要求与调查交通量时的流动车法完全相同。即在已知区间内做往复行驶调查，并记录通过区间的时间，对面车道来车数及本车道超车与被超车数量。

4.5　车速资料整理（地点车速）

（1）平均地点车速可按下式计算

$$v = \frac{\sum f_i v_i}{n}$$

式中　v——地点车速的算术平均值（km/h）；

　　　v_i——各组车速的平均值（km/h）；

　　　f_i——地点速度观测值分组出现的频率；

　　　n——观测速度总车辆数（辆）。

最小值：即样本中的最小车速；最大值：即样本中的最大车速。

（2）中间速度：速度按递增或递减顺序排列的中间值，所观测的车速有一半大于此值，另一半小于此值。则

$$v_{中} = v_{下} + \frac{\frac{n}{2} - f_0}{f_m} \times C$$

式中　$v_{下}$——中间速度区间的下限速度（km/h）；

　　　n——观测速度总车辆数（辆）；

　　　f_0——到中间速度区间下限为止的累计观测的车辆数；

　　　f_m——中间速度区间内观测到的车辆数；

　　　C——中间速度的区间长度。

（3）常见车速：频率分布曲线中出现频率最高的那个数值。

（4）标准差：衡量离散程度的标准。即

$$S = \sqrt{\left(\frac{\sum f_i v_i^2}{n-1} - \frac{\sum (f_i v_i)^2}{n(n-1)} \right)}$$

（5）离差：样本中的最大车速与最小车速的差值。其反映车速的分布幅度。对车速均值做区间估计

$$E = \pm t_\alpha \frac{\sigma}{\sqrt{n-1}}$$

式中　t_α——由显著水平 α 所对应的 t 分布临界值；

σ——标准差。

另外，车速资料的整理还包括分析车速的频率分布，可由此绘制出速度频率分布曲线、速度累积频率分布曲线。

思考题

1. 地点车速调查方法有哪些？
2. 影响车速的因素有哪些？
3. 行驶车速与区间车速如何区别？

交通密度

本章主要讲述交通密度的定义、车头间距与车头时距、车道占有率、交通密度调查、交通资料密度的应用。

掌握交通密度调查的方法，能够进行交通密度的数据计算与分析。

5.1 交通密度定义

（1）交通密度（Density）。交通密度是指一条车道上车辆的密集程度，即在某一瞬时内单位长度一条车道上的车辆数，也称为车流密度，常用 K 表示，单位为辆/km（若为多车道，则应除以车道数换算成单车道的车辆数，然后再计算）。交通密度是瞬时值，随时间的变化而变动，也随测定区域的长度而变化。

计算公式（1）：

$$K = \frac{N}{L} \tag{5-1}$$

式中　K——车流密度（辆/km）；

　　　N——单车道路段内的车辆数（辆）；

　　　L——路段长度（km）。

计算公式（2）：

$$K = \frac{Q}{\overline{v_s}} \tag{5-2}$$

式中　K——车流密度（辆/km）；

　　　Q——单车道上交通量（辆/h）；

　　　$\overline{v_s}$——区间平均车速（km/h）。

（2）临界密度。交通量由零逐渐增大，接近或达到道路通行能力时的车流密度，相应车速称为临界车速。临界密度因反映的是交通流量达到最大时的密度，故又称为最佳车流密度。

（3）阻塞密度：当密度继续增大，导致所有车辆无法通行时，速度接近于零，交通量也趋近于零。

5.2 车头间距和车头时距

1. 车头间距

在同向行驶的一列车队中，相邻两辆车的车头之间的距离称为车头间距（或间隔）。路段中所有车头间距的平均值称为平均车头间距（h_s）。即

$$h_s = 1\ 000/K \tag{5-3}$$

式中 h_s——车头间距（m）；

K——车流密度（辆/km）。

2. 车头时距

如果用时间表示车头之间的间隔，则称为车头时距或时间车头间隔，以 h_t 表示。则

$$h_t = 3\ 600/Q \tag{5-4}$$

式中 h_t——平均车头时距（s）；

Q——道路的交通量（辆/h）。

车头间距、车头时距及速度三者关系，即

$$h_s = \frac{v}{3.6} h_t \tag{5-5}$$

式中 v——汽车行驶车速（km/h）。

[例 5-1] 在一条长为 30 km 的某路路段的起点断面上，在 5 min 内测得 60 辆汽车，车流是均匀连续的，$v = 30$ km/h，试计算 Q、h_t、h_s、K 及第一辆车通过这段路所需时间 t。

解：

$$Q = \frac{60}{5/60} = 720 \text{（辆/h）}$$

车头时距：

$$h_t = 3\ 600/Q = 3\ 600/720 = 5 \text{（s）}$$

车头间距：

$$h_s = \frac{v}{3.6} h_t = \frac{30}{3.6} \times 5 = 42 \text{（m）}$$

车流密度：

$$K = 1\ 000/h_s = 1\ 000/42 = 24 \text{（辆/km）}$$

第一辆车通过时间：

$$t = \frac{s}{v} = \frac{30}{30} = 1 \text{（h）}$$

5.3 车道占有率

由于密度是瞬时值，随观测时间和区间长度而变化，且反映不出车辆长度和速度的关系，尤其是在车辆混合行驶时密度的大小并不能明确表示交通流的状态，这就要引入车道占有率的概念表示密度。

车道占有率包括空间占有率和时间占有率两种。

1. 空间占有率

空间占有率是指在一瞬间测得已知路段上所有车辆占用的长度与路段总长度的百分比（%）。其表达式为

$$R_s = \frac{\sum_{i=1}^{n} L_i}{L} \times 100 \tag{5-6}$$

式中　R_s——空间占有率（%）；

$\quad\quad$ L——观测路段总长度（m）；

$\quad\quad$ L_i——第 i 辆车的长度（m）；

$\quad\quad$ n——观测路段内的车辆数（辆）。

空间占有率示意如图 5.1 所示。

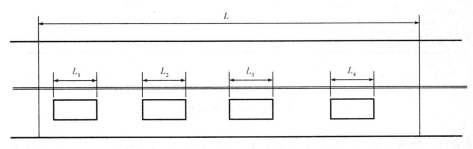

图 5.1　空间占有率

2. 时间占有率

时间占有率是指在道路的任意路段上，车辆通过时间的累计值与观测总时间的百分比。其表达式为

$$R_t = \frac{\sum\limits_{i=1}^{n} t_i}{T} \times 100 \tag{5-7}$$

式中　R_t——时间占有率（%）；

$\quad\quad$ T——总观测时间（s）；

$\quad\quad$ t_i——第 i 辆车的占用时间（s）；

$\quad\quad$ n——观测时间内通过的车辆数（辆）。

5.4　交通密度调查

实测密度均方差为实测时段和区间长度的减函数，为保证测定结论具有足够的精度，建议在进行交通密度调查时选用路段长度尽量大于 800 m，时段延续 5 min 以上。调查方法有三种，分别为定点观测、出入量法和摄影调查法。

1. 定点观测

通过在某一观测点量测车速与车流量数据，根据计算得出交通密度。

2. 出入量法

出入量法是一种测定无出入匝道路段上两断面之间现有的车辆数，计算该路段交通密度的方法。

（1）计算方法。

$$E(t) = E(t_0) + [Q_A(t) - Q_B(t)] \tag{5-8}$$

$$K(t) = \frac{E(t)}{L_{AB}} \tag{5-9}$$

式中　$E(t)$——t 时刻 AB 路段内存在的现有车辆数；

$\quad\quad$ $Q_A(t)$——从观测开始 t_0 到 t 时刻从 A 处驶入的累加车辆数；

$E\left(t_0\right)$——在观测开始 t_0 时刻 AB 路段内的初始车辆数;

$Q_B\left(t\right)$——从观测开始 t_0 到 t 时刻从 B 处驶出的累加车辆数;

L_{AB}——AB 路段长度（km）。

AB 区间示意如图 5.2 所示。

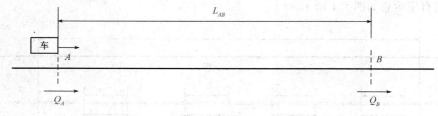

图 5.2　AB 区间示意图

出入量法的数据分析与计算：试验车在 A 端处的时刻为 t_0，到达 B 端处的时刻为 t_1，则自 t_0 到 t_1 的时段通过 B 端的车辆数 q，即 t_0 时刻 AB 路段的初始车辆数。

$$E\left(t_0\right) = q + a - b \tag{5-10}$$

式中　$E\left(t_0\right)$——在 t_0 时刻，AB 路段内的初始车辆数（辆）;

q——从 t_0 到 t_1 时段内通过 B 处的车辆数;

a——被试验车超越的车辆数;

b——超越试验车的车辆数。

（2）出入量法的优点、缺点。

①优点：

a. 方法简便，无须很多设备;

b. 适用于各种交通状况;

c. 精度有保证，实用有效。

②缺点：通过 A、B 两端车辆数的测量误差随时间而累加。

3. 摄影调查法

利用空中定时摄影方法求得实测路段的车辆数，然后除以路段长度即可得到摄影时刻的路段交通密度。若进行连续摄影，即可以连续测得各时刻交通密度。其包括地面上（高处）摄影观测法和航空摄影观测法。

（1）地面上（高处）摄影观测法。摄影机应置于观测路段附近，覆盖整个观测路段。测定路段长度依路段内的状况和周围地区条件而变化（50～100 m）；摄影时间间隔依测定路段长度而异。

$$K = \frac{\sum_{i=1}^{n} K_i}{n} \times \frac{1}{L} \tag{5-11}$$

式中　K——在 T 时间内路段 L 上的平均交通密度（辆/km）;

K_i——第 i 个画面上测定区间内由清点得到的车辆数（辆）;

n——在总观测时间 T 内，供作读取车辆数用的画面数;

L——观测区间（路段）长度（km）。

（2）航空摄影观测法。利用普通飞机或直升机从空中向下摄影。多用具有低速且能停在空中的旋转翼机，一般以在 1 000～1 500 m 高空中能停留 30 min 为极限。

$$摄影缩小比例 = \frac{透镜的焦距}{摄影高度} \qquad (5\text{-}12)$$

5.5　交通密度资料运用

车流密度调查是交通调查的重要组成部分，对研究交通状况具有十分重要的作用。

（1）车流密度是研究交通流理论和制定交通控制措施的基础数据；

（2）车流密度是划分服务水平的依据：

①Ⅰ区 $K = 0 \sim 10$ 辆/km；

②Ⅱ区 $K = 10 \sim 20$ 辆/km；

③Ⅲ区 $K = 20 \sim 30$ 辆/km；

④Ⅳ区 $K = 30 \sim 40$ 辆/km；

⑤Ⅴ区 $K > 40$ 辆/km。

（3）车流密度指标可以反映路上交通堵塞状况；

（4）对道路通行能力的研究十分有用。

思考题

1. 市郊一段 500 m 长的公路上，于起点断面 5 min 内测得通过车辆为 30 辆，车速为 30 km/h，车流为均匀连续的。计算平均车头时距 h_t、平均车头间距 h_s、交通密度 K 及第一辆车通过该路段所需要的时间 t。

2. 简述交通密度的概念和空间占有率的概念。

3. 简述交通密度的调查方法。

4. 简述出入量法的优点、缺点。

交通量、速度、密度的关系

本章主要内容是描述交通流基本特征的三个主要参数——交通量、速度、密度。定量描述交通流，一方面是为了理解交通流特性的内在变化关系，另一方面也是为了限定交通流特征的合理范围。为了做到这些，必须定义和测量一些重要参数。基于这些参数来确定交通流发生的合理范围，交通工程必须分析、评估，并最后制定出改造交通设置的规划方案。本章将重点讨论这类参数的定义，三参数之间的相互关系、适用范围及应用，为学习交通流理论相关内容作铺垫。

了解三参数之间的相互关系；熟悉三参数之间的数学模型；掌握三参数间特征描述；掌握三参数之间相互关系的应用。

6.1 交通设施

交通设施从广义上被分为连续流设施与间断流设施两大类。这些设施与交通流要素间的相互作用有关，交通流要素控制着沿线设施的大体特性。

1. 连续流设施

连续流设施下，无外部因素会导致交通流周期性中断。连续流主要存在于设置了连续流设施的高速公路及一些限制出入口的路段。在这些路段上，没有停车或让路一类的交通标志，也不会由于平交而中断车流。乡村公路重要交叉口之间的较长路段也属于该类设施，这些路段的设施特性接近于限制出入口路段的设施。

在连续流设施下，交通流是由单个车辆之间及车辆与公路几何特征和总体环境之间相互作用的结果。在这类设施下的车流模式仅仅由土地的使用特性而衍生的车辆行程所控制。甚至当极端拥挤时，也只是由于交通流内部的而非外部的干扰导致车流停滞。因此，即使驾驶员在道路上遇到了交通堵塞，这类设施仍被划分为"连续流设施"范畴。

2. 间断流设施

间断流设施是指那些由于外部设备而导致了交通流周期性中断的设置。导致间断流的主要设施是交通信号，它使车流周期性中止运行。其他设施，如停车或让路标志，也会中止交通。同样，在一些有着重要用途却没有任何控制的路段上，车流也会受到中断。

在间断流设施下，交通工程师必须注意车流经常性地停车和重新启动。车流不仅受车辆与道路环境的影响，还受周期性信号的影响。比如说，交通信号只在部分时间内允许车流运动。在这类设施下，由于车流受到周期性的干扰，车流表现为成队行进的车群。车群是指一队车辆一起沿着同一方向运动，在一队与另一队之间存在着明显的间隔。在信号设施下，车群是由连续的交叉口内绿灯时段的模式而形成的。从本质上来说，间断流设施不可能连续使用，且时间作为一个重要参数影响着车流。

交通信号分隔出车群，因而车群有分散的趋向。当信号离得足够远时，车辆分散的趋向就较明显，以致在某些路段形成了连续流。信号标志之间距离多大时才会产生连续流尚未有一个确切的标准。许多变化因素影响着车流的分散，包括信号安装的合适程度，从未设信号标志的交叉口进入交通流的车辆数量和模式以及信号之间的驾驶方式。一般来说，信号标志间隔 3.2 km 是足够产生连续流的距离。

6.2 三参数之间的关系

交通量、速度、密度三个参数是描述交通流基本特征的主要参数，这三个参数之间相互制约。交通量指单位时间通过某道路断面的车辆个体，单位通常为"辆/h"或者"辆/（h·ln）"。速度指"区间平均车速"，单位通常采用"km/h"或者"km/（h·ln）"。密度指单位长度道路区段上的车辆个体数量，单位通常为"辆/km"或者"辆/（km·ln）"。在这里，区间平均车速及密度指标均针对特定的一段道路或一段车道，而交通量则针对特定的地点。为了研究它们之间的关系，将物理学中的流体理论引入交通流的研究，将交通流近似看作是由交通体组成的一种粒子流体，用流体力学和数学的有关理论，建立相关的描述交通流特征的数学模型。

假设交通流为自由流。研究单位时间内通过道路某断面的车辆数，取距离为 L 的两个断面 A 与 B，速度为 v 的车辆（图 6.1 中的车辆 N）通过断面 A 所用的时间 t 为

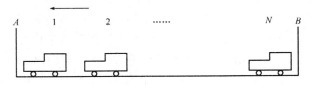

图 6.1 参数计算图

L 路段上的车流密度为

$$K = \frac{N}{L} \tag{6-1}$$

单位时间内通过 A 断面的交通量为

$$Q = \frac{N}{t} = \frac{N}{\dfrac{L}{v}} = \frac{N}{L} \cdot v = Kv \tag{6-2}$$

式中 Q——交通量（辆/h）；

         v——区间速度（km/h）；

         K——密度（辆/h）。

式（6-2）表明了交通流的交通量、速度和密度三者之间的关系，称为交通流基本模型。三者之间的关系可由一条三维曲线描述（图6.2）。为方便起见，将这一曲线向三个平面投影，得到三个二维关系曲线（图6.3），分别描述速度—密度关系、速度—交通量关系和交通量—密度关系。

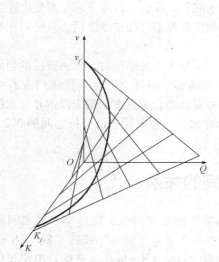

图6.2　交通量—速度—密度三维曲线

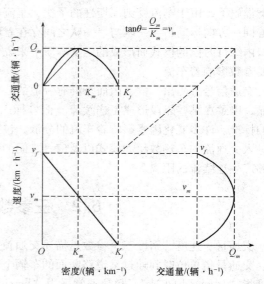

图6.3　速度—密度、交通量—密度和
速度—交通量关系图

由图6.3可以找出反映交通流特征的一些特征变量：

（1）最大交通量 Q_m，$Q-v$ 关系曲线上的最大值；

（2）最佳速度 v_m，即交通量达到最大时的速度；

（3）最佳密度 K_m，即交通量达到最大时的密度；

（4）阻塞密度 K_j，车流密集到所有车辆无法移动（$v=0$）时的密度；

（5）畅行速度 v_f，车流密度趋于零，车辆可以畅行无阻时的平均速度。

根据实地观测，对于三个交通流宏观变量之间的关系有以下结论：

（1）当密度很低时（$K \to 0$），速度接近最大车速（$v \to v_f$），交通量接近零（$Q \to 0$）；随着密度逐渐加大，速度降低，交通量增加。

（2）当密度达到最佳密度时（$K = K_m$），交通量达到最大（$Q = Q_m$），此时的速度为最佳速度（$v = v_m$）；随着密度进一步增大，速度降低，交通量逐步减少；直到密度接近拥堵密度时（$K \to K_j$），速度趋于零，此时交通量也趋于零。

由于速度—密度关系是单调变化，而且速度—密度关系和交通流基本模型可以导出另外两个关系，因此，早期的交通研究主要对速度—密度关系进行观测和分析。

6.3　速度与密度的关系

从观测中可以看出，当道路上车辆增多、车流密度增大时，驾驶人被迫降低车速。当车流密度由大变小时，车速又会增加。因此，速度和密度之间存在相关关系。

1. Greenshields 模型（线性模型）

最早的速度—密度模型由美国交通工程学专家 Greeshields 于 1935 年提出。他通过对大量观测数据的统计研究，得出速度和密度之间呈线性关系的结论（图 6.4）：

$$v = a - bK$$

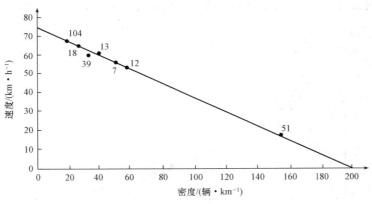

图 6.4　Greenshields 线性模型

式中，a、b 是常数。当 $K = 0$ 时，可达到理论最高速度，即畅行速度 v_f，代入式中得 $a = v_f$。当密度达到最大值，即 $K = K_j$ 时，车速 $v = 0$，得：

$$b = \frac{v_f}{K_j} \tag{6-3}$$

将 a、b 代入得：

$$v = v_f - \frac{v_f}{K_j}K = v_f\left(1 - \frac{K}{K_j}\right) \tag{6-4}$$

式中，n 为大于零的实数。当 $n = 1$ 时，该式变为直线关系式。

后来一些学者也对这个模型进行了验证，如 Huber（1957）建立的线性模型，如图 6.5 所示。

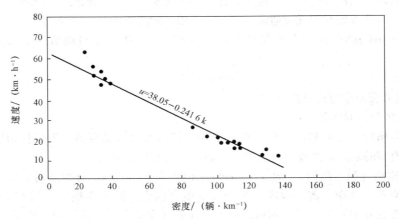

图 6.5　Huber 的线性模型

线性模型形式简单，因此得到了广泛的应用，至今仍是一种非常重要的模型。直接使用模型需要知道道路的畅行车速 v_f 和阻塞密度 K_j。前者较容易获得，一般介于道路限速和设计车速之间；后者由于路段上交通流很少到停止状态而不易调查，一般为115~155辆/km。

2. 其他模型

（1）Greenberg 模型（阻塞流，对数模型）。Greenberg 模型通过调查隧道中的交通流数据，重点对阻塞范围的交通流模型进行了研究，认为速度—密度关系是非线性的，呈对数变化关系。而且通过 Huber 的数据（图6.5中的数据）进行了验证（图6.6），拟合效果相当好。

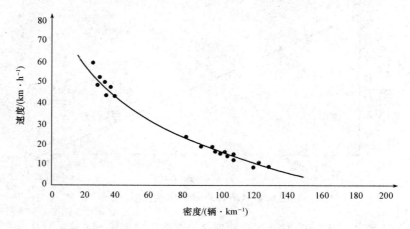

图6.6 Greenberg 的对数模型

对数模型形式为

$$v = v_m \cdot \ln\left(\frac{K_j}{K}\right) \tag{6-5}$$

式中 v_m——对应最大交通量的速度（km/h）。

使用 Greenberg 模型需要确定最佳速度 v_m 和阻塞密度 K_j。与 Greenshields 模型相比，不仅阻塞密度不易获得，最佳车速比畅行速度更难得到。一般将设计车速的一半作为最佳车速的粗略估计。

值得注意的是，该模型的畅行车速不存在（趋于无穷大）。尽管如此，Greenberg 模型仍具有重要的意义，因为该模型在宏观交通流模型与微观跟车理论之间建立了桥梁。

（2）Underwood 模型（自由流，指数模型）。Underwood 提出了自由流的交通流模型。其形式为

$$v = v_f \cdot e^{-\frac{K}{K_m}} \tag{6-6}$$

式中 K——最大交通量时的密度（辆/km）；

e——自然对数的底数。

模型参数是畅行车速 v_f 和最佳密度 K_m。其中，畅行车速容易得到，但最佳密度随道路的不同而不同。该模型的缺点是速度不可能为零，而且阻塞密度为无穷大。

（3）Edie 模型（组合模型）。鉴于 Greenberg 模型和 Underwood 模型分别适用于阻塞流和自由流，Edie 将两者组合在一起，构成一个分段的组合模型，两个模型的曲线在中部位置相交。阻塞流部分（交点左侧）采用对数模型；自由流部分（交点右侧）采用指数模型。

$$\begin{cases} v = v_m \cdot \ln\left(\frac{K_j}{K}\right) \ (阻塞流) \\ v = v_f \cdot e^{-\frac{K}{K_m}} \ (自由流) \end{cases} \tag{6-7}$$

（4）Drake 模型。Drake 等人发现很多速度—密度的散点图都具有钟的形状，为此提出了钟型模型：

$$v = v_f \cdot \mathrm{e}^{-\frac{1}{2}\left(\frac{K}{K_m}\right)^2} \tag{6-8}$$

该模型的参数与 Underwood 模型相同，缺点也相同。

（5）Dew 模型。由于上述各种模型形式不同，在使用过程中难于选择。很自然就会考虑是否可以用一个模型将其统一在一起。Drew 提出了以下模型：

$$\frac{\mathrm{d}v}{\mathrm{d}K} = cK^{(n-1)/2} \tag{6-9}$$

式中的 n 为实数。当 $n = -1$ 时，解上述微分方程，并用交通流的边界条件，可以得到 Greenberg 模型；当 $n = 0$ 时，能得到一个抛物线模型；而当 $n = 1$ 时，微分方程的解是 Greenshields 模型。因此，可以看出 Drew 模型实际上是一簇模型。

6.4　交通量与密度的关系

尽管速度—密度模型具有理论研究上的优点，但对于交通分析、交通控制却不够直观。交通量—密度关系曲线能反映交通量、密度、速度、车头时距、波速等大多数交通参数，因而，被广泛用于道路通行能力分析、交通控制、交通波分析等方面，也被称为交通流的基本图形。

6.4.1　数学模型

交通量—密度基本关系可由交通流公式推得：

$$Q = Kv_f\left(1 - \frac{K}{K_f}\right) \tag{6-10}$$

该式表示一种二次函数关系，如图 6.7 所示，可表示为一条抛物线。

6.4.2　特征描述

图中 C 点代表通行能力或最大交通量 Q_m。从该点开始，交通量随密度增加而减少，直至达到阻塞密度 K_j，此时交通量 $Q = 0$。以原点 A，曲线上的 B、C 和 D 点的连线为矢径，这些矢径的斜率表示速度。通过点 A 的矢径与曲线相切，其斜率为畅行速度 v。在交通量—密度曲线上，对于密度比 K_m 小的点，表示的是道路上不拥挤的情况，密度大于 K_m 的点表示拥挤情况。

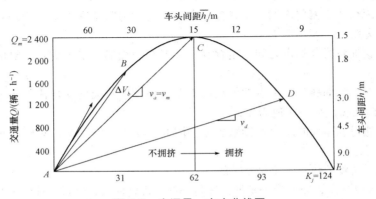

图 6.7　交通量—密度曲线图

按图 6.7 所示的基本关系可得到下列一些主要特征：

（1）当车流密度值为零时，无车辆行驶，交通量为零；密度增大，交通量增加；密度增大到临界密度时，交通量取最大值。密度再增大，交通量减少；到阻塞密度 K_j 时，车辆停驻，交通量为零。因此，曲线经过坐标原点 A、C 和 E 点。对以上公式求导并令其为零可得：

$$K = K_m = 1/2K_j \qquad\qquad (6\text{-}11)$$

$$v = v_m = 1/2v_f \qquad\qquad (6\text{-}12)$$

$$Q_m = 1/4vfK_j \qquad\qquad (6\text{-}13)$$

（2）由坐标原点 A 向曲线上任一点画矢径。这些矢径的斜率表示区间平均车速，以 km/h 计。而其切线的斜率则表示交通量微小变化时速度的变化，即：$v = Q/K$，$Av = \blacktriangle Q/AK$。同时，在 A 点曲线的切线斜率最大，表示车速最高，车交通量与车流密度均很小，车辆以自由流速度 v 行驶。

【例 6-1】 假定车辆平均长度为 6.1 m，在阻塞密度时，单车道车辆之间的平均距离为 1.95 m，因此车头间距 $h_s = 8.05$ m，试说明交通量与密度的关系。

解： E 点

$$h_s = 1\,000/K$$

阻塞密度值 K_j

$$K_j = 1\,000/h_s = 1\,000/0.85 = 124 \quad (辆/km)$$

B 点

由图 6.7 可知点 B 的交通量为 1 800 辆，密度为 30 辆/km，速度为 60 km/h。

D 点

D 点表示拥挤情况，D 点交通量为 1 224 辆/h，密度为 106.6 辆/h，速度为 11.6 km/h。

但在实际运行过程中，该曲线不一定是完全对称的，甚至不一定是连续的。如图 6.8 所示，点所对应的交通流状态，交通量为 1 200 辆/h，密度为 30 辆/km，车速为 40 km/h。另外，根据车头时距与交通量之间的关系可知，交通量达到 1 200 辆/h 时所对应的平均车头时距为 3 600/1 200 = 31（s）。曲线只有一个交通量最大点，最大交通量为 1 400 辆/h，即该道路的通行能力，相应的最佳密度是 50 辆/km，最佳速度为 1 400/50 = 28（km/h）。阻塞密度是曲线与横轴的第二个交点所对应的密度，其值为 175 辆/km。

经过分析，可知交通量—密度曲线具有以下特点：

（1）如果道路上设有车辆，密度为零，交通量也为零，因此，该曲线一定通过坐标原点；

（2）当交通流处于阻塞状态时，车辆停止前行，密度为阻塞密度 K_j，交通量为零，曲线与横轴存在第二个交点；

（3）在两个交通量为零的点之间一定存在一个或几个交通量最大的点，对应的密度为最佳密度；

（4）由坐标原点到曲线上某个点的矢径的斜率为该点所对应的交通流的车速，原点处的车速为畅行车速，曲线重点处的车速为零；

（5）由于交通量和车头时距存在倒数关系，因此，曲线上的每个点对应的车头时距也能在图中得到直观体现；

（6）交通量—密度曲线不一定是连续的。

从图 6.8 中可以看出，交通量—密度曲线是一条不规则曲线，通过对曲线方程的定义可以找出相关关系。结合前面已介绍过的几个典型的速度—密度模型，可推导出相应的交通量—密度模型。

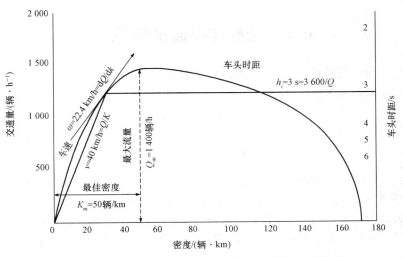

图 6.8 实测的一条交通量—密度关系曲线

1. Greenshields 模型

Greenshields 的交通量—密度模型如下：

$$Q = Kv_f\left(1 - \frac{K}{K_j}\right) = Kv_f - \left(\frac{v_f}{K_j}\right)^2 \tag{6-14}$$

可以看出线性模型中交通量—密度的关系曲线是一条抛物线，对式（6-14）求导，即令 $\mathrm{d}Q/\mathrm{d}K = 0$，可得：

$$K_m = \frac{1}{2}K_j \tag{6-15}$$

此时交通流处于饱和状态，是达到道路通行能力时的交通量，对应的密度是最佳密度。

2. Greenberg 模型

Greenberg 的交通量—密度模型如下：

$$Q = vK = Kv_m\ln\left(\frac{K_j}{K}\right) \tag{6-16}$$

求导得出：

$$K_m = \frac{K_j}{e}, Q_m = \frac{v_m K_j}{e} \tag{6-17}$$

Greenshields 模型的最大交通量出现在密度的中间值位置，而 Greenberg 模型的最大交通量出现在密度偏左的位置上。

3. Underwood 模型

Underwood 的交通量—密度模型如下：

$$Q = Kv_f \mathrm{e}^{-\frac{K}{K_m}} \tag{6-18}$$

交通流的特征值为

$$v_m = \frac{v_f}{e}, \quad Q_m = \frac{K_m v_f}{e} \tag{6-19}$$

4. Edie 模型

Edie 模型采取了分段函数：自由流状态采用指数形式；阻塞流状态采用对数形式。两条曲线不一定在中间相交或相切，因此，可能形成不连续的交通量—密度关系曲线。

6.5　速度与交通量的关系

不同的速度—密度关系式将产生不同的速度—交通量关系式。

根据前面相关公式可推导得出的车速为

$$K = K_j \left(1 - \frac{v}{v_f} \right) \tag{6-20}$$

$$Q = K_j \left(v - \frac{v^2}{v_f} \right) \tag{6-21}$$

式（6-20）、式（6-21）同样表示一条抛物线（图6.9），形状与交通量—密度曲线相似。通常，速度随交通量增加而降低，直至达到通行能力时的交通量 Q_m 为止。曲线在拥挤的部分时，交通量和速度都降低，点 A、B、C、D 和 E 对应于交通量—密度曲线上同样的点。从原点 E 到曲线上的点画矢径，其斜率表示那一点的密度倒数 $1/K$。点 C 上面的速度—交通量曲线部分表示不拥挤情况；而点 C 下面的曲线部分则表示拥挤的情况。

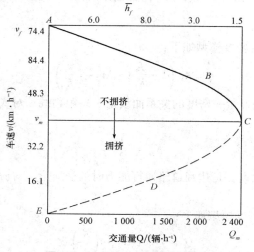

图6.9　交通量—速度关系曲线

速度—交通量关系曲线以速度为纵轴，交通量为横轴。由于当速度为零和畅行速度时，交通量均为零，因此该曲线与纵轴有两个交点。在两个交点之间一定存在交通量为最大的点，此时交通量达到道路通行能力。以此点为分界点，上半部曲线是自由流范围，而下半部属于阻塞流范围。在自由流范围中，速度值越大，交通量越小，对应的密度值越小，驾驶人感觉行车顺畅、舒适，道路服务水平高；而在阻塞流范围，密度值大，车速慢，交通流时常出现车辆走走停停、排队等现象，是道路使用者不期望的交通流状态，道路服务水平低。

【例6-2】　已知某公路上畅行速度 $v_f = 80$ km/h，阻塞密度 $K_j = 100$ 辆/km，速度—密度关系为直线关系。试问：

（1）该路段上期望得到的最大交通量是多少？

（2）此时所对应的车速是多少？

解：（1）最大交通量：$Q_m = v_f K_j / 4$　　$Q_m = 80 \times 100 / 4 = 2\,000$（辆/h）

（2）交通量最大时，对应的车速：

$$v_m = v_f / 2 \qquad v_m = 80/2 = 40 \text{（km/h）}$$

速度—交通量曲线能够很好地体现道路服务水平，往往用于划分服务水平等级。图 6.10 所示即服务水平等级的一种划分方法，根据密度将服务水平划分为由 A 到 F 五个等级。其中，A、B、C、D 四个等级是自由流范围，E 级是达到通行能力的范围，而 F 级交通流处于阻塞状态。

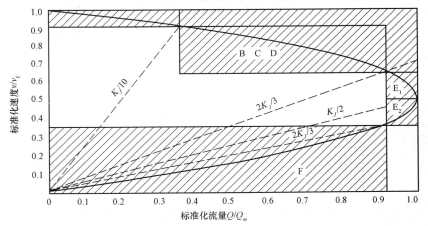

图 6.10　速度—交通量关系与服务水平

根据 Greenshields 模型，速度—交通量曲线是一条抛物线，达到通行能力的速度（最佳速度）是畅行速度的一半，即 $v_m = \frac{1}{2} v_f$，又知 $K_m = \frac{1}{2} K_j$，则 $Q_m = \frac{1}{2} v_f \cdot \frac{1}{2} K_j = \frac{1}{4} v_f K_j$。通过调查数据的验证，Greenshileds 模型的最佳速度估计较低，实际数据的最佳速度多数情况下超过畅行速度的一半，而且在自由流范围速度与交通量之间的关系接近线性变化，曲线较平缓。在阻塞流范围，速度—交通量之间关系比较复杂，还没有一致的结论，因此，无论是服务水平的划分还是通行能力的研究，往往都忽略这一段曲线。常用模型的速度—交通量模型可以根据速度—密度模型和交通流基本模型导出，这里不再赘述。

Hall 等（1992 年）指出根据速度—交通量关系导出的速度—交通量关系曲线与实际调查数据有很大出入，提出了图 6.11 所示的速度—交通量关系曲线的一般图示。交通流可分为自由流、排队消散流和阻塞流三种状态，不同状态曲线不同。自由流的曲线接近水平线，排队消散流近似线、阻塞流的曲线与排队消散流向左右错开。这一曲线得到了普遍认可，与实际交通流比较吻合，缺点是难以建立模型。美国《通行能力手册》（1997）采用了如图 6.12 所示的图示计算通行能力。

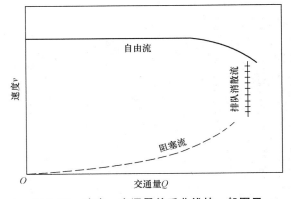

图 6.11　速度—交通量关系曲线的一般图示

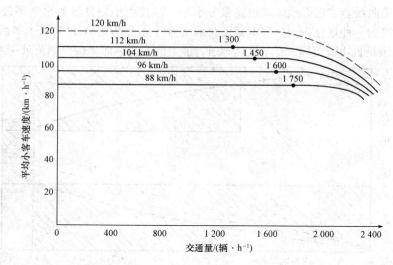

图 6.12 美国《通行能力手册》(1997) 中的速度—交通量关系曲线

思考题

1. 交通流的三个参数之间有什么关系?
2. 简述交通量和密度之间的相互关系。
3. 简述速度和交通量之间的相互关系。
4. 对某路上的交通流进行观测,发现速度与密度的关系是对数关系:$v = 40\ln 180/K$,式中车速单位为 km/h,密度单位为辆/km。

试问:(1) 该路段阻塞密度是多少?

(2) 车速为何值时交通量最大?

第7章

延误

本章主要讲述延误的类型及产生的原因，路段行车延误调查的方法。

掌握延误的基本类型及影响因素；掌握交叉口延误调查及调查结果的整理与分析的方法；了解延误调查资料应用的重要性。

7.1 延误概述

7.1.1 延误的概念与分类

机动车辆由于交通干扰及交通管理与控制设施等因素引起的运行时间损失称为延误，以 s 或 min 计。根据延误发生的原因可分为固定延误、行驶延误、停车延误、排队延误、引道延误和控制延误等。

1. 固定延误

固定延误是由交通控制装置引起的延误，与交通量大小及交通干扰无关，主要发生在交叉口处。交通信号、停车标志、让路标志和铁路道口等都会引起固定延误。

2. 行驶延误

行驶延误是实际行驶的总时间与完全排除干扰后以畅行速度通过调查路段的行驶时间之差。这一延误除包括停车延误外，还包括因为加减速而产生的加速延误和减速延误。

3. 停车延误

停车延误是车辆由于某种原因而处于静止状态产生的延误。停车延误等于停车时间，其中包括车辆由停止到再次启动驾驶员的反应时间。

4. 排队延误

排队延误是车辆排队时间与不拥挤条件下以平均车速通过排队路段的时间之差。车辆排队时间是指车辆从第一次停车到越过停车线的时间。

5. 引道延误

引道延误是引道实际耗时与引道自由行驶时间之差。在入口引道上，从车辆因前方信号或已有排队车辆而开始减速行驶的断面至停车线的距离为引道延误段。

图 7.1 所示为车辆在交叉口入口引道上的行程图。由图 7.1 可以看出，受到延误的车辆的引道时间为点的纵坐标值。在引道延误段上畅行时间为点 F 的纵坐标值。引道延误为 E、F 两点纵坐标值之差；停车延误为 D、C 两点纵坐标值之差；排队时间为 E、C 两点纵坐标值之差。由于后者相对于前者很小，所以实际应用时，对排队时间和排队延误不加区别。

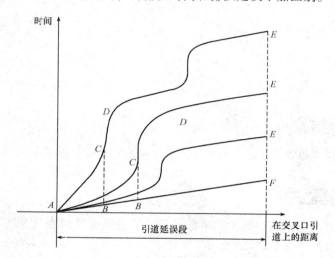

图 7.1 交叉口入口引道上受延误车辆的时间—距离关系图

据对大量交叉口的调查和分析，停车延误通常约占引道延误的 76%，排队延误约占引道延误的 97%。因此，常以排队延误近似代替引道延误。

6. 控制延误

控制延误是控制设施引起的延误，对信号交叉口而言是车辆通过交叉口的实际行程时间和车辆以畅行速度通过交叉口时间之差。控制延误包括车辆在交叉口范围内的停车延误和加减速损失时间。

延误是反映交通流效率的指标，进行延误调查是为了确定产生延误的地点、延误类型和大小，评价道路上交通流的运行效率，分析找出产生延误的原因，为制定道路交通设施改善方案、提高交通效率提供依据。

7.1.2 行车延误的影响因素

行车延误受许多因素的影响，这些因素有人（包括驾驶员、行人等）、车（包括车辆类型、车龄、车辆的动力性能等）、道路与交叉口条件、交通条件（包括交通组成、转向车比例和路边停靠车辆等）、交通管理与控制（包括交通信号、交通标志等）及道路环境等。具体如下所述。

1. 驾驶员和行人的影响

驾驶员的驾驶技术水平，心理和生理特点，性别、年龄、婚姻状况和遵章守纪情况等均对延误有所影响。行人过街对交通流会产生干扰，进而增加行车延误。行人越多，其干扰也就越大。

2. 车辆的影响

不同车型和车龄的车辆，其起动、制动和加速性能不同，对行车延误的影响也不同。一般来说，绿灯亮时，从头车反应时间加起动时间来看，小型车要比大型车小，而大型车要比拖挂车小；从加速性能来看，小型车加速性能也要强于大型车。因此，对于车型混杂的车流，大型车越多，延误越大。

3. 道路条件的影响

用隔离墩分离的道路要比用标线分离的道路延误小；快车、慢车分离的道路比快车、慢车混行的道路行车延误小；车道数较多、行车道较宽的道路比车道数少、行车道较窄的道路延误小。另外，设有专用左转车道的交叉口引道入口的行车延误也与未设专用左转车道的入口延误不同。

4. 交通条件的影响

在交叉口处，左转车比例（包括机动车和非机动车）对行车延误的影响极大。当交通流中大型车和载重车所占比例较大时，平均延误也增加。另外，公交车等的路侧停车，由于干扰了正常的车流，也会使平均延误增加。

5. 交通管理与控制的影响

交通控制的方式对行车延误影响较明显。对于交叉口控制，感应式信号机要好于单点定周期信号机，而线控制则比前两者都好。信号灯配合不当也会引起较大的行车延误。一般来说，信号周期合适，绿信比越大，延误就越小。过长或过短的信号周期都会增大延误。另外，停车标志、让路标志也会影响车辆的延误。

7.2　交通延误调查

通过延误调查可以直接得到车辆行驶过程中损失的时间，为评价道路交通阻塞程度、评价道路服务质量、交通设施改善的前后对比分析、交通运输经济分析、掌握行车延误的变化等提供基础资料。

交通延误调查分为路段的延误调查和交叉口延误调查。

路段的行车延误的调查方法很多，但它通常与行程时间一起调查，这样可以同时获得行驶时间、行程时间、行驶车速和延误等一系列资料。其调查方法有跟车法、浮动车法、输出输入法、车辆牌照法等，下面主要介绍输出输入法，其他方法在车速调查章节已介绍，这里不再赘述。

交叉口延误调查方法分为两类，即停车时间法和行程时间法。

7.2.1　路段行车延误调查

1. 跟车法

用跟车法调查行车延误，可同时获得行驶时间、行驶车速、行程时间、行程车速和延误时间等完整资料。跟车法调查延误一般需要两名观测员，两块秒表。其中一人读表，另一人记录。当车辆驶过调查起点时，观测员启动第一只秒表（车辆到达调查终点前不得中途停表），记录沿路程经过各控制点的时间；当车辆停止或被迫缓行时，观测员启动第二只秒表，测量每一次延误持续时间。记录员将延误时间连同地点、原因一起记录于表 7.1 中。车辆恢复正常行驶时，观测员将第二只秒表及时回零。最后，车辆驶过调查路线终点时，停止第一块秒表，并记录运行的总时间。调查长度应≥15 km，天气情况良好。

表 7.1 跟车法观测行程时间与延误现场记录

调查日期＿＿＿＿＿＿＿ 天气＿＿＿＿＿ 行程编号＿＿＿＿＿＿＿ 路线＿＿＿＿＿＿＿

行程开始时间＿＿＿＿＿＿＿ 地点＿＿＿＿＿ 里程＿＿＿＿＿＿＿

行程结束时间＿＿＿＿＿＿＿ 地点＿＿＿＿＿ 里程＿＿＿＿＿＿＿

控制点		停止或被迫缓行		
地点	时间	地点	延误/s	原因

行驶距离＿＿＿＿＿＿ 行驶时间＿＿＿＿＿＿ 行驶车速＿＿＿＿＿＿

行程时间＿＿＿＿＿＿ 停驶时间＿＿＿＿＿＿ 行程车速＿＿＿＿＿＿

观测员＿＿＿＿＿＿ 记录员＿＿＿＿＿＿

2. 输出输入法

假设车辆到达和离去属于均匀分布；车辆排队现象存在于某一持续时间的其中一段时间内，如果到达的车辆数大于道路通行能力则开始排队。而当到达的车辆数小于路段的通行能力时，则排队开始消散。

在路段起点、终点同时进行调查，并在起点、终点各设一名观测员，用调查交通量的方法，每隔 5 min 或 10 min 为间隔观测累计交通量。要求两断面的起始时间同步，当车辆受阻排队有可能超过瓶颈时，该断面的位置要根据实际情况后移。若该路段通行能力已知时，瓶颈终点（出口）断面可以不予调查。

【例 7-1】 表 7.2 为某瓶颈路段进行延误调查时输出输入法的调查结果。已知该路段通行能力为 360 辆/h。

（1）分析车辆延误的情况；

（2）计算第 180 辆车的延误时间；

（3）计算第 300 辆车的延误时间；

（4）计算平均每辆车延误的时间。

表 7.2 某瓶颈路段延误调查结果

时间	到达车辆数/辆		离去车辆数/辆		阻塞情况
	到达	累计	离去	累计	
8：15—8：30	80	80	80	80	无阻塞
8：30—8：45	100	180	90	170	阻塞开始
8：45—9：00	120	300	90	260	阻塞
9：00—9：15	90	390	90	350	阻塞
9：15—9：30	70	460	90	440	阻塞开始消散
9：30—9：45	70	530	90	530	阻塞结束

解：（1）分析车辆延误的情况。

由表 7.2 可知：

①在 8：00 开始的第一个 15 min 内，到达的车辆数小于路段的通行能力，路段上无阻塞。

②第二个 15 min 内，累计离去的车辆数小于累计到达的车辆数，有 10 辆车无法通过，因此阻塞开始。

③8：30—8：45 是阻塞高峰，到达车辆数最大。

④8：45—9：00 到达车辆数开始减少，但是累计到达车辆数仍然超过累计离去车辆数，通行能力仍不能满足要求。这 45 min（8：15—9：00）是排队开始形成、排队长度不断增加直至出现最大排队长度的一段时间。

⑤9：00 以后到达车辆累计数和离去车辆累计数的差距开始缩小，即表明排队开始消散。

⑥直至 9：30 到达车辆累计数等于离去车辆累计数，于是阻塞结束。

（2）计算第 180 辆车的延误时间。

①第 180 辆车是在 8：45 到达的，此时离开了 170 辆车，因此，它排队位置在 $180 - 170 = 10$（辆），即排队中第 10 辆车。

②由于此路段的通行能力为 90 辆/15 min，因此每辆车通过瓶颈路段的平均时间为 15/90 min。故第 180 辆车通过瓶颈路段所需要时间为：$15/90 \times 10 = 1.67$（min），由此得知第 180 辆车是在 8：45 加 1.67 min 即 8：46：40 时驶出瓶颈路段的。

③第 180 辆车的延误时间应为实际行程时间与无阻塞时的自由行驶时间之差，即：$1.67 - 15/90 = 1.5$（min）。

（3）计算第 300 辆车的延误时间。

①第 300 辆车是在 9：00 到达的，此时离开了 260 辆车，因此它排队位置在 $300 - 260 = 40$（辆），即排队中第 40 辆车。

②由于此路段的通行能力为 90 辆/15 min，因此每辆车通过瓶颈路段的平均时间为 15/90 min。故第 300 辆车通过瓶颈路段所需要时间为：$15/90 \times 40 = 6.67$（min），由此得知第 300 辆车是在 9：00 加 6.67 min 即 9：06：40 时驶出瓶颈路段的。

③第 300 辆车的延误时间应为实际行程时间与无阻塞时的自由行驶时间之差，即：$6.67 - 15/90 = 6.5$（min）。

（4）计算平均每辆车延误的时间。

（5）所有受阻车辆通过瓶颈路段所需的总时间 D_a，如图 7.2 所示。

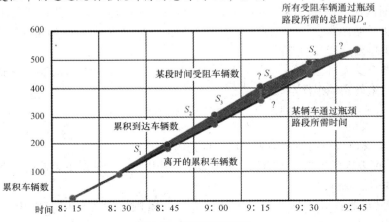

图 7.2　受阻车辆统计

$$D_a = S_1 + S_2 + S_3 + S_4 + S_5 = 10 \times 15/2 + （10 + 40）\times 15/2 + 40 \times 15 + （40 + 20）\times 15/2 + 20 \times 15/2 = 1\ 650\ \text{min}$$

①每辆车通过瓶颈路段所需平均行车时间为

$$T_s = D_s / 总通过量 = 1\ 650/530 = 3.11（\text{min}）$$

②无阻塞时，每辆车所需平均行车时间为

$$t_a = 60/通行能力 = 60/360 = 0.17（\text{min}）$$

③每辆车的延误为

$$D_s = T_s - t_a = 3.11 - 0.17 = 2.94（\text{min}）$$

输出输入法的优点：操作简单，作为分析瓶颈路段行车延误的方法，具有一定的实用价值；缺点：用这种方法调查延误很难得到平均每辆受阻车的延误和受阻车辆占总数的比例，也无法确定产生延误的准确地点和时间，无法识别延误的类型。另外，输出输入法的理论前提是车辆到达和离去均属于均匀分布，这往往和实际情况不相符合。

在调查时，统计交通量的时间间隔取值越小，瓶颈路段的长度取值越小，调查精度越高。

7.2.2 交叉口延误调查

交叉口延误在道路或路网的总行车延误中所占的比例一般在80%以上，交叉口延误调查是非常重要的。

交叉口延误调查方法可以分为行程时间法和停车时间法两类。

（1）行程时间法。行程时间法的交叉口延误是测定从交叉口前某一点至交叉口后某一点的行程时间，各个车辆的平均行程时间减去全行程的车辆的行驶时间。行程时间法又可分为试验车法、牌照法、车辆感应器与人工相结合法等。这类方法的测定不但包括停车延误，还包括加速延误和减速延误。

牌照法：通过记录一定车辆的牌照号码、特征和通过交叉口延误调查段两端的时刻，进而获得在交叉口实际耗时的方法，用实际耗时减去畅行时间即为车辆延误时间。其样本容量为：

$$N \geqslant \left(\frac{SK}{E} \right)^2 \tag{7-1}$$

式中 S——计算的样本标准差，取 $10 \sim 20$；

K——相应于要求置信度的常数，查表得；

E——车速计算中的容许误差，一般取 $2 \sim 5$。

（2）停车时间法。停车时间法测定交叉口的延误，根据停车时间测定法的不同，可以分为间断航空摄影法、点样本法，这类测定方法只包括停车延误，没有计入加速延误和减速延误。下面主要介绍交叉口延误调查的点样本法。

点样本法调查交叉口延误必须具有足够的样本数，以保证调查的精度。一般可以应用概率论中的二项分布来确定最小样本数：

$$N \geqslant \frac{(1 - p) x^2}{p d^2} \tag{7-2}$$

式中 p——在交叉口入口引道上停驶车辆的百分率；

x^2——在所要求的置信度下的值，按照表7.3选用，一般情况下置信度可选用95%，相应的值 = 3.84；

d——停驶车辆百分率估计值的允许误差，其范围一般为 $0.01 \sim 0.10$，通常采用0.05或0.10。

表 7.3 一定置信度下的 x^2 值

置信度/%	x^2
90.0	2.71
95.0	3.84
97.5	5.02
99.0	6.63
99.5	7.88

若一个交叉口只有其中一个或几个入口方向上经常发生交通阻塞，也可以只对这一个或几个方向进行调查。但若调查是为了评价整个交叉口的运行效率，则要对该路口的各个方向同时进行调查。

点样本法调查可得到车辆在交叉口入口引道上的排队时间，其具体调查方法是：每一入口需要 3~4 名观测员和一块秒表，观测员站在停车线附近的路侧人行道上，其中一人持秒表，按预先选定的时间间隔（通常为 15 s，根据情况也可以取其他值，如 20 s）通知另外 2~3 名观测员。第二名观测员负责清点停在停车线后面的车数，记录在表 7.3 中，每到一个预定的时间间隔就要清点一次。第三名观测员负责清点经过停车通过停车线的车辆数（停驶数）和不经停车通过停车线的车辆数（不停驶数），当交通量较大时，可由两个观测员分别清点，每分钟小计一次，并记入表 7.3 中相应的栏内。连续不间断地重复上述过程，直至取得所需的样本量或道口交通显著地改变，不同于拟研究的交通状况时为止。

若所调查的交叉口为定时信号控制，选定的取样间隔时间应保证不能被周期长度整除，否则，清点停车数的时间有可能是周期中的某个固定时刻，而失去了抽样的随机性，调查启动（开始）时间应避开周期开始（如绿灯或红灯启亮）时间。

每到一个清点停到入口车辆数的时刻（如 30 s 时）都要清点停车入口（或拟调查的车道）上的所有车辆，无论它们在上个时刻（如 15 s 时）是否已被清点过。即若一辆车停驶超过一次抽样时间间隔，则这辆车就不止一次地被清点。在任一分钟内，入口交通量的停驶数一栏中的数值总是小于或等于这一分钟内停在入口车辆的总数（即 0 s、15 s、30 s、45 s 时停在入口车辆数之和），这一特性，可用来判断记录的正确性。

对于入口为多车道的交叉口，若不要求区分某一具体车道上的延误，可不分车道调查；否则要按车道安排调查人员。

交叉口延误调查，通常要求提供以下成果：

$$总延误 = 总停车数 \times 观测时间间隔$$

$$每一停驶车辆的平均延误 = \frac{总延误}{停驶车辆总数}$$

$$每一入口车辆的平均延误 = \frac{总延误}{入口车辆数}$$

$$停驶车辆的百分比 = \frac{停驶车辆数}{入口交通量} \times 100\%$$

【例 7-2】 表 7.4 为某一交叉口车辆入口延误的调查结果，试对其作出分析。

表 7.4　点样本调查交叉口延误的现场记录表

开始时间	在下列时间停在交叉口的车辆				入口交通量	
	+0 s	+15 s	+30 s	+45 s	停驶数	不停驶数
17：30	0	2	8	8	11	6
17：31	3	0	0	3	6	15
17：32	9	16	14	6	18	0
17：33	1	5	9	13	16	0
17：34	5	1	0	2	4	17
小计	18	24	31	32	55	38
合计	105				93	

解：总延误 $= 105 \times 15 = 1\ 575$（辆·s）

每一停驶车辆的平均延误 $= \dfrac{1\ 575}{55} = 28.6$（s）

每一入口车辆的平均延误 $= \dfrac{1\ 575}{93} = 16.9$（s）

停驶车辆的百分比 $= \dfrac{55}{93} \times 100\% = 59\%$

点样本法的优点是该法为自动调整，一个样本中的错误或遗漏对总结果几乎没有影响，因为每一个样本相对于前一个样本都是独立的。同时，该法除周期性的约束外，不依赖于信号设备。这种约束为整个信号周期内排列了一组数据点，给周期中所有交通条件都提供了代表性的样本。

点样本法能够提供一组比较完整的描述交叉口延误的统计数。但是，当停驶车辆百分数很高（如达到100%）时，点样本法是很难适用的，这时排队车辆数目很大，要在 15 s 或 20 s 的时间间隔里清点停在入口的车辆数几乎是不可能的。当入口为多车道且有左转、右转专用车道时，若想应用点样本法获得多车道的延误，就需要增加观测小组及观测人员。对于这种多车道入口情况，无论是否分车道调查，清点停驶数与不停驶数都是比较困难的。当入口为单车道时，用点样本法无法区分不同流向的车辆的延误时间。另外，点样本法只能得到平均延误时间，而无法获得延误时间的分布特性，后者在理论研究和电子计算机模拟时很有用处。

7.3　延误调查资料的应用

（1）评价道路交通堵塞程度。

（2）评价服务质量。

（3）探求行车延误发展趋势。

（4）改建道路和交叉路口的依据。

（5）前后对比研究。

（6）运输规划。

（7）经济分析。

（8）交通管制。

（9）交通规划。

（10）优化信号灯配时方案。

思考题 \\\\\\

1. 延误的定义是什么？有哪些类型？
2. 如何使用跟车法进行行车延误调查？
3. 简述行程时间法调查步骤。

第8章

交通流理论

本章主要讲述交通流理论中的概率统计模型、排队论模型、跟驰模型、流体力学模型。介绍了交通流理论的类型及应用,为处理交通运输系统中的相关问题提供了有效手段。

★本章学习目标

掌握连续流与间断流的特征分析、离散型概率统计分布模型和连续型概率统计分布模型、排队论模型、跟驰模型及流体力学模型等经典交通流理论模型。

交通流是交通需求的实现结果,是交通需求在有限的时间与空间上的聚集现象。交通流理论(Traffic Flow Theory)是研究在一定环境下交通流随时间和空间变化规律的模型和方法体系;以寻求道路交通流的变化规律,从而为交通规划、交通管理和道路设计及运政、路政管理提供理论依据。

8.1　交通流理论的发展历程

交通流理论兴起于20世纪30年代,在20世纪50年代到60年代经历了繁荣和快速发展,20世纪70年代以后,主要是对既有理论的发展完善和应用拓展。

8.1.1　交通流理论的萌芽期

交通流理论的萌芽期从20世纪30年代到第二次世界大战结束。由于发达国家汽车使用和道路建设的发展,需要探索道路交通流的基本规律,产生了研究交通流理论的初步需求。Adams在1936年发表的论文中将概率论用于描述道路交通流,格林息尔治(Greenshields)在1935年开创性地提出了交通量和速度关系式(也就是格林息尔治关系),并调查了交叉口的交通状态。

8.1.2　交通流理论的繁荣期

交通流理论的繁荣期从第二次世界大战结束到20世纪50年代末。汽车使用量显著增长和道路交通系统建设加快,应用层面对交通特性和交通流理论的研究提出了急切需求。此阶段是交通流理论最为辉煌的时期，经典交通流理论和模型几乎全部出自这一时期。交通流理论中的经典方法、理论和模型相继涌现，如车辆跟驰（Car-following）模型、车流波动（Kinematic Wave）理论和排队论（Queuing Theory）。

这一时期群星闪耀，许多在其他领域中的大师级人物（如数学家、物理学家、力学家、经济学家）都投入到交通流理论的研究中，其中不乏诺贝尔奖的获得者，如 1977 年的诺贝尔化学奖获得者伊利亚·普列高津（Ilya Prigogine）。著名人物有赫曼（Herman）、鲁切尔（Reuschel）、沃德卢普（Wardrop）、派普斯（Pipes）、莱特希尔（Lighthill）、惠特汉（Whitham）、纽维尔（Newell）、盖热斯（Gazis）、韦伯斯特（Webster）、伊迪（Edie）、福特（Foote）和钱德勒（Chandler）。

这么多年过去了，大师们当初是如何创建交通流理论已经变得有些模糊，交通流理论的先驱之一 Newell 为此特意撰写了一篇论文 Memoirs on Highway Traffic Flow Theory in the 1950s，刊登在运筹学的顶级刊物 Operations Research 2002 年第 1 期上（交通流理论的许多早期成果都发表于这本刊物），回顾大师们是如何投身到这一崭新的研究领域中，沿用至今的方法和模型当初是如何建立的。以下是摘录的一部分。

1952 年，Wardrop 在其论文中提出了"用户最优"与"系统最优"，也就是在交通系统规划四阶段法之交通分配中广为应用的 Wardrop 第一平衡原理和第二平衡原理。1954 年，美国 Brown 大学应用数学的著名教授 William Prager，做了公路交通"流体理论"的讲演，他所描述的理论实质上是后来 Lighthill 和 Whitham（1955）发表的著名论文中的内容。1954 年，Edie 在 Operations Research 上发表了公路收费站延误的论文。1955 年，Newell 一篇关于低密度交通的论文发表在 Operations Research。1955 年，Lighthill（一位流体力学、空气动力学等领域的世界权威）和 Whitham 将交通流比拟为流体，提出了流体力学模拟理论（或称车流波动理论），而在 1956 年 Richards 提出了类似的激波理论。1955 年，Daniel Gerlough 发表了一篇用 Poisson 分布描述交通的论文，倡议公路研究委员会［（Highway Research Board，HRB），即后来的 TRB］成立交通流理论学会。1958 年，Chandler、Herman 和 Montroll 共同发表了关于车辆跟驰模型的论文，Kometani 和 Sasaki 同年在日本的运筹学杂志提出了类似理论。1958 年，英国道路研究实验室（RRL）［即现在运输与道路研究实验室（TRRL）］的 Webster 借助数值模拟和曲线拟合得到了固定周期交通信号灯的延迟时间公式。而经济学家 Beckmann 等人则研究交通经济，推广了 Wardrop 的研究，并更注重收费政策，并在 1955 年由耶鲁大学结集出版。

交通流理论的学术交流活动也日益频繁。许多交通流理论的早期论文都在 Operations Research 发表，Operations Research 关于交通问题的特刊在 1964 年出版，而由美国运筹学会主办、Robert Herman 任主编的高水平交通研究杂志 Transportation Science 也在 1966 年创刊。在 Robert Herman 的倡导和积极组织下，第一届交通流理论国际会议（First International Symposium on the Theory of Traffic Flow）于 1959 年 12 月在通用汽车研究实验室召开，之后发展为运输和交通理论国际会议（International Symposium on Transportation and Traffic Theory，ISTTT），这是代表交通流理论研究最高水平的学术会议。其他交通领域的学术会议相继召开，例如，每年一次的美国交通研究委员年会［Transportation Research Board（TRB）Annual Meeting］也是很有影响力的大型会议，

8.1.3　交通流理论的成熟期

交通流理论的成熟期从 1959 年开始至今，随着汽车的普及，各国大中城市陆续出现越来越严重的交通问题，需要交通流理论提供技术和方法上的指导，此期间交通流理论发展成熟并应用到实际中，交通流理论已经是设计、运营和研发先进交通系统所需理论、技术和流程的基础。

经典交通流理论主要包括概率统计模型、跟驰模型、排队论模型和车流波动理论等。以概率统计、微积分模拟交通流，模型的假设条件比较严格，物理意义明确，建模过程严谨。但正如 Newell 在其回顾论文中所讲的那样，交通流理论发展在 20 世纪 60 年代达到高峰，而在 20 世纪 70 年代以后则跌入了低谷。这是因为对交通流理论作出杰出贡献的有数学家、统计学家、物理学家、经济学家等，他们在各自领域内都已经是世界知名的权威学者，在发现交通问题的复杂、新颖和挑战后，试图将自己娴熟的那些专业方法应用到交通问题上。在方法用完以后，那些人又回到了以前的研究领域，很少人继续在交通流理论领域深入下去，也没有试图去开发解决交通本身独特问题所需要的新方法。Newell 对随机过程、常规排队论、控制论、经济理论等常见手段提出了有保留的看法，认为交通流理论的大发展需要新的思想和技巧。

时至今日，借助于先进的计算机技术，对交通流复杂性的解析越来越深入，例如，近年应用较多的元胞自动机（Cellular Automata，简称 CA）建模。元胞自动机应用于交通建模在 20 世纪 50 年代就提出了，但近些年才被大量运用。元胞自动机采用离散的时空和状态变量，设定车辆运动的演化规则，通过大量的样本平均来揭示交通运行规律，避免了离散—连续—离散的近似过程，抓住交通元素的离散特性。元胞自动机模型一方面保留了交通这一复杂系统的非线性行为和其他物理特征；另一方面也更易于计算机操作，并能灵活地修改其规则以考虑各种真实交通条件。

8.1.4　杰出人物简介

为交通流理论发展作出杰出贡献的人物很多，下面仅介绍 Robert Herman（罗伯特·赫曼）和 Denos C. Gazis（德诺斯·盖热斯）

1. Robert Herman（罗伯特·赫曼）

Robert Herman（1914—1997），美国纽约人。在纽约城市大学获得物理学学士学位，在普林斯顿大学获得物理学硕士和博士学位。其后，他在约翰霍普金斯大学的应用物理实验室工作，离开后到马里兰大学任物理访问教授。1956 年他加入通用汽车公司研究实验室，并先后担任了科学基础知识研究组的副主席、理论物理部主管、交通科学部主管。直至 1979 年，他成为得克萨斯大学统计力学研究中心的物理教授和土木工程系的 L. P. Gilvin 教授。

交通学科界普遍认为 Robert Herman 是交通科学的鼻祖。他对交通科学的贡献贯穿这门新兴学科发展的前 40 年。利用自身的物理学背景，他首次描述了微观交通行为。在 20 世纪 50 年代末和 60 年代初，他与 Elliott Montroll 及其他学者合作提出了交通流跟驰理论。随后他又与 Ilya Prigogine 合作提出了多车道交通流的车流波动理论。20 世纪 70 年代到 80 年代，他主要潜心于与 Ilya Prigogine 合作建立的城市交通流二维流体力学模型。进入 20 世纪 90 年代后，他主要将精力放在城市基础设施和复杂动态系统演进这两个问题上。

Robert Herman 由于与 Ralph Alpher 和 George Gamow 共同提出了宇宙的演化模型，即"宇宙大爆炸"理论而闻名世界。这一理论预测了宇宙微波背景辐射的存在，多年以后得到证实。Robert Herman 发表了大量有影响力的学术成果，是车流波动理论的合作者，担任 *Transportation Science* 的创始主编。1959 年他发起的 ISTTT 会议，如今已是交通领域最高级别的学术会议。1978 年由于他对汽车交通科学的杰出贡献被选为美国工程院院士，1979 年他被推选为美国艺术和科学学院的数学和物理科学院士，一生获得许多大奖。

2. Denos C. Gazis（德诺斯·盖热斯）

Denos C. Gazis（1930—2004）是交通学科发展的主要先驱之一，1957 年从美国哥伦比亚大学获得工程科学博士学位，在通用汽车的研究实验室工作至 1961 年，然后加入 IBM 的研究实验室。

Denos C. Gazis 提出了交通科学的实验性本质，主要用意在于避免科研工作者在研究交通问题时"先有答案，再找问题"，而是应该通过实验找出规律，再用最适合描述该规律的模型去描述它，从而避免用想象中的模型去套用实验结果。早期 Denos C. Gazis 在通用汽车由 Robert Herman 领导的团队中从事交通流模型的研究，在此期间他与 Rothery 及其他同事为交通流模型的实验和理论作出了巨大的贡献。他的主要贡献在于建立了单个车辆的微观模型和宏观交通流模型之间的联系，并且刻画了不同跟车模型的稳定性。1959 年由于这一贡献，他获得了运筹学 Lanchester 大奖。

Denos C. Gazis 被普遍认为是"智能交通之父"，因他首先提出在交通系统中使用计算机、传感器以及各种先进的通信技术。早在 20 世纪 60 年代，他就预见到计算机、传感器和通信技术在交通系统运营中的角色，离开通用汽车后，他加入 IBM 的研究实验室，从事将计算机辅助的实时技术应用到交通科学领域。

Denos C. Gazis 是 *Transportation Science* 的创始人之一，在 1983 年至 1986 年间，出色地担任了该杂志的主编。他一生中撰写并出版了大量学术著作，其中最为著名的就是 *Traffic Theory* 一书，该书包含交通流理论、孤立交叉口延迟问题、交通控制及交通分配四部分内容。

8.2　概率统计模型

概率统计模型是交通流理论中经常应用的模型，为描述和解决交通中的随机性问题提供了有效手段。例如，用离散型分布描述车辆到达的分布，用连续分布描述车头时距的分布。本节将介绍常用的离散型分布和连续型分布。

8.2.1　离散型分布

有些随机变量，它全部可能取到的值是有限个或可列的无限多个，这种随机变量称为离散型随机变量。如某路段一月内发生的交通事件数，某机场入口 1 小时内到达的乘客数，某交叉口引道直行车辆在信号周期内的到达数等。要掌握离散型随机变量 X 的统计规律，就必须知道 X 的所有可能取值及相应的概率。设离散型随机变量 X 所有可能取值为 x_k（$k = 1,2,\cdots$），X 取各个可能值的概率，即事件（$X = x_k$）的概率，为

$$P(X = x_k) = p_k, \quad k = 1,2,\cdots \tag{8-1}$$

按概率的定义，p_k 满足下面的条件：

$$p_k \geq 0, \quad k = 1,2,\cdots \ \text{且} \ \sum_{k=1}^{\infty} p_k = 1 \tag{8-2}$$

称式（8-2）为离散型随机变量 X 的概率分布，简称为离散型分布。

若级数 $\sum_{k=1}^{\infty} x_k p_k$ 绝对收敛，则称其为离散型随机变量 X 的数学期望，数学期望简称为期望，又叫作均值，记为

$$E(X) = \sum_{k=1}^{\infty} x_k p_k \tag{8-3}$$

若 $E([X - E(X)]^2)$ 存在，称其为 X 的方差，随机变量方差表示 X 的取值与其数学期望的偏离程度，记为 $Var(X)$，即

$$Var(X) = E([X - E(X)]^2) \tag{8-4}$$

计算方差时通常使用式（8-5）：

$$Var(X) = E(X^2) - [E(X)]^2 \tag{8-5}$$

对于离散型随机变量

$$Var(X) = \sum_{k=1}^{\infty} [X - E(X)]^2 p_k \tag{8-6}$$

离散型分布常用于描述一定时间间隔内事件的发生数。交通系统规划与控制中常用的离散型分布主要有泊松分布、二项分布和负二项分布三种。

1. 泊松分布

泊松（Poisson）分布是最常用的离散型分布。其分布函数如下：

$$P(X = x) = \frac{(\lambda T)^x e^{-\lambda T}}{x!} \quad (x = 0, 1, 2, \cdots) \tag{8-7}$$

式中　$P(X=x)$——在计数时间间隔 T 内，事件 X 发生 x 次概率；

λ——单位时间内事件的平均发生次数；

T——计数时间间隔。

令 $m = \lambda T$，表示计数时间间隔 T 内事件的平均发生次数，式（8-7）为

$$P(X = x) = \frac{m^x e^{-m}}{x!} \quad (x = 0, 1, 2, \cdots) \tag{8-8}$$

并有递推式成立

$$P(X = 0) = e^{-m}, \quad x = 0 \tag{8-9}$$

$$P(X = x) = \frac{m}{x} P(X = x - 1), \quad x \geq 1 \tag{8-10}$$

假定事件为 T 内到达的车辆数。时间 T 内到达车辆数小于 x 的概率：

$$P(X < x) = \sum_{i=0}^{x-1} \frac{m^i e^{-m}}{i!} \tag{8-11}$$

时间 T 内到达车辆数小于或等于 x 的概率：

$$P(X \leq x) = \sum_{i=0}^{x} \frac{m^i e^{-m}}{i!} \tag{8-12}$$

根据式（8-12），时间 T 内到达车辆数大于 x 的概率：

$$P(X > x) = 1 - P(X \leq x) = 1 - \sum_{i=0}^{x} \frac{m^i e^{-m}}{i!} \tag{8-13}$$

时间 T 内到达车辆数大于或等于 x 的概率：

$$P(X \geq x) = 1 - P(X < x) = 1 - \sum_{i=0}^{x-1} \frac{m^i e^{-m}}{i!} \tag{8-14}$$

时间 T 内到达车辆数大于等于 x 且小于等于 y 的概率：

$$P(x \leq X \leq y) = \sum_{i=x}^{y} \frac{m^i e^{-m}}{i!} \tag{8-15}$$

泊松分布具有非常好的性质，它的数学期望和方差都等于 m。用泊松分布拟合观测数据时，均值 $E(X)$ 和方差 $Var(X)$ 分别由样本均值 $\overline{m}$ 和样本方差 s^2 估计。

$$\overline{m} = \frac{\sum_{i=1}^{n} x_i f_i}{\sum_{i=1}^{n} f_i} = \frac{\sum_{i=1}^{n} x_i f_i}{N} \tag{8-16}$$

$$s^2 = \frac{1}{N-1} \sum_{i=1}^{N} (x_i - m)^2 = \frac{1}{N-1} \sum_{j=1}^{n} (x_j - m)^2 f_j \tag{8-17}$$

式中　　n——观测数据分组数;

　　　　f_i——时间 T 内,事件 X 发生 x_i 次的频率;

　　　　N——观测数据的总数。

由于样本均值 $\overline{m}$ 和样本方差 s^2 是无偏估计,因此,当 $\dfrac{s^2}{m}$ 显著不等于 1,则说明不适合用泊松分布拟合。在道路交通中,泊松分布适合拟合车流密度不大、其他外界干扰因素基本不存在的情形。

【例 8-1】　已知某公路的一个方向的车流量为 1 080 辆/h,车辆到达符合泊松分布。求在 1 s、2 s、3 s 时间内有车的概率。

解: 在 1 s 平均到达的车辆数

$$m = \frac{1\,080 \times 1}{3\,600} = 0.3 \text{（辆）}$$

$$P(X > 0) = 1 - P(X = 0) = 1 - e^{-0.3} = 1 - 0.74 = 0.26$$

在 2 s 平均到达的车辆数

$$m = \frac{1\,080 \times 2}{3\,600} = 0.6 \text{（辆）}$$

$$P(X > 0) = 1 - P(X = 0) = 1 - e^{-0.6} = 1 - 0.55 = 0.45$$

在 3 s 平均到达的车辆数

$$m = \frac{1\,080 \times 3}{3\,600} = 0.9 \text{（辆）}$$

$$P(X > 0) = 1 - P(X = 0) = 1 - e^{-0.9} = 1 - 0.41 = 0.59$$

2. 二项分布

二项分布的分布函数为

$$P(X = x) = C_n^x p^x (1 - p)^{n-x} \quad (x = 0, 1, 2, \cdots) \tag{8-18}$$

式中　　p,n——二项分布的参数,$0 < p < 1$,n 为正整数;

　　　　C_n^x——$C_n^x = \dfrac{n!}{x!(n-x)!}$。

有递推式成立

$$P(X = 0) = C_n^0 p^0 (1 - p)^n = (1 - p)^n, \ x = 0 \tag{8-19}$$

$$P(X = x) = \frac{n - x + 1}{x} \frac{p}{1 - p} P(X = x - 1), \ x \geqslant 1 \tag{8-20}$$

根据二项分布,到达车辆数小于 x 的概率:

$$P(X < x) = \sum_{i=0}^{x-1} C_n^i p^i (1 - p)^{n-i} \tag{8-21}$$

到达车辆数大于 x 的概率:

$$P(X > x) = 1 - \sum_{i=0}^{x} C_n^i p^i (1 - p)^{n-i} \tag{8-22}$$

当 X 服从二项分布时,其均值和方差分别为

$$E(X) = np \tag{8-23}$$

$$Var(X) = np(1 - p) \tag{8-24}$$

由样本均值 $\overline{m}$ 和样本方差 s^2 估计参数如下:

$$\hat{p} = \frac{(\overline{m} - s^2)}{\overline{m}} \tag{8-25}$$

$$\hat{n} = \frac{\overline{m}}{\hat{p}} = \frac{\overline{m}^2}{(\overline{m} - s^2)} \text{（取整数）} \tag{8-26}$$

由于样本均值 $\overline{m}$ 和样本方差 s^2 是无偏估计，所以应有 $\frac{s^2}{\overline{m}} < 1$，据此可初步判断能否应用二项分布。二项分布比较适合拟合拥挤的交通流。

【例 8-2】 某十字交叉口，观测一个周期内其南进口的右转弯车辆到达数，发现来车服从二项分布，每个信号周期内南进口到达 30 辆车，其中左转、直行和右转的比例分别为 20%、60%、20%。试计算到达 10 辆车中有 1 辆和 2 辆右转车的概率。

解： 由于右转弯车辆到达服从二项分布：

$$P(X = x) = C_{10}^x 0.2^x (1 - 0.2)^{10-x} = C_{10}^x 0.2^x 0.8^{10-x}$$

到达 10 辆车中有 1 辆右转车的概率为

$$P(X = 1) = C_{10}^1 0.2^1 0.8^9 = 10 \times 0.2^1 \times 0.8^9 = 0.2684$$

到达 10 辆车中有 2 辆右转车的概率为

$$P(X = 2) = C_{10}^2 0.2^2 0.8^3 = \frac{10!}{2!8!} \times 0.2^2 \times 0.8^8 = \frac{10 \times 9}{2} \times 0.2^2 \times 0.8^8 = 0.302$$

3. 负二项分布

负二项分布的分布函数为

$$P(X = x) = C_{x+l-1}^{l-1} p^l (1 - p)^x \quad (x = 0, 1, 2, \cdots) \tag{8-27}$$

式中 p，l——负二项分布的参数，$0 < p < 1$，l 为正整数。

有递推式成立

$$P(X = 0) = p^l, \quad x = 0 \tag{8-28}$$

$$P(X = x) = \frac{x + l - 1}{x} (1 - p) P(X = x - 1), \quad x \geq 1 \tag{8-29}$$

到达车辆数小于 x 的概率：

$$P(X < x) = \sum_{i=1}^{x-1} C_{i+l-1}^{l-1} p^l (1 - p)^i \tag{8-30}$$

到达车辆数大于 x 的概率：

$$P(X > x) = 1 - \sum_{i=1}^{x} C_{i+l-1}^{l-1} p^l (1 - p)^i \tag{8-31}$$

当 X 服从负二项分布时，其均值和方差分别为：

$$E(X) = \frac{l(1 - p)}{p} \tag{8-32}$$

$$Var(X) = \frac{l(1 - p)}{p^2} \tag{8-33}$$

由样本均值 $\overline{m}$ 和样本方差 s^2 估计参数如下：

$$\hat{p} = \frac{\overline{m}}{s^2} \tag{8-34}$$

$$\hat{l} = \frac{\overline{m}^2}{(s^2 - \overline{m})} \quad \text{（取整数）} \tag{8-35}$$

因为 $\frac{Var(X)}{E(X)} = \frac{1}{p} > 1$，所以应有 $\frac{s^2}{\overline{m}} > 1$，据此可初步判断能否应用负二项分布。负二项分布适合拟合交通数据方差较大，观测过程包括交通高峰期和交通非高峰期的情形。

8.2.2　连续型分布

如果对于随机变量 X 的分布函数 $F(x)$，存在非负函数 $f(x)$，使得对于任意实数 x 有

$$F(x) = \int_{-\infty}^{x} f(t)\,\mathrm{d}t \qquad (8\text{-}36)$$

则称 X 为连续型随机变量，其中 $f(x)$ 称为 X 的概率密度函数。例如，车头时距观测值就是连续型随机变量。交通系统规划与控制中常用的连续型分布有负指数分布、移位负指数分布、威布尔分布、爱尔朗分布、正态分布、均匀分布等。

1. 负指数分布

负指数分布概率密度函数为

$$f(t) = \lambda \mathrm{e}^{-\lambda t} \qquad (8\text{-}37)$$

分布函数为

$$F(t) = 1 - \mathrm{e}^{-\lambda t} \qquad (8\text{-}38)$$

式中　λ——参数。

用负指数分布描述车头时距时，车头时距 h_t 的概率为

$$P(h_t \leqslant t) = 1 - \mathrm{e}^{-\lambda t} \qquad (8\text{-}39)$$

$$P(h_t > t) = \mathrm{e}^{-\lambda t} \qquad (8\text{-}40)$$

式中　λ——车辆的平均到达率（辆/s），如果已知交通量 Q（辆/s），那么 $\lambda = \dfrac{Q}{3\,600}$。

当车辆到达（属离散型分布）服从泊松分布时，车头时距（属连续型分布）服从负指数分布；反之亦然。下面说明如何从车辆到达服从泊松分布导出车头时距服从负指数分布。

设对任意的时间间隔 t，车辆到达服从泊松分布，由式（8-40）没有车辆到达的概率为

$$P(0) = \mathrm{e}^{-\lambda t}$$

这就是说，在时间间隔 t 内，前一辆车到达和后一辆车到达之间的车头时距大于 t，换而言之，$P(0)$ 也就是 $P(h_t > t)$，于是

$$P(h_t > t) = P(0) = \mathrm{e}^{-\lambda t}$$

2. 移位负指数分布

负指数分布会造成数据出现在 $0 \sim 1.0\,\mathrm{s}$ 的概率较大，在一些场合与实际不符。如拟合车头时距分布时，其概率密度函数随车头时距单调下降的，表明车头时距越短，其出现概率越大，但这与实际不符，因为车头间距最少为一个车身长，车头时距将大于一个最小的正数 τ。为了克服这一缺陷，引入一个移位值 τ，称为移位负指数分布，这时分布函数为

$$F(t) = 1 - \mathrm{e}^{-\lambda(t-\tau)} \qquad (t \geqslant \tau) \qquad (8\text{-}41)$$

移位负指数分布概率密度函数为

$$f(t) = \lambda \mathrm{e}^{-\lambda(t-\tau)} \qquad (t \geqslant \tau) \qquad (8\text{-}42)$$

当移位负指数分布用于描述车头时距时，就可以确保车头时距不小于一个给定值 τ，而不至于造成出现在 $0 \sim 1.0\,\mathrm{s}$ 的概率较大。车头时距 h_t 的概率为

$$P(h_t \leqslant t) = 1 - \mathrm{e}^{-\lambda(t-\tau)} \qquad t \geqslant \tau \qquad (8\text{-}43)$$

$$P(h_t > t) = \mathrm{e}^{-\lambda(t-\tau)} \qquad t \geqslant \tau \qquad (8\text{-}44)$$

移位负指数分布的数学期望和方差分别为

$$E(X) = \frac{1}{\lambda} + \tau \qquad (8\text{-}45)$$

$$Var(X) = \frac{1}{\lambda^2} \tag{8-46}$$

用样本均值 $\overline{m}$ 和样本方差 s^2 计算得到两个参数的值为

$$\lambda = \frac{1}{s} \tag{8-47}$$

$$\tau = \overline{m} - s \tag{8-48}$$

3. 威布尔分布

威布尔（Weibull）分布概率密度函数为

$$f(t) = \frac{1}{\beta - \gamma}\left(\frac{t - \gamma}{\beta - \gamma}\right)^{\alpha-1} e^{-\left(\frac{t-\gamma}{\beta-\gamma}\right)^\alpha} \tag{8-49}$$

式中 $\alpha,\ \beta,\ \gamma$——形状参数、尺度参数和起点参数，均取正数，且 $\beta > \gamma$。

当 $\alpha = 1$ 时，威布尔分布就是移位负指数分布；当 $\alpha = 2$ 或 3 时，威布尔分布与正态分布很接近。

分布函数

$$F(t) = 1 - e^{-\left(\frac{t-\gamma}{\beta-\gamma}\right)^\alpha} \qquad \gamma \leqslant t < \infty \tag{8-50}$$

用其拟合车头时距时，概率

$$P(h_t \leqslant t) = 1 - e^{-\left(\frac{t-\gamma}{\beta-\gamma}\right)^\alpha} \qquad \gamma \leqslant t < \infty \tag{8-51}$$

$$P(h_t > t) = e^{-\left(\frac{t-\gamma}{\beta-\gamma}\right)^\alpha} \qquad \gamma \leqslant t < \infty \tag{8-52}$$

威布尔分布的适用范围较广，交通流中的车头时距分布、速度分布等都可以用它来描述。其拟合步骤不复杂，分布函数也较简单，经常用于解决负指数分布或移位负指数分布不能解决的拟合。

4. 爱尔朗分布

爱尔朗（Erlang）分布概率密度函数为

$$f(t) = \lambda e^{-\lambda t} \frac{(\lambda t)^{l-1}}{(l-1)!} \qquad l = 1,\ 2,\ 3,\ \cdots \tag{8-53}$$

分布函数为

$$F(t) = 1 - \sum_{i=0}^{l-1} (\lambda l t)^i \frac{e^{-\lambda l t}}{i!} \tag{8-54}$$

式中 $\lambda,\ l$——参数。

当 $l = 1$ 时，爱尔朗分布就是负指数分布；当 $l = \infty$ 时，爱尔朗分布是均匀分布。在拟合车头时距时，参数 l 反映了畅行车流至拥挤车流的各种车流情形，l 越大，车流密度越大，驾驶的自由度越小。

参数 l 可以由样本均值 $\overline{m}$ 和样本方差 s^2 计算：

$$l = \frac{\overline{m}^2}{s^2} \tag{8-55}$$

8.2.3　拟合优度检验

对于观测的交通数据，判断其是否服从某种理论分布，分布参数是多少，这就是拟合优度检验。拟合优度检验是非参数检验的一种，其中常用的是 χ^2 检验。原假设 H_0 为车辆到达服从某种分布，构造统计量

$$\chi^2 = \sum_{i=1}^{n} \frac{(f_i - F_i)^2}{F_i} \tag{8-56}$$

式中，f_i 表示样本在 i 组的观测频数，F_i 表示样本在 i 组的理论频数。比较 χ^2 计算值和临界值 χ_α^2，如果 $\chi_\alpha^2 \geqslant \chi^2$，则认为车辆到达服从该分布，否则拒绝原假设。

χ^2 检验需要满足下列要求：

（1）对观测数据人工分组，分组应连续且分组数不小于 5；

（2）各组的理论频数 F_i 不小于 5，否则应合并相邻组；

（3）人工确定分布的参数，并计算理论频数；

（4）样本量应足够大。

但对于大量数据的检验而言，χ^2 检验需要预先计算出理论分布期望值，上述工作将很烦琐。

8.3　排队论

车辆经过站场、交叉口等节点，列车在车站等待进站或出站，在繁忙时段飞机等待起飞和降落，船舶等待码头泊位停靠，行人在地铁、车站检票闸机处等待进出，都可以观察到交通运输系统中的排队现象。不仅在交通系统中如此，排队在自然现象和社会现象中也广泛存在，如在银行、餐厅、商场中的排队，呼叫中心对来电的排队等。概括地讲，排队是因为受到节点通行能力（处理能力）的限制，交通实体不能以畅行速度通过，从而在节点上游形成队列，等待通过（处理）。科学地分析和处理排队，能够增大系统的通行能力，降低交通拥堵，提高交通效率。

排队论（Queuing Theory）也称为随机服务系统理论，是数学运筹学的分支学科，是研究服务系统中排队现象随机规律的学科。通过对服务对象到来及服务时间的统计研究，得出某些数量指标（等待时间、排队长度、忙期长短等）的统计规律，然后根据这些规律来改进服务系统的结构或重新组织被服务对象，使得服务系统既能满足服务对象的需要，又能使费用最节省或某些指标最优。排队论广泛应用于计算机网络、生产、运输、库存等各项资源共享的随机服务系统。排队论研究的内容有三个方面：一是统计推断，即根据资料建立模型；二是系统的性态，即与排队有关的数量指标的概率规律性；三是系统的优化问题。其目的是正确设计和有效运行各个服务系统，使之发挥最佳效益。

排队论起源于 20 世纪初的电话通话服务理论的研究。1909—1920 年丹麦数学家、电气工程师爱尔朗（Erlang）用概率论方法研究电话通话问题，从而开创了这门应用数学学科，并为这门学科建立许多基本原则。爱尔朗在热力学统计平衡理论的启发下，成功地建立了电话统计平衡模型，并由此得到一组递推状态方程，从而导出著名的埃尔朗电话损失率公式。在第二次世界大战期间和第二次世界大战以后，排队论在运筹学这个新领域中变成了重要的内容。20 世纪 50 年代初，大卫·坎达（David G. Kendall）对排队论作了系统的研究，他用嵌入马尔柯夫（A. A. Markov）链方法研究排队论，使排队论得到了进一步的发展。1953 年他首先提出 3 个字母组成的符号 A、B、C 表示排队系统。其中，A 表示顾客到达时间分布；B 表示服务时间的分布；C 表示服务机构中的服务台的个数。

8.3.1　基本概念

1. "排队"与"排队系统"

"排队"是指等待服务的客户（如车辆、行人），不包括正在被服务的客户。

"排队系统"既包括等待服务的客户，又包括正在被服务的客户。

2. 排队系统的构成

排队系统由输入过程、排队规则和服务方式三部分组成。

（1）输入过程。输入过程是指服务客户的到达规律。常用有：定长输入——客户等时距到达，服从均匀分布；泊松输入——客户到达服从泊松分布或到达时距服从负指数分布，这种输入应用最广泛；爱尔朗输入——客户到达时距服从爱尔朗分布。

（2）排队规则。排队规则是指到达客户接受服务的规则。常用有：损失制——客户到达时，若所有的服务台均被占用，就随即离开，不再返回；等待制——客户到达时，若所有的服务台均被占用，就排队等候服务，服务规则有先到先服务（即按到达先后次序服务）和优先服务（如急救车、消防车）等；混合制——客户到达时，若队长小于 L，就排队等候，若队长大于 L，就随即离开，不再返回。

（3）服务方式。服务方式是指同一时刻有多少服务台接待客户，为每一客户服务多长时间。服务时间的分布主要有：定长分布服务——每一客户的服务时间相等；负指数分布服务——各客户的服务时间相互独立，服从相同的负指数分布；爱尔朗分布服务——各客户的服务时间相互独立，服从相同的爱尔朗分布。

为表述方便，引入记号：M 表示泊松输入或负指数分布服务；D 表示定长输入或定长分布服务，E_k 为爱尔朗输入或爱尔朗分布服务。泊松输入、负指数分布服务、N 个服务台的系统就可以记为 $M/M/N$。如不特加说明，排队规则都指先到先服务和单个客户服务的等待制系统。

3. 排队系统的评价指标

（1）排队长度：可分为系统内的客户数和排队等待服务客户数。

（2）等待时间：从客户到达直至开始接受服务的时间。

（3）忙期：服务台连续繁忙的时间。

8.3.2　M/M/1 系统

M/M/1 系统是指泊松输入、负指数分布服务、1 个服务台的排队系统，由于服务的通道仅有一条，也称为"单通道服务系统"（图 8.1）。

图 8.1　单通道服务系统

设客户的平均到达率为 λ，两次到达之间的平均时间间隔就是 $1/\lambda$。设服务率为 μ，平均服务时间就是 $1/\mu$。$\rho = \lambda/\mu$ 称为交通强度或利用系数。若 $\rho \geq 1$，表示到达率大于或等于服务率，排队会越来越长，系统处于不稳定状态；若 $\rho < 1$，表示到达率小于服务率，系统才处于稳定状态。因此，单通道排队系统保持稳定即排队能够消散的条件就是 $\rho < 1$（$\lambda < \mu$）。M/M/1 系统的计算公式如下：

系统中没有客户的概率：

$$P(0) = 1 - \rho \tag{8-57}$$

系统中有 n 个客户的概率：

$$P(n) = \rho^n(1 - \rho) \tag{8-58}$$

系统中的平均客户数：

$$\bar{n} = \frac{\rho}{1 - \rho} \tag{8-59}$$

平均排队长度：

$$\bar{q} = \frac{\rho^2}{1-\rho} = \rho \cdot \bar{n} = \bar{n} - \rho \tag{8-60}$$

平均消耗时间：

$$\bar{d} = \frac{1}{\mu - \lambda} = \frac{\bar{n}}{\lambda} \tag{8-61}$$

排队中的平均等待时间：

$$\bar{w} = \frac{\lambda}{\mu(\mu - \lambda)} = \bar{d} - \frac{1}{\mu} \tag{8-62}$$

【例 8-3】　某居住小区只有 1 个出口，采用人工收费，假定车辆到达服从泊松分布，服务时间可用负指数分布表示。到达率为 180 辆/h，收费平均需要时间 12 s。试计算系统中没有车辆的概率、系统中有 n 辆车的概率、系统中的平均车辆数、平均排队长度、平均消耗时间、排队中的平均等待时间。

解：由题意可知，这是 M/M/1 系统，到达率 $\lambda = 180$ 辆/h，服务率 $\mu = \dfrac{3\,600}{12} = 300$（辆/h）。

$$\rho = \frac{\lambda}{\mu} = \frac{180}{300} = 0.6 < 1$$

所以系统稳定。

系统中没有车辆的概率：

$$P(0) = 1 - \rho = 1 - 0.6 = 0.4$$

系统中有 n 辆车的概率：

$$P(n) = \rho^n(1 - \rho) = 0.4 \times 0.6^n$$

系统中的平均车辆数：

$$\bar{n} = \frac{\rho}{1 - \rho} = \frac{0.6}{0.4} = 1.5（辆）$$

平均排队长度：

$$\bar{q} = \frac{\rho^2}{1-\rho} = \rho \cdot \bar{n} = \bar{n} - \rho = 1.5 - 0.6 = 0.9（辆）$$

平均消耗时间：

$$\bar{d} = \frac{1}{\mu - \lambda} = \frac{\bar{n}}{\lambda} = \frac{1.5}{180}h = 30(s)$$

排队中的平均等待时间：

$$\bar{w} = \frac{\lambda}{\mu(\mu - \lambda)} = \bar{d} - \frac{1}{\mu} = 30 - \frac{3\,600}{300} = 18(s)$$

8.3.3　M/M/N 系统

M/M/N 系统是指泊松输入、负指数分布服务、N 个服务台的排队系统，由于服务的通道有 N 条，又称为"多通道服务系统"。M/M/N 系统可分为单路排队多通道服务系统和多路排队多通道服务系统两类。

1. 单路排队多通道服务系统

单路排队多通道服务系统是指排成一队等待多条通道服务，队列中排在首位的客户可视哪个通道有空就到那里去接受服务，如图 8.2 所示。稳定性条件为 $\rho/N < 1$。

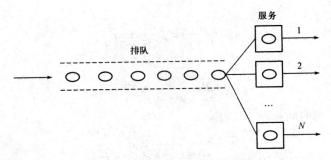

图 8.2　单路排队多通道服务系统

2. 多路排队多通道服务系统

每个通道各排一队，每个通道只为排在其中的客户服务，客户不能调换队列（图8.3），这其实相当于 N 个 M/M/1 组成，稳定性条件是每个通道的 $\rho < 1$，计算公式也由上面 M/M/1 系统给出。

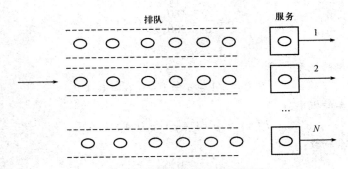

图 8.3　多路排队多通道服务系统

单路排队多通道服务的 M/M/N 系统，计算公式如下：

系统中没有客户的概率：

$$P(0) = \frac{1}{\left(\sum_{k=0}^{N-1} \frac{\rho^k}{k!} + \frac{\rho^N}{N!(1-\rho/N)} \right)}, \quad \rho = \frac{\lambda}{\mu} \tag{8-63}$$

系统中有 K 个客户的概率：

$$P(K) = \frac{\rho^K}{K!}P(0) \quad 0 \leqslant K \leqslant N \tag{8-64}$$

$$P(K) = \frac{\rho^K}{N!N^{K-N}}P(0) \quad K > N \tag{8-65}$$

系统中的平均客户数：

$$\bar{n} = \rho + \frac{P(0)\rho^{N+1}}{N!N}\left[\frac{1}{(1-\rho/N)^2} \right] \tag{8-66}$$

平均排队长度：

$$\bar{q} = \frac{P(0)\rho^{N+1}}{N!N}\left[\frac{1}{(1-\rho/N)^2} \right] \tag{8-67}$$

平均消耗时间：

$$d = \frac{\mu \left(\frac{\lambda}{\mu}\right)^N P(0)}{(N-1)!(N\mu-\lambda)^2} + \frac{1}{\mu} = \frac{\bar{n}}{\lambda} \tag{8-68}$$

排队中的平均等待时间

$$\bar{w} = \frac{\mu \left(\frac{\lambda}{\mu}\right)^N P(0)}{(N-1)!(N\mu-\lambda)^2} = \frac{\bar{q}}{\lambda} \tag{8-69}$$

【例 8-4】   某地铁站的进站口拥有 4 台自动检票机,假定乘客到达服从泊松分布,到达率为 40 人/min,每人通过自动检票机的服务时间服从负指数分布,平均耗时 3 s。试计算该进站检票系统的服务指标。

解:由题意可知,该排队系统可近似模拟为单路排队多通道服务 M/M/N 系统,且 $N=4$,到达率 $\lambda = 40$ 人/min,服务率 $\mu = \frac{60}{3} = 20$ (人/min),$\rho = \frac{40}{20} = 2$。

由于 $\frac{\rho}{N} = 0.5 < 1$,因此系统稳定。

系统中没有乘客的概率:

$$P(0) = \frac{1}{\left(\sum_{k=0}^{3} \frac{2^k}{k!} + \frac{2^4}{4!(1-2/4)}\right)} = 0.13$$

系统中的平均乘客数:

$$\bar{n} = 2 + \frac{0.13 \times 2^5}{4! \times 4} \times \left[\frac{1}{(1-2/4)^2}\right] = 2.2 (人)$$

平均排队长度:

$$\bar{q} = \frac{0.13 \times 2^5}{4! \times 4} \times \left[\frac{1}{(1-2/4)^2}\right] = 0.2 (人)$$

平均消耗时间:

$$d = \frac{2.2}{40} = 0.055 (\min) = 3.3 \text{ s}$$

排队中的平均等待时间:

$$\bar{w} = \frac{0.2}{40} = 0.005 (\min) = 0.3 (\text{s})$$

由上述分析可见,该地铁站的进站自动检票机前的排队长度和等待时间均很短,乘客可享受到优质的检票服务。

8.4 跟驰模型

8.4.1 引言

跟驰模型是运用动力学方法描述在无法超车的单一车道上车辆列队行驶时,后车跟随前车的行驶状态。车辆跟驰行驶是车流运动的一个重要现象 (图 8.4)。该模型有助于理解交通流的特性,同时,也是微观交通仿真中的一个重要的模型。

世界上第一个微观交通模型由 Reuschel (1950) 和 Pipes (1953) 各自独立提出。该模型认为前车和后车之间保持一定的空档,该空档与前车的速度成比例。

图8.4 交通仿真场景

车流在运动过程中，最重要的事情是紧随车和前导车要保持一个安全的空间距离。该空间距离主要与车辆行驶速度及人的反应时间相关，可用下式表达：

$$S = \alpha + \beta v + \gamma v^2 \tag{8-70}$$

式中 α——车辆的有效长度；

β——反应时间；

γ——2 倍紧随车辆最大平均减速度的倒数（前车突然停止）。如果考虑前车不是突然停驶，而是以一定的减速度行驶直到停止，那么 γ 可以表达为

$$\gamma = 0.5(\alpha_f^{-1} - \alpha_l^{-1}) \tag{8-71}$$

式（8-1）可以反映两辆车在刹车性能上的差别。

如果车流单一，空间距离（S）均匀，车流速度（v）一致，那么可以导出单个车道的通行能力（C）估计值，即

$$C = 1\,000 \times v/S \tag{8-72}$$

跟驰模型不仅用于车头间距的分析，还可以推导出单车道的宏观车流模型。

8.4.2 车辆跟驰行为主要特性

跟驰是指车辆在无法超车的单一车道上列队行驶时，后车跟随前车的行驶状态。跟驰状态行驶的车队具有制约性、延迟性、传递性三个主要特性。

1. 制约性

在一队汽车之中，驾驶员总不愿意落后，而紧随前车前进，这就是"紧随要求"。同时，后车的车速不能长时间大于前车车速，只能在前车车速附近摆动；否则会发生碰撞，这是"车速条件"。另外，前车、后车之间必须保持一个安全距离，在前车刹车后，能有足够的时间供后车司机作出反应，采取制动措施，这是"间距条件"。紧随要求、车速条件和间距条件构成了一队汽车跟驰行驶的制约性。即前车车速制约着后车车速和两车间距。

2. 延迟性

从跟驰车队的制约性可知，前车改变运行状态后，后车也要改变。但前车、后车运行状态的改变不是同步的，后车运行状态的改变滞后于前车。因为驾驶员对前车运行状态的改变要有一个反应过程，需要反应时间。假设反应时间为 T，那么前车在 t 时刻的动作，后车在（$t + T$）时刻才能作出相应的动作，这就是延迟性。

3. 传递性

由制约性可知，第 1 辆车的运行状态制约着第 2 辆车的运行状态。第 2 辆又制约着第 3 辆，……，第 n 量制约着第 $n + 1$ 辆。一旦第 1 辆车改变运行状态，它的效应将会一辆接一辆地向后传递，直至车队的最后一辆，这就是传递性。而这种运行状态的传递又具有延迟性。这种具有延迟性的向后传递的信息不是平滑连续的，而是像脉冲一样间断连续的。

8.4.3 线性跟驰模型

1. 线性跟驰模型推导

跟驰模型是交通仿真中车辆纵向运行的算法。跟驰模型中跟驰车不考虑相邻车道的车辆信

息，只考虑与前车的相互作用。图 8.5 所示为车辆跟驰运动示意。

假定司机保持它所驾驶车辆与前导车的距离为 $S(t)$，以便在前导车刹车时能使车停下而不至于和前导车尾相撞。这两辆车在 t 时刻的相对位置，如图 8.5 所示，图中 n 为前导车，$n+1$ 为后随车。两车在刹车操作后的相对位置如图 8.5 所示。

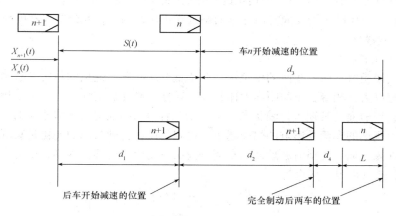

图 8.5　车辆运行空间距离变化示意

L—前车长度（m）；d_1—车辆 $n+1$ 在反应时间 Δt 内行驶的距离（m）；

d_2—车辆 $n+1$ 从制动到完全停下所行驶的距离（m）；d_3—车辆 n 从制动到完全

停下所行驶的距离（m）；d_4—两车停车后的最小安全距离（m）；$X_i(t)$ —第 i 辆车

在 t 时刻的位置（m），$i=n, n+1$；$\dot{X}_i(t)$ —第 i 辆车在 t 时刻的

速度（m/s），$i=n, n+1$；$\ddot{X}_i(t)$ —第 i 辆车

在 t 时刻的加速度（m/s²），$i=n, n+1$；Δt— 跟驰驾驶员的反应时间（s）

从图中的位置关系可知：

$$S(t) = X_n(t) - X_{n+1}(t) = d_1 + d_2 + d_4 + L - d_3 \qquad (8\text{-}73)$$

假设两车的制动距离相等，即 $d_2 = d_3$，则

$$S(t) = X_n(t) - X_{n+1}(t) = d_1 + d_4 + L \qquad (8\text{-}74)$$

设司机的反应时间为 T，在反应时间内车速不变，当前导车 n 减速时，尾随车 $n+1$ 在反应时间内行驶的距离为

$$d_1 = \dot{X}_{n+1}(t) \times T = \dot{X}_{n+1}(t + T) \times T \qquad (8\text{-}75)$$

将式（8-75）代入式（8-74）得

$$S(t) = X_n(t) - X_{n+1}(t) = \dot{X}_{n+1}(t + T) \times T + d_4 + L \qquad (8\text{-}76)$$

对式（8-76）变量 t 微分得

$$\dot{X}_n(t) - \dot{X}_{n+1}(t) = \ddot{X}_{n+1}(t + T) \times T \qquad (8\text{-}77)$$

或

$$\ddot{X}_{n+1}(t + T) = \frac{1}{T}\left[\dot{X}_n(t) - \dot{X}_{n+1}(t)\right] \qquad (8\text{-}78)$$

式（8-78）可以理解为

反应＝敏感度×刺激

反应就是司机在两车距离变化的刺激下根据后车司机反应灵敏度采取加减速动作。式（8-78）

的模型是在比较理想的假定条件下推导出来的,实际的跟驰行为要复杂得多。为了适应更一般的情况将式(8-78)修改为

$$\ddot{X}_{n+1}(t+T) = a\left[\dot{X}_n(t) - \dot{X}_{n+1}(t)\right] \tag{8-79}$$

式中 a——反映强度系数(s^{-1}),与司机的动作的强弱程度直接相关。

式(8-79)表明尾随车的反应与前导车的刺激成正比,因此,此公式表示的模型称为线性跟驰模型。

2. 模型的稳定性

在考察车辆跟驰特性时,车队的稳定性是非常重要的问题。这里的稳定性有两个意思:一是指前车、后车速度大且相等,车间距离大体相等,这称为局部稳定性;另一个是指车速的变化向后传播的特性,当前面的某辆车行驶状态发生变化,后面的车辆也将采取相应的变化,一般在现实情况中,离得越远的车辆受影响的幅度越小,也就是说,行驶状态的变化是衰减的,即稳定或者渐进稳定,如果在向后传播时,后面的车辆行驶状态变化幅度逐渐加剧,则为不稳定。

令 $\lambda = aT$,式(8-79)可变为

$$\frac{d^2 x_{n+1}(t+T)}{dt^2} = aT\left[\frac{dx_n(t)}{dt} - \frac{dx_{n+1}(t)}{dt}\right] \tag{8-80}$$

式中 a——反应强度系数;

T——反应时间。

式(8-80)是一个复杂的二阶微分方程,求解此方程需要进行拉普拉斯(Laplace)变换(参考 Herman,1959)。赫尔曼根据 $\lambda = aT$ 取值的大小来研究跟驰模型的稳定性。

(1)局部稳定。从表8.1中可以看出,随着 λ 的不断增大,车距变化逐渐不稳定。这是因为驾驶员对早就出现的刺激反应太过强烈(a 大,表现为油门过大或者脚刹车踏得过重等),因此,导致驾驶状态不稳定。

表8.1 λ 值与传播特性情况对应表

λ 值	传播特性
$0 \leq \lambda < e^{-1}$(0.368)	不发生振荡,指数衰减
$e^{-1} < \lambda \leq \pi/2$	发生振荡,但呈指数衰减
$\lambda = \pi/2$	振荡但幅度恒定
$\lambda > \pi/2$	振荡并且振幅不断增大

(2)渐进稳定。Herman 研究结果表明,仅当 λ 小于 0.50 时(图8.6),车流才逐渐稳定。头车的状态波动将以 a^{-1}(s/辆)的速度向后传播;当 λ 大于 0.50 时,将以较大的波动幅度向后传播,因而车辆之间的干扰增大。当干扰的幅度增大到使车头间距小于一个车长时,将发生尾撞事故。

图8.7表示具有8辆车的车队取 λ 值时的车头间距,车辆之间原来的车头间距为21 m,当前导车减速后又加速到原来的速度时,图8.7的曲线表示行驶状态向后传播的情况。从图8.7同时也可以看出,λ 小于等于 0.50 时,车辆之间的车头时距逐渐趋于稳定,而不像 λ 大于 0.50 时那样振荡。

8.4.4 跟驰模型与车流模型

车流模型是指在稳定的车流中,交通量、车速和密度之间的相互关系。从跟驰模型出发,可

____

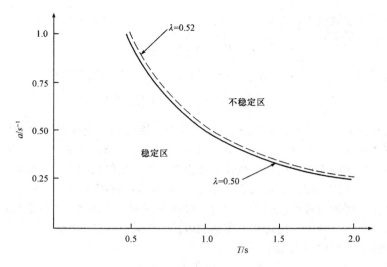

图8.6 渐进稳定区域（Rothery 1968）

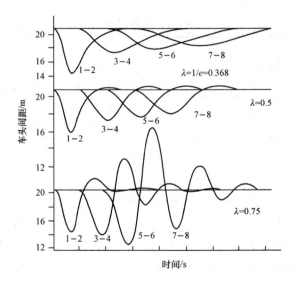

图8.7 线性跟驰模型中车队车头
间距随时间的变化关系（herman，1958）

推导出各种车速、密度的关系模型。其方法是根据边界条件对跟驰模型求解微分方程。

现用线性跟驰模型推导，对式（8-79）进行积分可得：

$$\dot{x}_{n+1}(t+T) = \frac{\mathrm{d}x_{n+1}(t+T)}{\mathrm{d}t} = \alpha[x_n(t) - x_{n+1}(t)] + c$$

当车队处于平稳状态时，$\dot{x}_{n+1}(t+T) = \dot{x}_{n+1}(t) = u$，因此，对于任意 t，上式都可化为

$$u = \alpha s + c \tag{8-81}$$

式中，u 为速度，s 为车头间距，其倒数为密度 k。

利用边界条件可以确定参数 α，s。当 $u=0$ 时，车队的密度为阻塞密度 k_j，于是

$$u = \alpha\left(\frac{1}{k} - \frac{1}{k_j}\right) \tag{8-82}$$

同时根据交流三参数模型，即 $q = uk$ 可得

$$q = uk = \alpha\left(1 - \frac{k}{k_j}\right)$$

因为 $k = 0$ 时，上式 q 达到最大值 q_m，即可得 $\alpha = q_m$。最后可得车流模型（表 8.2）为

$$u = q_m\left(\frac{1}{k} - \frac{1}{k_j}\right), \quad q = q_m\left(1 - \frac{k}{k_j}\right) \tag{8-83}$$

跟驰状态下车辆的行驶是密度较高的非自由状态，因此，由线性跟驰模型推导出的车流模型只适用于高密度车流。当 $k \to 0$ 时，$u \to \infty$。同样，在式（8-83）中，交通量在密度等于 0 时，达到最大值，这也与实际不符。因此，线性跟驰模型存在一定的局限性。其缺陷的根源在于后车的反应只依赖于前导车的速度差，而与车距和后随车的本身速度无关。实际的情况是一定车速条件下，车距越小，尾撞的可能性越大，同时，后随车对前导车的速度变化感知也越快，因此，反应越强烈。另外，后随车的速度越快，车辆的可控性越差，因此，后随车反应也越强烈和越有效。根据上述分析，应将跟驰模型推广成为

$$\dot{x}_{n+1}(t + T) = \alpha \frac{[\dot{x}_{n+1}(t + T)]^m}{[x_n(t) - x_{n+1}(t)]^l}[\dot{x}_n(t) - \dot{x}_{n+1}(t)]$$

表 8.2　车流模型

l	车流模型
	$m = 0$
0	$q = q_m(1 - k/k_j)$，其中 q_m 为最大交通量
1	$q = u_m k \ln(k/k_j)$，其中 u_m 为最佳速度
1.5	$q = u_f k[1 - (k/k_j)^{1/2}]$，$u_f$ 为流畅速度
2	$q = u_f k(1 - k/k_j)$
	$m = 1$
2	$q = u_f k . \exp(k/k_m)$，其中 k_m 为最佳密度
3	$q = u_f k . \exp\left[-\frac{1}{2}(k/k_m)^2\right]$

跟驰模型是仿真中的一个重要模型。国内外有大量有关研究。20 世纪 80 年代以后，跟驰模型研究得到较大发展。新模型或是在吸收前人成果的基础上进行改进，或是从新的研究角度和方法来分析问题。根据各模型假设的特点按不同的属性可以将这些模型分成不同的类型。按照跟驰车的加速度与前后车相对速度的线性关系可分为线性跟驰模型与非线性跟驰模型；按照产生机理可分为基于安全车头间距的跟驰模型、基于刺激—反应模型、生理心理模型、基于模糊推理系统的跟驰模型。由于篇幅的原因，就不一一介绍，有兴趣的同学可以参看相关的文献。

8.5　流体力学模型

8.5.1　引言

1955 年，英国学者 Lightill 和 Whitham 将交通流比拟为流体，通过对一条很长的公路隧道的车速与车流量的观测，研究了在高的车流密度情况下的交通流规律，提出了流体动力学模拟理

论。该理论运用流体动力学的原理，模拟流体的连续性方程，建立车流的连续性方程。将车流密度的变化，比拟成水波的起伏而抽象为车流波。当车流因道路或者交通状况发生改变而引起密度的改变时，在车流中产生车流波的传播，通过分析车流波的传播速度，以寻求车流量、密度和速度的关系，描述车流拥挤和消散的过程。因此，该理论又可称为车流波动理论。将交通流比拟成流体流，两者的特性对比列于表 8.3 中。

表 8.3　交通流和流体流的比较

物理特性	流体动力学	交通流系统
连续体	单向不可压缩流体	单车道不可压缩车流
离散元素	分子	车辆
变量	质量 m	密度 k
	速度 v	车速 u
	压力 P	流量 q
动量	mv	ku
状态方程	$P = CMT$	$q = ku$
连续性方程	$\dfrac{\partial m}{\partial t} + \dfrac{\partial(mv)}{\partial x} = 0$	$\dfrac{\partial k}{\partial t} + \dfrac{\partial(ku)}{\partial x} = 0$
运动方程	$\dfrac{\mathrm{d}v}{\mathrm{d}t} + \dfrac{c^2}{m}\dfrac{\partial m}{\partial x} = 0$	$\dfrac{\mathrm{d}u}{\mathrm{d}t} + k\left(\dfrac{\mathrm{d}u}{\mathrm{d}k}\right)^2 \dfrac{\partial k}{\partial x} = 0$

8.5.2　车流连续方程的建立

假设车流从一个断面 Ⅰ 驶入，从断面 Ⅱ 驶出，当两端流入量和流出量不一致时就会导致断面之间的车流密度的变化。令断面 Ⅰ 的流入量为 q，密度为 k，断面 Ⅱ 的流出量为 $q + \Delta q$，密度为 $k - \Delta k$。$-\Delta k$ 表示车流密度随着流出量 $q + \Delta q$ 的增加而减少。

根据质量守恒定律可得：

$$\text{流出量} - \text{流入量} = \Delta x \text{ 内车辆数的变化}$$

即

$$\left[(q + \Delta q) - q\right]\Delta t = \left[(k - \Delta k) - k\right]\Delta x$$

展开得：

$$\frac{\Delta q}{\Delta x} + \frac{\Delta k}{\Delta t} = 0$$

取极限可得：

$$\frac{\partial q}{\partial x} + \frac{\partial k}{\partial t} = 0$$

将 $q = ku$ 代入方程即可得

$$\frac{\partial k}{\partial t} + \frac{\partial(ku)}{\partial x} = 0 \tag{8-84}$$

式（8-84）就是车流连续性方程。该方程表示，当车流量随距离而降低时，车流密度则随时间而增大。

8.5.3 车流中的集散波

1. 集散波的定义及波速

列队行驶的车辆在信号灯交叉口遇到红灯后，即陆续停车排队而集结成高密度的队列；绿灯启亮后，排队的车辆又陆续启动而疏散成一列具有适当密度的车队。车流中两种不同密度部分的分界面经过一辆车向车流后面传播，称为车流的波动，犹如水中的涟漪。车流中密度不同的两部分的分界面称为车流波；车流波沿道路移动的速度称为波速。

当车流受到扰动，从一个状态①变化到另一个状态②时，会在车流中形成一个状态变化的分界面 S（图8.8），同时，这个界面将以波速 v_w 向后或者向前移动。从图8.9可知，在单位时间内区域①的车辆以相对速度（$v_1 - v_w$）通过分界面，区域②的车辆以相对速度（$v_2 - v_w$）通过分界面。那么通过分界面的车辆数为

$$N = (v_1 - v_w)k_1 t = (v_2 - v_w)k_2 t$$

因为 $q = kv$，可推导出：

$$v_w = \frac{q_1 - q_1}{k_1 - k_2} \tag{8-85}$$

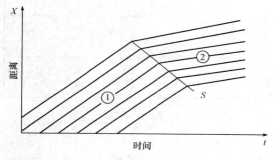

图8.8 状态变化的分界面1

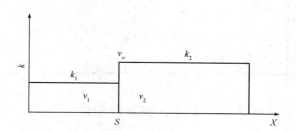

图8.9 状态变化的分界面2

另外，式（8-84）还可以从时间、距离及斜率的关系推出。

如果虚线前后的行驶状态变化较大，例如，从低密度向高密度状态转变，则分界面体现的车流波叫作集结波；如果从高密度转变到低密度，此时体现的车流波叫作疏散波。此两种通称为集散波，可用上式表示。如果前后两种行驶状态的流量和密度相差不大，则车流的变化非常微弱，则分界面的波速将为微弱波。其表达方式为

$$v_w = \frac{\mathrm{d}Q}{\mathrm{d}k} \tag{8-86}$$

式（8-86）表示微弱波的公式，即车流传播中的小素流的速度公式。

在图8.10的流量密度曲线上，也可以看出波速的定义，A 和 B 点的切线的斜率就是微弱波的波速，AB 割线就是集散波的斜率。

2. 停车波和启动波

在信号交叉口，红灯期间，上游到达车辆从停车线开始不断地向后延伸进行排队停车等候；在绿灯放行期间，车辆不断地加速启动，后面排队的车

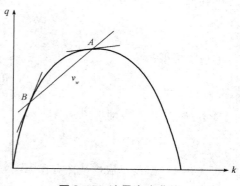

图8.10 流量密度曲线

辆陆续通过交叉口，直到绿灯结束。

（1）红灯期间，车流从高速度和低密度 k 向零速度和高密度 k_j 过渡（停止状态），形成集结波，又称停止波。停车队列尾部向后延伸的速度就是波速。由式（8-85）可知：

$$u_{停} = \frac{Q}{k_j - k} \tag{8-87}$$

式中　Q——上游来的车流量；

　　　k——上游来的车流密度；

　　　k_j——排队车流密度。

（2）绿灯期间，车流从高密度 k_j 和零流量逐步转变到流量 s 和较低密度 k_s 的状态，形成疏散波，又称启动波。停车队列沿上游消散的速度就是启动波的波速 $u_{起}$：

$$u_{起} = -\frac{s}{k_j - k_s} \tag{8-88}$$

若用表 8.2 中 $s = u_f k_s（1 - k_s/k_j）$ 代入式（8-88）可得

$$u_{起} = -u_f \cdot \frac{k_s}{k_j} \tag{8-89}$$

由于排队车流启动后的密度 k_s 接近于停车密度 k_j，因此，从式（8-89）可以看出启动波的绝对速度比较接近自由行驶车速 u_f。

8.5.4　车流波动理论例子

【例 8-5】　一条道路的一路段因道路条件需要实行速度限制，限速为 20 km/h，对应的通行能力为 4 000 辆/h。高峰小时从上游驶来的车辆的速度为 48 km/h，交通量为 4 100 辆/h，高峰时间持续了 1.65 h，随后交通量降到 1 900 辆/h，速度为 56 km/h。请估计此路段入口的上游车辆拥挤长度和拥挤持续时间。

解：高峰时上游车流密度为

$$k_1 = \frac{4\ 100}{48} = 85.42（辆/km）$$

限速路段的密度为

$$k_2 = \frac{4\ 000}{20} = 200（辆/km）$$

在这两股车流之间形成一集结波，波速为

$$v_{w1} = \frac{4\ 100 - 4\ 000}{85.42 - 200} = -0.873（km/h）$$

这是后退波，表示从居住区路段入口处向上游形成一列密度为 200 辆/h 的拥挤车流，车队的时空运行轨迹线如图 8.11 所示。图 8.11 中 $t_F - t_H = t_E - t_0 = 1.65$ h。设 t_0 为零时刻，则 $t_E = 1.65$ h。OF 波为 W_1 的轨迹。在 F 处，高峰流消失，出现交通量为 1 900 辆/h 的速度为 56 km/h 的低峰流。相应密度为

$$k_3 = \frac{1\ 900}{56} = 33.93（辆/km）$$

这样，低峰流与拥挤流之间形成一个集结波，波速为

$$v_{w2} = \frac{1\ 900 - 4\ 000}{33.93 - 200} = 12.65（km/h）$$

它的轨迹为图中线 FG 所示，可列方程组：

$$\begin{cases} t_R + (t_E - t_R) = 1.65 \\ t_R(- v_{w1}) = (t_E - t_R)v_1 = x_R - x_F \end{cases}$$

将 $v_{w1} = -0.873$ km/h 和 $v_1 = 48$ km/h 代入方程，可得

$t_R = 1.621$（小时），$t_E - t_R = 0.029$（小时），$x_R - x_F = t_R(- v_{w1}) = 1.415$（km）

拥挤车流向上延伸的距离为 1.415 km，共包含车辆 $1.415 \times 200 = 283$（辆）。集结波推进到 G 需历时

$$t_G - t_R = \frac{1.415}{12.65} = 0.111 \text{（h）}$$

拥挤持续时间为

$t_G = 0.112 + 1.621 = 1.733$ h。

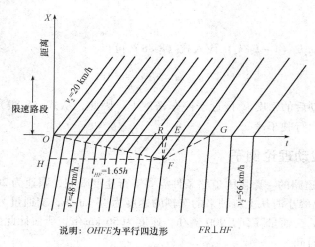

说明：OHFE 为平行四边形   FR⊥HF

图 8.11　车队的时空运行轨迹线

思考题

1. 交通量与车头时距有什么关系？密度与车头间距有什么关系？车头间距与车头时距的关系如何？

2. 请叙述交通流三参数之间的关系。

3. 假定某道路交通流量和密度之间的关系是 $q = 100k - 0.8k^2$，速度—密度关系为直线型的格林息尔治关系，当测得路上的交通量 $q = 2\,500$ 辆/h，求解此时的交通密度并解释其意义。

4. 我国的道路服务水平可分为哪几级？有什么特点？

5. 假定有 50 辆车按照独立随机分布在 10 km 长的道路上，请按照泊松分布求解任意 1 km 长的路段上有 6 辆车的概率。

6. 单路排队多通道服务系统与多路排队多通道服务系统有哪些不同？

7. 某停车场有 6 个停车位，车辆到达率为 8 辆/h，平均每辆车停车 0.5 h，试求解平均排队长度、平均消耗时间和平均等待时间，由此评价其服务性能。

8. 何谓跟驰？跟驰行为特性是什么？

9. 简述跟驰模型的概念和作用。

10. 简述集散波的概念及作用。

第 9 章

道路通行能力与服务水平分析

本章主要内容包括道路通行能力的相关概念、高速公路通行能力与服务水平分析、双车道公路路段道路通行能力、城市道路路段通行能力及道路平面交叉口通行能力等的相关计算及分析。

掌握通行能力和服务水平的基本概念；熟悉通行能力与服务水平的关系；了解高速公路、双车道公路、城市道路及道路平面交叉口通行能力等的相关计算；掌握提高道路通行能力的手段和途径。

9.1 概述

9.1.1 道路通行能力

1. 定义和作用

道路通行能力是指道路设施所能疏导交通流的能力，即在一定的时段（通常取 15 min 或 1 h）和正常的道路、交通、管制及运行质量要求下，道路设施通过交通流质点的能力；是指在一定的时段和通常道路、交通、控制条件下，车辆（或行人）通过道路某一点或均匀断面上的最大小时交通量。通行能力一般以 veh/h（辆/小时）、pcu/h（当量标准小客车/小时）表示，基本单位是 pcu/h/ln（当量标准小客车/小时/车道）。

通行能力实质上是道路负荷性能的一种量度，它既反映了道路疏通交通的最大能力，也反映了在规定特性前提下，道路所能承担车辆运行的极限值。道路通行能力在公路设计中有着十分重要的作用。具体表现在以下三个方面。

（1）可利用通行能力资料正确选定公路类型和车道数、交织长度等，以适应交通需求；

（2）可用于评估现有路网对当前交通的承受能力和充分程度，预测将来交通量增长可能超过公路通行能力的时间，以及早作出改善交通的措施；

（3）可用于对多种目的交通运行分析（如瓶颈路段），并提出改善交通运行的评价。

2. 分类

道路通行能力可分为基本通行能力、可能通行能力和设计通行能力三种。

（1）基本通行能力是在道路和交通都处于理想条件下，由技术性能相同的一种标准车，以最小的车头间距连续行驶的理想交通流，在单位时间内通过道路断面的标准最大车辆数，又称为理论通行能力。即指无论服务水平如何都不能提高车辆通过数。

（2）可能通行能力是指一已知公路的一组成部分在实际或预测的道路、交通、控制及环境条件下，该组成部分一条车道或一车行道对上述诸条件有代表性的均匀段上或一横断面上，无论服务水平如何，单位时间内所能通过的车辆（在混合交通公路上为标准汽车）的最大数。

（3）设计通行能力是指一条设计公路的一个组成部分在预测的道路、交通、控制及环境条件下，该组成部分一条车道或一车行道对上述诸条件有代表性的均匀段上或一横断面上，在所选用的设计服务水平下，1 h 所能通过的车辆（在混合交通公路上为标准汽车）最大数。

在分析某种类型交通设施（道路路段或交叉口）的通行能力时，通常要给定此种类型设施的标准条件，对于与标准条件不相符的交通设施，通常的道路条件要对照标准条件进行修正。将给定的标准条件称为"理想条件"。"理想条件"原则上是对条件更进一步提高，也不能提高基本通行能力的条件。其中"理想条件"包括以下四项。

（1）道路条件：是指公路的几何特征（车道数、车道、路肩、中央带等的宽度，侧向净宽，设计速度及平、纵线形和视距等）。

（2）交通条件：是指交通特征（交通流中的交通组成、交通量、不同车道中的交通量分布、上下行方向的交通量分布）。

（3）控制条件：是指交通控制设施的形式及特定设计和交通规划。

（4）环境条件：是指横向干扰程度及交通秩序等。

9.1.2　道路服务水平

1. 道路服务水平的定义

道路服务水平是指道路使用者从道路状况、交通条件、道路环境等方面可能得到的服务程度或服务质量，也即公路在某种交通条件下所提供运行的服务质量水平。

服务交通量是在通常的道路条件、交通条件和管制条件下，在已知周期（通常为 15 min）中，当能保持规定的服务水平时，车辆（或行人）能合理地期望通过一条车道或道路的一点或均匀路段的最大小时流率。评定服务水平的各项因素如下：

（1）行车速度和行驶时间；

（2）车辆行驶时的自由程度；

（3）行车受阻或受限制的情况，可用每公里停车次数和车辆延误时间来衡量；

（4）行车的安全性，以事故率和所造成的经济损失来衡量；

（5）行车的舒适性和乘客满意的程度；

（6）经济性，以行驶费用来衡量。

2. 道路服务水平的分级及各级服务水平质量的描述

美国《道路通行能力手册》中将道路服务水平分为 A、B、C、D、E、F 六个等级。A 级为自由流；B 级为低密稳定流；C 级为中密稳定流；D 级为高密稳定流；E 级为接近饱和状态；F 级为过饱和状态。表 9.1 所示为美国道路设施服务水平标准。

（1）A 级：交通量很小，交通为自由流，使用者不受或基本不受交通流中其他车辆的影响，有非常高的自由度来选择所期望的速度进行驾驶，为驾驶员和乘客提供的舒适便利程度极高。

表 9.1　美国道路设施服务水平标准

服务水平	双车道公路（平原地形）		市区干线道路	信号交叉口
	时间延误率/%	平均行驶速度/（km·h⁻¹）	平均行驶速度/（km·h⁻¹）	每辆车停车延误/s
A	≤30	≥93	≥56	≤5.0
B	≤45	≥88	≥45	5.1~15.0
C	≤60	≥83	≥35	15.1~25.0
D	≤75	≥80	≥27	25.1~40.0
E	>75	≥72	≥21	40.1~60.0
F	100	<72	<21	>60.0

（2）B 级：交通量较前增加，交通在稳定流范围内的较好部分。在交通流中易受其他车辆的影响，选择速度的自由度相对来说还不受影响，但驾驶自由度相比 A 级服务水平稍有下降。由于其他车辆开始对少数驾驶员的驾驶行为产生影响，因此所提供的舒适和便利程度比 A 级服务水平低一些。

（3）C 级：交通量大于 B 级服务水平，交通处在稳定流范围的中间部分，但车辆之间的相互影响变得较大，选择速度受到其他车辆的影响，驾驶时需要留心部分其他车辆，舒适和便利程度有明显下降。

D 级：交通量再次增大，交通处在稳定交通流范围的较差部分。速度和驾驶自由度受到约束，舒适和便利程度降低。当接近这一服务水平下限时，交通量有少量增加就会在运行方面出现问题。

（5）E 级：此服务水平的交通常处于不稳定流范围，接近或达到水平最大交通量时，交通量有小的增加，或交通流内部有小的扰动就将产生大的运行问题，甚至发生交通中断。此水平内所有车速降到一个低的但相对均匀的值，驾驶自由度极低，舒适和便利程度也非常低，驾驶员受到的挫折通常是大的。此服务水平下限时的最大交通量即基本通行能力（理想条件下）或可能通行能力（具体需看实际公路情况）。

（6）F 级：交通处于强制状态，车辆经常排成队，跟着前面的车辆停停走走，极不稳定。在此服务水平中，交通量与速度同时由大变小，直到零为止，而交通密度则随交通量的减少而增大。图 9.1 表示服务水平 A~F 六个等级。

我国公路服务水平可分为以下四级：

（1）一级相当于美国的 A、B 两级；

（2）二级、三级分别相当于美国的 C 级及 D 级；

（3）四级相当于美国的 E、F 两级。

图 9.2 所示为我国服务水平分级图。

3. 最大服务交通量

最大服务交通量是指各级（即一、二、三、四级上半段）服务水平最差时的服务交通量。该服务交通量在该级服务水平中是最大的。

4. 公路设计采用的服务水平等级

（1）高速公路基本段、匝道—主线连接处、交织区均采用二级服务水平。但在不得已的情况下，匝道—主线连接处和交织区可降低要求采用三级。

图 9.1　美国服务水平 A – F 级

图 9.2　我国道路服务水平分级

（2）不控制进入的汽车多车道公路段在平原微丘地形采用二级；在重丘山岭地形及在近郊采用三级。

（3）不控制进入的汽车双车道公路段采用三级，混合交通双车道路段采用三级。

9.1.3　道路通行能力和服务水平的作用

（1）通过道路通行能力和设计交通量的具体分析，可以确定新建道路的等级、性质、主要技术指标和线形几何要素。

（2）通过对现有道路通行能力的观测、分析、评定，并与现有交通量对比，可以确定现有道路系统或某一路段所存在的问题，针对问题提出改进的方案或措施，作为老路或旧街改建的主要依据。

（3）道路通行能力可以作为铁路、公路、水运、空运等各种方式的方案比选与采用的依据。

9.2　高速公路通行能力

高速公路属于高等级公路。高速公路是指能适应年平均昼夜小客车交通量为 25 000 辆以上、专供汽车分道高速行驶、并全部控制出入的公路。高速公路由高速公路基本路段、交织区、匝道（包括匝道—主线连接处及匝道—横交公路连接处）三部分组成。

9.2.1　基本路段通行能力

高速公路基本路段是指主线上不受匝道附近车辆汇合、分离及交织运行影响的路段部分。具体地讲，是在汇合处上游 150 m 至下游 760 m 以外主线路段，在分离处上游 760 m 至下游 150 m 以外的主线路段（图 9.3）。

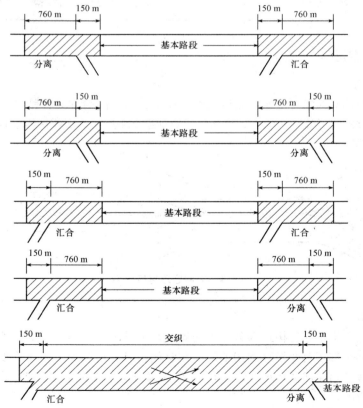

图 9.3　高速公路基本路段示意

高速公路基本路段的理想条件应具备以下四点要求。

（1） 3.75 m ≤ 车道宽度 ≤ 4.50 m；

（2） 侧向净宽 ≥ 1.75 m；

（3） 车流中全部为小客车；

（4） 驾驶员均为经常行驶高速公路且技术熟练遵守交通法规者。

高速公路基本路段服务水平分级见表9.2。

表9.2　高速公路基本路段服务水平分级表

服务水平等级	密度/[pcu·(km·ln)$^{-1}$]	设计速度/（km·h^{-1}）								
		120			100			80		
		车速/（km·h^{-1}）	V/C	最大服务交通量[pcu·(h·ln)$^{-1}$]	车速/（km·h^{-1}）	V/C	最大服务交通量[pcu·(h·ln)$^{-1}$]	车速/（km·h^{-1}）	V/C	最大服务交通量[pcu·(h·ln)$^{-1}$]
一	≤7	≥109	0.34	750	≥92	0.31	650	≥74	0.25	500
二	≤18	≥90	0.74	1600	≥79	0.67	1400	≥66	0.60	1 200
三	≤25	≥78	0.88	1950	≥71	0.86	1800	≥60	0.75	1 500
四	≤45	≥48	接近1.0	<2 200	≥47	接近1.0	<2 100	≥45	接近1.0	<2 000
	>45	<48	>1.0	0~2 200	<47	>1.0	0~2 100	<45	>1.0	0~2 000

9.2.2　交织区通行能力

1. 交织的概念

两股或多股交通流在没有交通控制设施的情况下，沿相同的方向在相当长的道路路段中运行，其中相交而过的交通流称为交织，其运行示意如图9.4所示。交织区段设计，直接关系到道路设施作用的发挥。

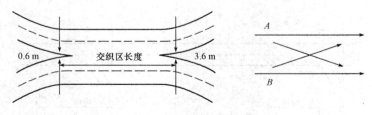

0.6 m　交织区长度　3.6 m

A
B

图9.4　交织区段运行示意

2. 交织区长度

交织区长度是一个重要的构造参数，是交织区有关设施设计的一个重要项目。其决定了驾驶员完成所需要的全部车道变换可利用的时间与空间，对实现车辆交织起着重要作用。国外研究认为，从入口段三角端部宽0.6 m处至出口段三角端部宽3.7 m处之间的一段距离称为交织区长度，如图9.5所示。

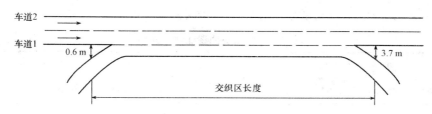

图 9.5　高速公路交织区长度

此外，交织区长度不应小于 50 m 也不应大于 600 m。太短则操作困难，速度降低太大太长则费用太大，且进出口之间的交织运行与操作过分分散，紧迫性不明显，车流不具交织特点。

3. 交织区类型

我国高速公路和城市干道上的交织区类型，主要可划分为简单交织区和多重交织区两类，如图 9.6 所示。简单交织区，进出口之间由一条辅助车道连接，在出口处不再增加车道，不考虑进出口的车道平衡的问题，此类交织区在我国现有道路系统中较多；多重交织区的进出口之间的轴助车道相连，且出口处增设一条车道，实行进出口车道平衡，即出口车道数总和比进口车道数总和多一条，这种类型交织区在现有公路上出现较少。

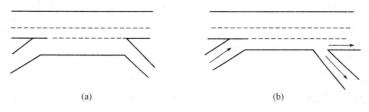

(a)　　　　　　　　　　　　　　　　(b)

图 9.6　交织区类型

（a）简单交织区示意；（b）多重交织区示意

4. 交织区运行特性

交织区的车流运行的关键是车辆运行的交织操作，它影响到行驶车速、车头时距及行车安全等问题。交织长度与交织断面车道数关系是交织运行效率的两个主要参数。随着交织流量增加，操作困难、速度大降、时距大增，会导致交织区运行效率的下降。

交织区内全部车道断面交通量之和为 $Q_1 + Q_2 + Q_{w1} + Q_{w2} = Q_{V总}$，而交织交通量比（$VR$）为交织交通量与总交通量之比，即 $Q_{w1} + Q_{w2} / Q_总$；而交织比（r）为交织交通量中较小的交织交通量与较大的交织交通量之比，即 Q_{w1} / Q_{w2}（$= r$）。

交织区的通行能力和运行速度，同交织区长度、车道数、交织交通量比、总交通量及交织区车道构造等因素有关。其计算公式为

$$C_w = C_{o \times r_s} \times r_N \times r_l \times r_{Vr}$$

式中　C_w——交织区通行能力（Apcu/h）；

　　　C_o——单条车道理论通行能力（peu/h），对于高速公路按表 9.2 选用；

　　　r_s——交织区类型修正系数，简单交织区为 0.95，多重交织区为 1.0；

　　　r_N——交织区内车道数修正系数，对 2、3、4 和 5 条车道交织区，可分别取 1.8、2.6、3.4；

　　　r_l——交织区长度修正系数，由公式 0.128 1n（L）+ 0.181 计算，其中 n 为自然对数，L 为交织区长度；

r_{Vr}——交织交通量比修正系数，见表9.3，中间值可内插。

表9.3 交织交通量比修正系数

V_r	0	0.05	0.10	0.15	0.20	0.25	0.30	0.35	0.40	0.50
r_{Vr}	1.000	0.980	0.971	0.966	0.959	0.942	0.909	0.853	0.768	0.647

5. 服务水平

评价交织区运行质量的因素有密度、流速和服务流率，其中行车密度和服务流率最为重要。服务水平按四级标准划分列于表9.4中。

表9.4 服务水平

服务水平	密度/（辆·车道公里$^{-1}$）	V/C
一级	8	0.35
二级	18	0.75
三级	26	0.90
四级	42	1.00

（1）一级服务水平代表不受限制的行驶，交织车辆对其他车流没有影响，交织时只需要略微调整车速即可以平稳地实现。

（2）二级服务水平代表交织过程中，合流车辆需要插入相邻车流间隙，需要调整车速，分流车辆则可不受干扰，直行车辆也不会受到很大影响，通常行驶时车流稳定畅通。在进口车流密集时，可能会出现排队，分流区也可能出现减速。

（3）三级服务水平代表所有交织车辆必须经常调整车速以避免冲突，分流区附近有明显的减速，实现交织是有困难的，有时引起紊乱，甚至影响相邻车道。

（4）四级服务水平代表以通行能力运行，交织运动明显引起混乱，但未造成整个断面排队，进口处排队明显，例如，有任何微小的突发事件都会引起交织区堵塞，使全部车流只能走走停停，车辆运行很不稳定。

9.2.3 匝道通行能力

1. 匝道的组成、设计要求、形式与类型

为连接与平面公路有高差的高速公路而设置的车道称为匝道。匝道的通行能力由匝道本身和匝道两端连接段的通行能力决定。其中，匝道本身的通行能力基本上可以按一般路段的通行能力求出，但因为与一般路段相比，匝道的平面、纵截面线形等都较差，所以，通行能力也较低。在匝道连接段，通行能力受流入、流出交通量，主线交通量及邻近路段等的影响，所以，很难像一般路段那样单纯地确定其通行能力。

（1）匝道组成。高速公路的匝道由三个部分组成，即匝道与高速公路连接处（或称匝道—主线连接处）、匝道车行道、匝道与相连道路的连接处。

（2）匝道设计要求。对于匝道的设计要求，通常要将匝道与主线连接处设计成能够让车辆高速汇入或分离的形式，并且使汇入或分离的交通流对与匝道相连的高速公路中过境交通流的干扰降至最小。

匝道设计要素包括匝道车辆数、匝道长度、设计速度、平纵线形参数等，匝道与相连道路的连接处要设计成使主线驶来的车辆能顺利汇入该连接处的形式，此类连接处一般设计成平面交叉。对于匝道与主线连接处的设计主要强调的是交通安全。

只有当匝道的所有部分，即匝道与主线连接处、匝道车行道及匝道与相连道路连接处都设计恰当，达到所要求的服务水平或设计通行能力后，匝道上的交通运行效率才能得到保证。如果三个组成部分中的任何一部分交通受阻，都将对整个匝道上的运行产生不利影响，可见匝道与交织区一样，是高速公路上干扰较大、易发生运行问题的组成部分。因此，对其通行能力和服务水平分析要谨慎处理。

（3）匝道的形式与类型。匝道有多种形式，就其设计目的与功能而言，其基本形式为右转匝道与左转匝道，就特殊形式而言有定向匝道和对角线匝道，单向单匝道和单向双匝道，以及双向双匝道，而复杂型立体交叉则可能有更多种不同形式匝道的组合。就匝道车辆的运行特征考虑有出入口车辆的运行及在匝道上的运行，包括分流运行、合流运行与交织运行，也有加速运行与减速运行，上坡、下坡，小曲线甚至反向曲线的运行。所以，匝道上车辆行驶状况比较复杂，故单向单匝道上不允许超车，单向双匝道上可以超车，此外，有分隔带的双向双匝道也不准许超车。

2. 匝道服务水平

服务水平评价的因素很多，一般均选用对本设施影响最大的几项因素作为服务水平等级划分的指标，国内均选用饱和度与车流密度作为评价匝道服务水平的基本依据，并将服务水平划分为不同的级别，具体如所述。

（1）一级服务水平，代表不受限制或受限制较小的交通流，车流密度小，车辆在通畅条件下行驶，不存在或只有较小的相互干扰，基本上处于自由流状态，以接近于自由流速度行驶。

（2）二级服务水平，代表车辆成队行驶，但相互之间的车头时距较大，车流状态处于部分连续，排队车辆比重很小，速度较快，匝道上车辆对加减速车道及高速公路主线上的交通运行基本无影响。

（3）三级服务水平，虽基本处于平稳状态，但在接近流量上限时的小变化，将导致运行质量的大变化，车头时距进一步减小，如有慢车出现，后继车辆会受到很大的影响，车流运行速度将明显下降，匝道上车辆对加减速车道及高速公路主线上的交通运行也有一定的影响。

（4）四级服务水平，车速进一步降低，排队长度超出匝道范围，交通量接近或达到通行能力，即使流量很小的变化，也会严重影响整个匝道的运行质量，车流状态为饱和流，匝道上车辆对加减速车道及高速公路主线上的交通运行有较大的影响。匝道服务水平划分等级见表 9.5。

表 9.5　匝道服务水平划分等级

服务水平等级	饱和度 D（Q/C）	通行能力 $C/$（辆·h^{-1}）
一	<0.20	
二	0.20~0.50	对于特定匝道可查表并乘以饱和度
三	0.50~0.80	
四	0.80~1.00	

3. 匝道通行能力计算

匝道通行能力的定义为在一定道路交通状态、环境和良好气候条件下，单位时间内，匝道的通行车道上能够通过的最大车辆数，以 pcu/h 计。一般影响通行能力的因素很多，但就匝道而言，其长度较短，绝大部分均为单向单车道，其影响的主要因素为车道宽度和车辆组成，至于半径、纵坡的影响已在速度方面考虑，故得出的计算公式为

$$C = C_o \times C_w \times C_n$$

式中　　C——匝道一条车道的可能通行能力；

C_o——基本通行能力（辆/h），按不同速度与坡度查得；

C_w——匝道横断面总宽度修正系数，按匝道横断面总宽度查得；

C_n——大车混入率修正系数。

9.3　平面交叉口通行能力

《中华人民共和国道路交通管理条例》规定，在没有实施多相位信号灯控制的交叉口，绿灯亮时，允许各行驶方向的车辆进入交叉口；红灯亮时，只允许右转车辆沿右转专用车道行进，但不得影响横向道路上直行车辆的正常行驶；黄灯亮时，已越过停车线的车辆继续行驶，通过交叉口，没越过停车线的车辆应在停车线后等候绿灯。

9.3.1　无信号交叉口通行能力

1. 行车规定

在无信号灯控制的交叉口上，我国未采取其他交通管理措施。按照惯例，主要道路上的车辆，优先通行，通过路口不用停车；沿次要道路行驶的车辆，让主要道路上的车辆先行，寻找机会，穿越主要道路上车流的空档，通过路口。不设信号灯控制的交叉口通常可分为两类：一是暂时停车方式；二是环形方式。暂时停车方式又可分为两向停车方式和全向停车方式。

（1）两向停车方式。两向停车方式通常用于主要道路与次要道路相交路口，主要道路上的车辆优先通过，通过路口不用停车；次要道路中的车辆，必须首先让主要道路上的车辆通行，寻找机会，穿越主要道路上车流的空档，通过路口。

（2）全向停车方式。全向停车方式是用于同等重要程度的相交道路，车辆通过交叉口具有同等的优先权，都必须在交叉口处停车，然后根据交通法规的规定，选择恰当时机通过。

两向停车方式主要道路上能够通过的车辆，按路段计算。次要道路上能够通过多少车辆受下列因素影响：主要道路上车流的车头间隔分布、次要道路上的车流穿越主要道路的车流所需时间、次要道路上车辆跟驰状态的车头时距。

无信号交叉口的通行能力等于主要道路上的路段通行能力加上次要道路上的车辆穿越空档所能通过的辆数。若主要道路上的车流已经饱和，则次要道路上的车辆一辆也通不过。因此，无信号交叉口的通行能力最大等于主要道路路段的通行能力。

事实上，在无信号交叉口主要道路上的交通量不大，车辆呈随机到达。定空是指供次要道路的车辆穿越，相交车流无过大阻滞；否则，需要加设信号灯，分配行驶权。

2. 交通流向分析

在无信号交叉口，次要道路上的车流，每一流向都面临与之发生冲突的交通流，见表 9.6。

表9.6　交通流向分析

例如，次要道路上的右转车流与主要道路右侧车道的直行车流发生侧向摩擦、合流；主要道路上的右转车流，驶近交叉口时，由于没使用或没及时使用转弯信号，致使次要道路上右转车流产生误判，行进受到影响。次要道路的直行车流与主要道路上所有车流都有冲突、摩擦。次要道路的左转车流与次要道路的右转车流、直行车流、主要道路上的各股车流发生冲突、摩擦。

另外，主要道路上的左转车流与主要道路上的直行、右转车流也有冲突、摩擦。由此可见，主要道路上车流存在的可穿越间隙，有多股车流争相利用。

3. 穿越间隙

可穿越间隙大小与次要道路上的车流通过交叉口的状态有关系。若在进口停车等候，则所需的间隙时间为 7 ~ 9 s；若驶近路口降速待机，则所需要的间隙时间为 6 ~ 8 s。另外，也与穿越车流的流向有关系。

4. 计算公式

假设：主要道路上的车辆优先通过路口；主要道路上的车流视为连续行驶的交通流，其流量值等于该路段的通行能力；车辆到达的概率分布符合泊松分布；车头时距符合负指数分布；当间隙大于临界间隙 t 时，次要道路上的车辆可以穿越主要道路。并且，当次要道路中车辆跟驰状态车头时距为 3 s 时，次要道路中的跟驰车辆可以连续通过。根据以上假设，利用概率论，可以推算出次要道路上的车辆每小时能穿越主要道路车流的数量为

$$Q_{次} = \frac{Q_{主} e^{-q t_0}}{1 - e^{-q t}}$$

式中　$Q_{次}$——次干道上可以通过的交通量（辆/h）；

　　　$Q_{主}$——主干道优先通过的双向；

　　　q——$Q_{主}$/3600（pcu/n）；

　　　t_0——临界间隙时间（s），对于设停车标志指示的交叉口采用 6 ~ 8 s，对于设让车标志的交叉口采用 5 ~ 7 s，这一时间数值是主要道路允许次要道路横穿的最小安全时间，实际设计时，可以实测若干数据，然后取平均值；

t——次要道路上车辆连续通过的饱和车头时距，对于停车标志采用$5 \sim 8$ s，对于让路标志可采用3 s。

根据上式算得的次干道的通行能力列于表9.7中。

表9.7　次要道路通行能力（小汽车辆数/h）

次要道路交通管理方式	车头时距/s		主要道路双向交通量/（pcu·h⁻¹）				
	t_0	t	800	1 000	1 200	1 400	1 600
停车标志	8	5	200	140	100	70	45
	7	5	250	190	140	110	80
	6	5	315	250	200	160	125
让行标志	7	3	350	250	185	135	95
	6	3		335	255	195	150
	5	3		440	360	290	230

注：一般情况，次要道路通行能力小于主要道路通行能力的一半。

9.3.2　信号交叉口通行能力

交叉口信号是由红色、黄色、绿色三色信号灯组成的，用以指挥车辆的通行、停止和左右转弯，随信号灯色的变换使车辆通行权由一个方向转移到另一个方向。根据信号周期长度及每个信号相位所占时间的长短，可以计算出交叉口的通行能力。大、中城市街道交通繁忙的平面交叉口一般都设置信号灯管制交通。因此，信号交叉口的通行能力与信号控制设计有密切的关系。

十字形交叉口（图9.7）设计通行能力等于各进口道设计通行能力之和。进口道设计通行能力等于各车道设计通行能力之和。

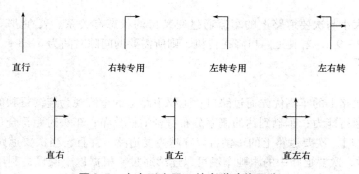

图9.7　十字形交叉口的车道功能区分

下面介绍《城市道路工程设计规范（2016年版）》（CJJ37—2012）中关于信号灯控制路口通行能力的计算方法。

（1）一条直行道的设计通行能力。计算公式：

$$C_s = \frac{3\ 600}{T}\left(\frac{t_g - t_0}{t_i} + 1\right)\varphi$$

式中　C_s——一条直行车道的设计通行能力（pcu/h）；

　　　T——信号灯周期（s）；

t_g——信号每周期内的绿灯时间（s）；

t_0——绿灯亮后，第一辆车启动、通过停车线的时间（s），如无本地实例数据，可采用 3 s；

t_i——直行或右行车辆通过停车线的平均时间（s/pcu）；

φ——折减系数，可用 0.9。

（2）直右车道设计通行能力。计算公式：

$$C_{sr} = C_s$$

式中　C_{sr}——一条直右车道的设计通行能力（puc/h）。

（3）直左车道设计通行能力。计算公式：

$$C_{sl} = C_s(1 - \beta'_l/2)$$

式中：C_{sl}——一条直左车道的设计通行能力（pcu/h）；

β'_l——直左车道中左转车所占比例。

（4）直左右车道设计通行能力。计算公式：

$$C_{slr} = C_{sl}$$

式中　C_{slr}——一条直左右车道的设计通行能力（pcu/h）。

（5）交叉口进口道的设计通行能力。前已提及，（A）进口道的设计通行能力等于进口各车道设计通行能力之和。（B）如果设有专用左转或专用右转车道，则需根据本进口车辆左、右转比例计算。

①进口设有专用左转与专用右转车道时，进口道设计通行能力按下式计算：

$$C_{elr} = \sum C_s / (1 - \beta_l - \beta_r)$$

式中　C_{elr}——设有专用左转与专用右转车道时，本面进口道的设计通行能力（pcu/h）；

$\sum C_s$——本面直行车道设计通行能力之和（pcu/h）；

β_l、β_r——分别为左转车和右转车占本面进口道车辆的比例。

专用左转车道的设计通行能力为 $C_l = C_{elr} \cdot \beta_l$

专用右转车道的设计通行能力为 $C_l = C_{elr} \cdot \beta_r$

②进口设有专用左转车道而未设专用右转车道时，进口道的设计通行能力按下式计算：

$$C_{el} = (\sum C_s + C_{sr})/(1 - \beta_l)$$

式中　C_{el}——设有专用左转车道时，本面进口道设计通行能力（pcu/h）；

$\sum C_s$——本面直行车道设计通行能力之和（pcu/h）；

C_{sr}——本面直右车道的设计通行能力（pcu/h）。

专用左转车道的设计通行能力为 $C_l = C_{el} \cdot \beta_l$

③进口道设有专用右转车道而未设专用左转车道时，设计通行能力按下式计算：

$$C_{er} = (\sum C_s + C_{sl})/(1 - \beta_r)$$

9.3.3　环形交叉口通行能力

1. 环形交叉口的类型

环形交叉口按中心岛直径大小可分为以下三类：

（1）常规环形交叉口，中心岛直径大于 25 m，交织段比较长，进口引道不拓宽成喇叭形（图 9.8）。我国现有的环形交叉口大都属于此类。

（2）小型环形交叉口，中心岛直径小于 25 m，引道进口加宽，做成喇叭形，便于车辆进入交叉口（图9.9）。

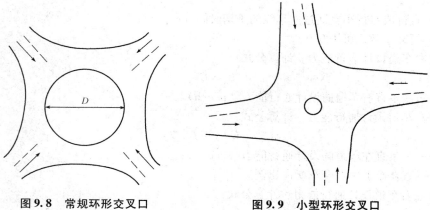

图 9.8　常规环形交叉口　　　　图 9.9　小型环形交叉口

（3）微型环形交叉口，中心岛直径一般小于 4 m，中心岛不一定做成圆形，也不一定做成一个，可用白漆画成圆圈不用凸（图9.10）。这种环形交叉口，实际上是渠化交叉口。

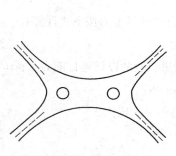
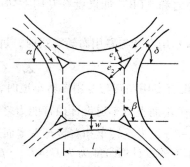

图 9.10　剪刀式微　　　　图 9.11　常规环形交叉口通行
型环形交叉口　　　　　　能力计算图式

2. 环形交叉口通行能力计算

（1）常规环形交叉口通行能力计算图式如图9.11所示。可采用沃尔卓普（Wardrop）公式

$$C = \frac{280\left(1 + \dfrac{e}{\omega}\right)\left(1 - \dfrac{p}{3}\right)}{1 + \dfrac{\omega}{l}}$$

式中　C——交织段上设计通行能力（pcu/h）；

　　　l——交织段长度（m）；

　　　w——交织段宽度（m）；

　　　e——环交入口平均宽度，$e = 1/2\ (e_1 + e_2)$（m）；

　　　e_1——入口引道宽度（m）；

　　　e_2——环道凸出部分的宽度（m）；

　　　p——交织段内进行交织的车辆与全部车辆之比（%）。

（2）英国环境部暂行公式。

$$C = \frac{160\omega\left(1 + \dfrac{e}{\omega}\right)}{1 + \dfrac{\omega}{l}}$$

式中　C——交织段通行能力，再乘以 0.85，等于设计通行能力（pcu/h）；

式中其余符号的意义、取值范围同前。当重车超过 15% 时，对该式应作修正。

9.4　双车道路段通行能力

9.4.1　双车道公路路段车流运行特性

车辆在双车道公路上行驶，最大的特点在于其超车过程，超车车辆在超车过程中必须占用对向车道。双车道公路中任一方向的车辆在行驶过程中，不仅受到同向车辆的制约，还受到反向车流的影响。这也是双车道公路通行能力和服务水平都采用双向分析的原因所在。双车道车辆超车过程示意图，如图 9.12 所示。

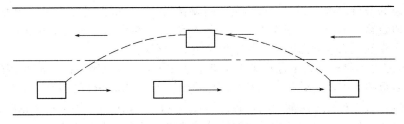

图 9.12　双车道车辆超车示意

以下为双车道公路理想条件：

（1）设计速度大于或等于 80 km/h；

（2）4.00 m ≤ 车道宽度 < 4.5 m；

（3）侧向净宽 ≥ 1.75 m；

（4）在公路上无"不准超车区"；

（5）交通流中全部为中型载重汽车；

（6）两个方向交通量之比为 50/50；

（7）对过境交通没有横向干扰且交通秩序良好；

（8）处于平原微丘地形区。

由于双车道公路中超车行为必须在对向车道上完成，且公路中运行的机动车性能差异显著，因此，从实际观测数据可以看出，速度是反映交通流变化较敏感的一个参数，随着数量的增加，交通流速度明显减慢，其速度—交通量曲线呈现下凹趋势，这一点明显区别于其他类型公路的速度—交通量曲线（图 9.13）。

双车道公路中交通流的运行受到多方面因素的影响，包括行车道宽度、方向分布情况、交通组成、横向干扰和地形条件等。由于双车道公路没有实施横向、纵向干扰的隔离，且单方向交通流的行车道仅 1 条，因此，横向干扰因素成为双车道公路通行能力的重要影响因素。

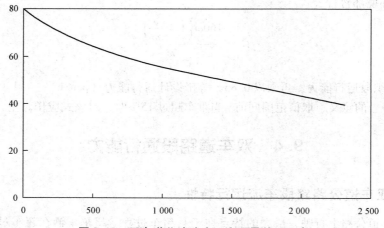

图 9.13　双车道公路速度—交通量关系示意

9.4.2　双车道公路路段服务水平

　　双车道公路的分析以理想条件的双车道公路特性为基准。根据《公路通行能力手册》，对于混合交通双车道公路，采用延误率作为服务水平分级的主要指标，以速度和流率作为辅助分级指标，可以大大降低人为因素的影响，保证评价指标的客观性。

　　《公路通行能力手册》延误率是指车头时距小于等于 6 s 的车辆所占全部车辆的百分比，以此来衡量车辆运行的自由度。同时，在双车道公路中，由于实际条件的限制，常常出现不能满足视距要求的路段。由于视距不足的影响，各计算行车速度的服务水平等级各不相同，下面将以小客车作为标准车型进行通行能力分析。双车道公路路段服务水平表见表 9.8。

表 9.8　双车道公路路段服务水平表

服务水平等级	延误率/%	设计速度/（km·h⁻¹）											
		80				60				≤40			
		速度/（km·h⁻¹）	不准超车区/%			速度/（km·h⁻¹）	不准超车区/%			速度/（km·h⁻¹）	不准超车区/%		
			<30	30~70	>70		<30	30~70	>70		<30	30~70	>70
			V/C				V/C				V/C		
一	≤30	≥76	0.15	0.13	0.12	≤65	0.15	1.13	0.11	≥54	0.14	0.13	0.10
二	≤60	≥67	0.40	0.34	0.31	≥56	0.38	0.32	0.28	≥48	0.37	0.25	0.20
三	≤80	≥58	0.64	0.60	0.57	≥48	0.58	0.48	0.43	≥42	0.54	0.42	0.35
四	<100	≥48 <48	1.0	1.0	1.0	≥40 <40	1.0	1.0	1.0	≥37 <37	1.0	1.0	1.0

9.4.3　双车道公路路段通行能力

1. **车行道最大服务交通量**

$$M_{SVi} = C_B \cdot (V/C)_i$$

式中　M_{SVi}——理想条件下第 i 级服务水平的车行道双向最大服务交通量（pcu/h）；

C——理想通行能力，理想条件下 9 m 宽双车道的最大交通量，通常取 2 500 pcu/h；

$(V/C)_i$——第 i 级服务交通量与理想通行能力之比。

2. 实际道路车行道的设计通行能力

$$C_D = M_{SVi} \cdot f_s \cdot f_d \cdot f_w \cdot f_T \cdot f_L$$

式中　C_D——行车道设计通行能力，是具体的交通和道路等条件下，采用 i 级服务水平时，最大服务交通量（pcu/h）；

　　　f_s——设计速度小于 80 km/h 时对通行能力的修正系数；

　　　f_d——交通量方向分布对通行能力的修正系数；

　　　f_w——路面宽度及（或）侧向净宽不同于理想条件时对通行能力的修正系数；

　　　f_T——交通流中有非小客车时，交通组成对通行能力的修正系数；

　　　f_L——横向干扰及交通秩序处于非理想条件时对通行能力的修正系数。

3. 通行能力的修正系数

（1）设计速度修正系数 f_s（表 9.9）。

表 9.9　设计速度修正系数

设计速度/（km·h⁻¹）	80	70	60	50	40
f_s	1.00	0.98	0.96	0.94	0.92

（2）交通量方向分布修正系数 f_d（表 9.10）。

表 9.10　交通量方向分布修正系数

交通量方向分布	50/50	60/40	70/30	80/20	90/10	100/0
f_d	1.00	0.95	0.91	0.85	0.80	0.76

（3）路面宽度及侧向净宽修正系数 f_w（表 9.11）。

表 9.11　路面宽度及侧向净宽修正系数

路面宽度/m	7	8	9	10	11	12	13	14
修正系数	0.6	0.8	1	1.14	1.26	1.36	1.44	1.48

（4）交通组成修正系数 f_T。

$$f_T = \frac{1}{1 + \sum p_i (E_i - 1)}$$

p_i——车型 i 的交通量占总交通量的百分比；

E_i——车型 i 的车辆折算系数；一般公路中车型 E_i 包括小客车、中型车、大型车和拖挂车等。

（5）横向干扰修正系数 f_L（表 9.12）及横向干扰的等级划分（表 9.13）。

表 9.12　横向干扰修正系数

横向干扰	一级	二级	三级	四级	五级
修正系数	0.9 ~ 1	0.76 ~ 0.9	0.5 ~ 0.76	0.4 ~ 0.5	0.35 ~ 0.4

表 9.13　横向干扰的等级划分

横向干扰	等级代码	典型状况描述
轻微	1	道路、交通状况基本符合标准条件
较轻	2	两侧为农田、有少量行人或自行车出行
中等	3	穿过村镇，支路上有车辆进出或路侧停车
严重	4	有大量慢速车或拖拉机混合行驶
非常严重	5	路侧有摊商、集市、交通管理和交通秩序很差

9.5　城市道路通行能力

城市道路通行能力是指反映道路系统供应能力，道路规划、设计和交通管理等方面的基本参数。以道路在城市道路网中的地位和交通功能为基础，考虑对沿线的服务功能，可将城市道路分为快速路、主干路、次干路和支路。快速路路段通行能力分析可以参照高速公路基本路段通行能力分析方法。

1. 一条车道的理论通行能力

在城市道路中，由于各种干扰因素的存在（如行人、自行车、交叉口等），使得交通流与高速公路基本路段区别较大，因此，对城市道路路段通行能力的分析将从理论通行能力的分析开始。

理论通行能力是指在理想条件下，车辆以连续车流形式通过时的通行能力。其计算公式为

$$N_0 = 3\ 600/h_t = 1\ 000\ v/h_s$$

式中　N_0——一条车道的理论通行能力（辆/h）；

h_t——饱和连续车流的平均车头时距（s），即最小车头时距；

v——行驶车速（km/h）；

h_s——连续车流的车头间距（m）。

《城市道路工程设计规范》（CJJ 37—2012）建议的一条车道的理想通行能力为表 9.14 中所列。

表 9.14　理想通行能力

速度 $v/$（km·h^{-1}）	20	30	40	50	60
理想通行能力/（pcu·h^{-1}）	1 380	1 550	1 640	1 690	1 730

2. 路段设计通行能力

城市道路某路段的设计通行能力，可根据一个车道的理想通行能力修正得到。修正应包括车道数、车道宽度、自行车影响及交叉口影响四个方面。

$$N_a = C \cdot \gamma \cdot \eta \cdot \beta \cdot n'$$

式中　N_a——设计通行能力（pcu/h）；

C——理想通行能力，pcu/h；

γ——自行车影响修正系数；

η——车道宽度影响修正系数；

β——交叉口影响修正系数；

n'——车道修正系数。

3. 通行能力影响因素

（1）自行车影响修正系数 γ 的确定。

①机动车与非机动车道之间有分隔带或隔离墩路段上自行车对机动车几乎没有影响，不考虑修正，$\gamma = 1$。

②机动车与非机动车道之间无分隔带或隔离墩，但自行车道负荷不饱和。此时，自行车基本上在非机动车道上行驶，对机动车的影响不大，建议取 $\gamma = 0.8$。

③机动车与非机动车道之间无分隔带或隔离墩，但自行车道负荷超饱和。此时，自行车将侵占机动车道而影响机动车正常运行，可根据自行车侵占的机动车道宽度与机动车道单向总宽之比确定，则：

$$\gamma = 0.8 - （Q_{bic}/[Q_{bic}] + 0.5 - W_2）/W_1$$

式中　Q_{bic}——自行车交通量（辆/h）；

　　$[Q_{bic}]$——每米宽自行车道的实用通行能力（辆/h），通常在连续车流条件下（有分隔带），每米宽自行车道的理想通行能力为 $C_{bike} = 2\,000$ pcu/h；

　　W_2——单向非机动车道宽度（m）；

　　W_1——单向机动车道宽度（m）。

（2）车道宽度影响系数 η 的确定。车道宽度对行车速度有很大的影响，在城市道路设计中，取标准车道宽度为 3.5 m，当车道宽度大于该值时，有利于车辆行驶，车速略有提高；当车道宽度小于该值时，车辆行驶的自由度受到影响，车速降低。当宽度不足标准宽度 1 m（此时车道宽 2.5 m）时，小车的车速几乎下降至正常车速的一半，大车已难以通行；当宽度大于标准宽度 3.5 m（此时车道宽 6 m，接近两个车道的宽度）时，其车速约提高 30%，此时，即使车道宽度再增加，由于受到车辆本身性能的限制，其车速也不可能再高。因此，可以认为车道宽与车速之间呈下陡上缓的曲线关系。其车道宽度影响系数 η 可由下式确定：

$$\eta = \begin{cases} 50(W_0 - 1.5)(\%) & W_0 \leqslant 3.5 \text{ m} \\ -54 + 188W_0/3 - 16W_0^2/3(\%) & W_0 > 3.5 \text{ m} \end{cases}$$

式中　W_0——一条机动车道宽度（m），当车道宽为标准宽度 3.5 m 时，$\eta = 100\%$，车道宽度与修正系数之间的变化关系见表 9.15，车道修正系数采用值见表 9.16。

表 9.15　车道宽度与修正系数之间的变化关系

W_0/m	2.5	3	3.5	4	4.5	5	5.5	6
η/%	50	75	100	111	120	126	129	130

表 9.16　车道修正系数采用值

单向车道数	1	2	3	4
车道修正系数 n'	1	1.87	2.60	3.20

（3）交叉口影响修正系数 β 的确定。交叉口影响修正系数，取决于交叉口控制方式及交叉口间距。当交叉口间距较小时，交叉口的停车延误在车辆行驶时间中所占的比例较小，不利于道路空间的利用、路段通行能力的发挥及路段车速的提高；当交叉口间距增大时，则有利于提高路段通行能力及路段车速，有利于充分利用道路空间。路段通行能力与交叉口间距的关系见表 9.17。

表 9.17 路段通行能力与交叉口间距的关系

间距/m 车道数	200	300	400	500	600	700	800
2	1 258	1 555	1 762	1 912	2 060	2 157	2240
3	1 780	2 208	2 505	2 720	2 930	3 060	3 180
4	2 310	2 850	3 250	3 520	3 800	3 865	4 130
注：路段交叉口为信号控制，周期 80 s。							

从表 9.17 中可以看出，路段通行能力与交叉口间距基本上呈线性关系。交叉口影响修正系数可用下式计算：

$$\beta = \begin{cases} \beta_0 & s \leqslant 200 \text{ m} \\ \beta_0(0.001\,3s + 0.73) & s > 200 \text{ m} \end{cases}$$

式中　s——交叉口间距（m）；

　　　β_0——交叉口有效通行时间比，视路段起点交叉口控制方式而定，信号、交叉口即绿信比。

若上式算得 β 大于 1，则取 $\beta = 1$。

注意：路段通行能力的提高并不意味着路网运行效率的提高。要提高路网的运行效率，不能单纯采用增大路口间距的办法。

城市道路通行能力实际上主要受交叉口通行能力的制约，如交叉口管理不善致使通行能力不高，路段上通行能力再大也无法发挥作用。因此，除研究路段上通行能力外，主要应研究与提高各种类型交叉口的通行能力。

9.6　公共交通线路通行能力

公共交通是指城市空间内地面的、地下与地上架空的，按规定线路行驶，有固定的停靠站，行车间距小，客流量大，随上随下的客运交通。线路通行能力是指在公用街道上行驶并与其他用路者相互影响的各种公共交通（公共汽车、有轨电车及轻轨）的通行能力和服务水平。公共交通的通行能力概念与公路通行能力不同，其包括人和车辆两个方面的运送能力。

1. 公共交通通行能力

公共交通通行能力受到各站点的通行能力制约，通行能力最小的站点控制整条线路的通行能力，同时，公交站点的通行能力取决于车辆占用停车站的时间长短。

$$C_{\text{line}} = \min[C_{\text{station}}] = 3\,600/T$$

车辆占用停车站总时间 = 进站时间 + 开、关门时间 + 乘客上下车时间 + 离站时间。

（1）公交站点的车辆通行能力（表 9.18）。

表 9.18 公交站点的车辆通行能力估计值

停留时间	通行能力/（辆·h⁻¹）		停留时间	通行能力/（辆·h⁻¹）	
	绿信比 $g/C = 0.50$	绿信比 $g/C = 1.00$		绿信比 $g/C = 0.50$	绿信比 $g/C = 1.00$
15	63	100	75	22	30
30	43	63	90	19	25
45	32	46	16	16	22
60	26	36	15	15	20

（2）公交联合车站的车辆通行能力（表 9.19）。

表 9.19　公交联合车站的车辆通行能力估算值

停留时间/s	通行能力/（辆·h^{-1}）									
	$g/C=0.5$	$g/C=1.00$	$g/C=0.5$	$g/C=1.00$	$g/C=0.5$	$g/C=1.00$	$g/C=0.5$	$g/C=1.00$	$g/C=0.5$	$g/C=1.00$
	路边直线型公交站点数量									
	1		2		3		4		5	
30	43	63	79	117	105	154	113	167	115	170
60	26	36	48	67	64	89	59	96	70	98
90	19	25	35	47	46	62	49	67	50	69
120	15	20	27	36	36	48	39	52	39	53

（3）公交线路的车辆通行能力。

$$C_{线} = C_{站} = 3\ 600/T$$

$$C_{线} = \frac{3\ 600}{T} = \frac{3\ 600}{2.56\sqrt{l} + \dfrac{\Omega k_r t_0}{n_d} + 3}$$

式中　Ω——公共汽车容量（人/辆）；

　　　k_r——上下车乘客占标准容量的比例，一般 $k_r = 0.25 \sim 0.35$；

　　　t_0——一个乘客上车或下车所用时间，一般取 1.5 s；

　　　n_d——乘客上下车用的车门数；

　　　l——驶入车站时，车辆之间的最小间隔，通常取车辆长度（m）。

2. 公共交通服务质量

公共交通服务质量评价指标见表 9.20。

表 9.20　公共交通服务质量评价指标

种类	服务质量评价指标		
	公交车站	公交车道/线路	公交系统
有效性	频率	服务时间可达性	服务的范围服务人数/min
	可达性		
	载客数		
舒适性和便利性	载客数	准点率	公交/小汽车行程时间
	舒适性	行程速度	行程时间
	可靠性	公交/小汽车行程时间	安全性

3. 提高公共交通线路通行能力的途径

（1）维持好乘车秩序，缩短乘客上下车时间。

（2）增加车门个数，加大车门宽度，降低车厢底板高度，减少踏步阶数，缩短乘客上下车时间。

（3）改善车辆加速性能，提高驾驶员驾驶熟练程度，缩短车辆进、出站时间。

（4）在一条很长的街道上，有几路公共汽车行驶时，在同一站点将几路公共汽车沿行车方向分成几组设站，这样可以提高通行能力。

$$C_{线} = KC_{线} K_{干}$$

式中 K——分开布置停车站的系数，$K = 1 \sim 3$；

$K_{干}$——分开布置相邻的停车站相互干扰，通行能力折减系数：$K = 1$，$K_{干} = 1$；$K = 2$，$K_{干} = 0.8$；$K = 3$，$K_{干} = 0.7$。

9.7 非机动车通行能力

9.7.1 服务水平分级与指标选定

对于自行车道服务水平标准，如级别分得太多，各指标的定性定量难以掌握，太少又不能反映自行车交通运行现实状况的差异，因此建议按五级划分，对路段与交叉口进行分别考虑，指标也要有所不同。

对路段的服务水平建议用骑行速度、占用道路面积、交通量负荷与车流状况等指标。对交叉口服务水平标准增加了停车延误时间和路口停车率两个指标，而删去了车流状况，力图简明实用，并便于测定，同时，也要考虑这些资料获得的可能性。

（1）交通量负荷系数 X。交通量负荷系数 X 是指所评定路段高峰小时自行车交通量与该路段通行能力的比值。其计算公式如下：

$$X = N/C$$

式中 N——路段上高峰小时自行车交通量（辆/h）；

C——路段上自行车的通行能力（辆/h）。

此值越大表明道路负荷越重，越小负荷越轻，运行条件越好。

根据现代城市的交通调查资料，城市主干线上、交叉口上的交通负荷均较重，一般此值均超过 0.5，有些路段和交叉口甚至达到或接近 1，因此，可将 0.5 作为一级服务水平的一个指标，而 1 作为最不利的五级服务水平指标。

（2）速度比例系数 Y。速度比例系数 Y 是指在某种服务水平条件下实际行车速度 $v_{实}$ 与最大行车速度 v_{max} 之比。其计算公式如下：

$$Y = v_{实}/v_{max}$$

式中 v——某种服务水平条件下实际骑行速度（km/h）；

v_{max}——理想条件下骑行者所选择的速度（km/h）。

在路段上速度比例系数变化为 0.3 ~ 0.8，而在交叉口处则情况较差，一般为 0.2 ~ 0.6，为了更直观和明确地表达，服务水平标准中直接采用了运行速度。

（3）密度饱和系数 q。密度饱和系数 q 是指在某种服务水平条件下实际行车密度 $q_{实}$ 与最大的行车密度 q_{max} 之比。其计算公式如下：

$$q = q_{实}/q_{max}$$

式中 $q_{实}$——某种服务水平条件下实际的行车密度（辆/m²）；

q_{max}——最大的行车密度（辆/m²）。

这个从 0 到 1 的无量纲系数表示自行车实际运行时所占有的空间的大小，越小则自行可占用的空间就越大，骑行的自由度也越大，骑车人越感到舒适、轻松快慰。

（4）车流状况。车流状况是指在某种服务水平条件下车辆可以自由行动的程度，如加速、减速、超车、转向等，即运行时所处的状态。一般用自由运行、基本自由运行、稳定运行、接近（准）稳定运行和束缚（受限）运行等表示。

（5）延误时间。延误时间主要是指车辆在通过路口处于红灯受阻情况下等待绿灯开放的时间延误。另外，还包括过停车线后在路口内的二次延误。

（6）停车率。停车率这项指标主要说明通过路口时停车等候的车辆数占全部交通量的百分率。停车率大表示路口通过困难；停车率小表示易于通过。

建议的自行车道路段与交叉口的服务水平标准见表 9.21。

表 9.21　建议的自行车道路段与交叉口的服务水平标准

等级 指标	一	二	三	四	五
骑行速度/（km·h^{-1}）	>25	25~20	20~15	15~10	10~5
占用道路面积 /（m^2·辆$^{-1}$）	>9.0	9~7	7~5	5~3	<3
交通量负荷系数	<0.4	0.4~0.55	0.55~0.7	0.7~0.85	>0.85
车流状况	自由骑行	基本自由骑行	车流运行稳定	非稳定流运行受限	间断式束缚交通流
适用条件与 运行状态描述	在公路或独立的自行车道上，骑行舒适无干扰，可以自选速度或超车，行人亦可穿越	在独立自行车道或专用自行车道上干扰较少，骑车人尚舒适，车速可以改变，但稍有约束，可以超车，行人亦可穿越	在专用自行车道或独立自行车道上常有干扰，速度受限，不能变更骑车线路，可以维持安全车速，行人横穿难	在物体隔离设施的自行车专用路上，车流密集，干扰多，速度低，行人横穿车道已不可能	在仅有划线混行道路上，车流密集，干扰严重，车速很低，一车倒下后面车辆也会倒下，行人不能横穿

9.7.2　自行车道的理论通行能力

1. 按汽车行驶原理计算自行车道通行能力与最佳速度

根据交通流原理，一条自行车道的最大通行能力，可由前后车辆之间动的安全净空进行计算：

$$L = \frac{vt}{3.6} + \frac{v^2}{245(\varphi \pm i)} + l_{车} + l_0$$

式中　L——动的安全净空；

　　　v——车速，大多在 10~20 km/h 之间；

　　　t——反应时间（s），一般为 0.5~1.0，取平均值为 0.7 s，则 $vt/3.6 = 0.194v$；

　　　φ——轮胎与路面之间的黏着系数，多在 0.3~0.6 之间，取 0.5；

　　　i——道路纵坡，在平原区城市可取 0；

　　　l_0——安全间距，一般在 0~1 之间；

　　　$l_{车}$——自行车的车身长度，常用 1.9 m。

则其理论通行能力计算值 N 为

$$N = \frac{1\,000v}{l_0 + 1.9 + 0.194v + 0.007\,9v^2} = \frac{1\,000v}{L}$$

求最大值，令 $x = 1\,000v$，$y = l_0 + 1.9 + 0.194v + 0.007\,9v^2$

$$\frac{dN}{dv} = \frac{y\left(\frac{dx}{dv}\right) - x\left(\frac{dy}{dv}\right)}{y^2} = \frac{1\ 000y - x(0.194 + 0.015\ 8v)}{y^2}$$

设 $dN/dv = 0$，求得 v 之最大值

$$1\ 000y - x(0.194 + 0.0158v) = l_0 + 1.9 + 0.194v + 0.007\ 9v^2 = 0$$

（1）当 $l_0 = 0.5$ 时，通行能力最大的车速 $v = (2.4/0.007\ 9)^{\frac{1}{2}} = 17.43$（km/h），通行能力 $N = 2\ 119$ 辆/h。

（2）当 $l_0 = 1.0$ 时，通行能力最大的车速 $v = (2.9/0.007\ 9)^{\frac{1}{2}} = 19.16$（km/h），通行能力 $N = 2\ 012$ 辆/h。

（3）当 $l_0 = 0$ 时，通行能力最大的车速 $v = (1.9/0.007\ 9)^{\frac{1}{2}} = 15.51$（km/h），通行能力 $N = 2\ 280$ 辆/h。

理论通行能力的计算结果汇于表 9.22 中。

表 9.22 自行车一条车道的理论通行能力计算数值

$\bar{v}$ / (km·h⁻¹)	$\frac{\bar{v}t}{3.6}$	$\beta = \frac{1}{254 \times 0.5}$	βv^2	$L = l_0 + 1.9 + 0.194v + 0.007\ 9v^2$			$N = \frac{1\ 000v}{L}$			备注
				$l_0 = 0$	$l_0 = 0.5$	$l_0 = 1$	$l_0 = 0$	$l_0 = 0.5$	$l_0 = 1$	
5	0.97	0.007 9	0.20	3.07	3.57	4.07	1 629	1 400	1 229	$\varphi = 0.5$
10	1.94	0.007 9	0.79	4.63	5.13	5.63	2 160	1 949	1 776	$l_{车} = 1.9$
15	2.91	0.007 9	1.78	6.59	7.09	7.59	2 276	2 116	1 976	$t = 0.7$
20	3.88	0.007 9	3.16	8.94	9.44	9.94	2 237	2 119	2 012	$i = 0$
25	4.85	0.007 9	4.93	11.68	12.18	12.68	2 140	2 052	1 972	
30	5.82	0.007 9	7.11	14.83	15.33	15.83	2 023	1 957	1 895	

2. 按车头时距原理计算自行车道的通行能力

按此原理，只要测得正常条件下连续行驶的自行车流中前后两车的最小车头时间间隔 t_i 值，即可用下式计算其通行能力：

$$N_{时} = 3\ 600/t_i$$

式中　t_i——连续行驶车流中两自行车的纵向最小时间间隔（s）。

根据南京与北京大量实际观测资料，t_i 最小值分别为 1.24 s 和 1.2 s，平均最大值分别为 2.41 s 和 2.37 s，总的平均值为 1.8 s。将最小、最大及平均的 t_i 值分别代入上式，得 $N_{时} = 1\ 500 \sim 3\ 000$ 辆/h，平均为 2 000 辆/h。同按上述车头间距原理所算得的数值相差较大，其原因是实际行驶时各车辆不保留足够的安全间隔，同时，也因前车不是说停就停，也有制动距离，所以，实际上车辆之间时距要较理论上计算应保持时距为小。在交叉口受阻时，车速很慢，这时车头间隔仅为 2.2～2.5 m，车辆之间的净距只有 0.2～0.5 m，在停车时车辆相互穿插，车道利用率很高，密度可达 0.54 辆/m²。

9.7.3　实际通行能力

1. 短时间最大通过量

最大通过量是选择路段高峰时期某一短时间内密集车流，观测其通过断面的最大交通量，

可按下式计算：

$$N_{\max} = \frac{N'_t}{B - 0.5} \times \frac{3\,600}{t'}$$

式中　$N_{\max}$——自行车单车道最大通过量（辆/h）；

　　　B——自行车道的宽度（m）；

　　　t'——密集车流通过观测断面的某一短时段（s）；

　　　N'_t——t 时段内通过观测断面的自行车数量（辆）。

每条自行车道宽度定为 1 m，但考虑到路线两侧为进水口，需常保留一定的安全间隙，每侧应减去 0.25 m，即 $B - 0.5$。

2. 实际可能的通行能力（或称平均通过量）

实际有可能采用的不是高峰小时行车最为密集的短时间通过量，而是较长时间车辆连续通过断面的自行车数量（此时车流不过分密集和拥挤）除以统计时间，再换算为单车道的通过量，称为路段平均通过量，以下式表示：

$$N_{可} = \frac{N_t}{B - 0.5} \times \frac{3\,600}{t}$$

式中　$N_{可}$——每米宽度内自行车连续 1 h 内通过断面的数量，实际为 1 h 内连续车流的平均通过量（辆/h）；

　　　B——自行车道的宽度（m）；

　　　t——连续车流的通过时间（s）；

　　　N_t——t 时间内通过观测断面的自行车数量，是确定自行车路段通行能力的重要参数。受道路交通管理及气候等条件影响较大，因此，有条件的城市或设计单位应自行测定，并选择符合实际的 N_t 值。

3. 设计通行能力的计算

（1）长路段设计通行能力。其计算公式为

$$N_{长} = N_{可} \cdot C_1$$

式中　$N_{长}$——长路段（一般认为 5 m 左右）每米宽度自行车道（一条车道）的设计通行能力，它不考虑交叉口或其他纵横向干扰的影响（辆/h）；

　　　C_1——考虑到街道的性质、重要性和使用要求而规定的街道等级系数，根据城市道路规范编写组的研究，快速干道、主干道的 C_1 定为 0.8，次干道和支路的 C_1 定为 0.9。

（2）短路段设计通行能力（即实际城市街道的路段通行能力）。根据南京、北京、福州等城市对 N_t 值的测定，先后获得 13 万多个数据（表 9.24），分为有分隔带和无分隔带两种。无分隔带的路段 N_t 为 0.51 辆/（s·m）；有分隔带的路段 N_t 为 0.58 辆/（s·m）。

表 9.23 为单位时间通过观测断面的自行车数量 N_t 的观测数值。

表 9.23　单位时间通过观测断面的自行车数量 N_t 的观测数值

等级 指标	一	二	三	四	五
骑行速度/ （km·h^{-1}）	>25	25~20	20~15	15~10	10~5
占用道路面积/（m^2·辆$^{-1}$）	>9.0	9~7	7~5	5~3	<3

续表

指标 \ 等级	一	二	三	四	五
交通负荷系数	<0.4	0.4 ~ 0.55	0.55 ~ 0.7	0.7 ~ 0.85	>0.85
车流状况	自由骑行	基本自由骑行	车流运行稳定	非稳定流运行受限	间断式束缚交通流
适用条件与运行状态描述	在公路或独立的自行车道上，骑行舒适无干扰，可自选速度或超车，行人亦可穿越	在独立自行车道或专用自行车行车道上干扰较少，骑车人尚舒适，车速可以改变，但稍有约束，可以超车，行人亦可穿越	在专用自行车道或独立自行车道上常有干扰，速度受限不能变更骑车线路，可以维持安全车速，行人横穿难	在物体隔离设施的自行车专用路上，车流密集，干扰多，速度低，行人横穿车道已不可能	在仅有划线混行道路上车流密集，干扰严重，车速很低，一车倒下后面车辆也会倒下，行人不能穿越

故：无分隔带的 $N_{可} = 0.51 \times 3\,600 = 1\,836$ 辆/（h·m），可取 1 800 辆/（h·m）；有分隔带的 $N_{可} = 0.58 \times 3\,600 = 2\,088$ 辆/（h·m），可取 2 100 辆/（h·m）。

考虑到城市街道的路段通行能力与交叉口间隔、行人过街道及红绿灯周期的关系很大，路口的通行能力往往控制了路段通行能力，故设计城市街道自行车道通行能力时，应考虑路段信号灯等的影响因素。北京等地的观测分析认为路口等综合影响的修正系数 C_2 平均值约为 0.55，故得出有交叉口路段上自行车道设计的通行能力公式：

$$N_{设} = C_1 \cdot C_2 \cdot \frac{N_t}{B - 0.5} \cdot \frac{3\,600}{t}$$

将 C_1、C_2 分别代入，则得

①无分隔带的快速干道、主干道的路段设计通行能力为 $N_{设} = 0.8 \times 0.55 \times 0.51 \times 3\,600 = 808$，取 800 辆/（h·m）；

②次干道、支路为 $N_{设} = 0.9 \times 0.55 \times 0.51 \times 3\,600 = 908$，取 900 辆/（h·m）；

③有分隔带的快速干道、主干道的路段设计通行能力为 $N_{设} = 0.58 \times 0.8 \times 3\,600 = 1\,670$，取 1 700 辆/（h·m）；

④次干道、支路为 $N_{设} = 0.58 \times 0.9 \times 3\,600 = 1\,879$，取 1 900 辆/（h·m）。

（3）信号灯交叉口的设计通行能力。对信号灯交叉口停车断面自行通过量的研究表明，红灯后放行的前一段时间车辆比较密集，以后就逐渐减小，根据以 5 s 单位进行的大量观测，Q_1 为全部放行时间（绿灯时间通过量），Q_2 为每次放行前 20 s 的通过量，Q_3 为放行时间段内最密集的 5 s 的通过量，将此三项数值汇总列于表 9.24 中。

表 9.24 交叉口上自行车放行特征交通量统计表

交叉口	观察断面宽度/m	放行时间平均通过量 Q_1/［辆·（5 s·m）$^{-1}$］	放行的前 20 s 通过量 Q_2/［辆·（5 s·m）$^{-1}$］	放行最大 5 s 通过量 Q_3/［辆·（5 s·m）$^{-1}$］
西单	8.00	2.214	3.285	3.630
东单	3.75	2.006	3.210	3.400
崇文门	6.50	2.282	2.880	3.150

续表

交叉口	观察断面宽度/m	放行时间平均通过量 $Q_1/$〔辆·$(5\text{ s·m})^{-1}$〕	放行的前20 s通过量 $Q_2/$〔辆·$(5\text{ s·m})^{-1}$〕	放行最大5 s通过量 $Q_3/$〔辆·$(5\text{ s·m})^{-1}$〕
东四	5.00	1.907	2.780	3.270
双井	6.00	2.990	3.360	3.730
甘家口	4.50	2.332	2.803	3.330
地安门	3.20	2.264	3.073	3.800
珠市口	3.80	2.796	3.138	3.320
平均值		2.336	3.066	3.459

采用整个放行时间的平均通过量 Q_1 作为路口设计通行能力似乎偏低,因为有时20 s后的车辆很少,甚至没有车辆通过。采用最为密集的5 s的通过量 Q_3,则过于密集、拥挤,可能给行车安全造成不利且毫无余地,故不宜选作设计通行能力。而前20 s的通过量虽前半段较密集,后半段比较稀,平均来看比较正常,故以此时段的通过量作为交叉口的设计通行能力,可能较为安全、适中。从表9.25中知,8个路口 Q_2 的数值在2.8~3.3之间,平均值为3.066辆/(5 s·m),换算为单条自行车道 $\dfrac{3.066\times3\,600}{5}=2\,208$ 辆/(h·m),可取 $2\,200$ 辆/(h·m)是绿灯小时的通行能力。对于具体路口引道,必须乘以绿信比,例如,信号周期为60 s,而绿灯时间为30 s,则其通行能力为 $2\,200\times\dfrac{30}{60}=1\,100$ 辆/(h·m);例如,绿信比为 $\dfrac{25}{60}$,则可得到通行能力为 $2\,200\times\dfrac{25}{60}=917$ 辆/(h·m)。

对于不受平交路口影响路段、受平交路口影响路段及交叉口进口路段的自行车道的通行能力的建议值列于表9.25中。如设计单位有条件时,也可选取典型路段进行实际观测确定。

表 9.25　交叉口上自行车放行特征交通量统计表　　　　辆/(h·m)

路段分离情况	不受平交路口影响路段	受平交路口影响路段	交叉口进口路段
物体分离	2 100	1 000~1 200	1 000~1 200
标线分离	1 800	800~1 000	800~1 000

思考题

1. 道路通行能力的定义是什么?
2. 道路通行能力的条件及作用是什么?
3. 道路服务水平的定义及分级如何?
4. 道路的服务水平是如何定义的?道路服务水平是按什么指标划分等级的?道路服务水平的高低与交通量的大小有何关系?
5. 什么是基本通行能力、可能通行能力和设计通行能力?
6. 如何进行无信号灯和有信号灯的通行能力的计算?

7. 简述平面交叉的类型、通行能力计算理论并写出其计算公式。

8. 如何进行高速公路通行能力的计算?

9. 一个无信号灯控制的交叉口,主要道路的双向交通量为 1 200 辆/h,车辆到达符合泊松分布。车流允许次要道路车辆穿越的车头时距 $H_t = 6$ s,次要道路车流的平均车头时距为 3 s。求穿越主要道路车流的交通量。

10. 已知某交叉口设计如图 9.14 所示。东西干路一个方向有 3 条车道,南北支路一个方向有 1 条车道。$T = 120$ s,$t_g = 52$ s,$t_0 = 2.3$ s,$\alpha = 0.9$。车种比例大车:小车为 2:8,东西方向左转车占该进口交通量的 15%,右转车占该进口交通量的 10%,南北方向左、右转车占本进口交通量的 15%。求交叉口的设计通行能力。

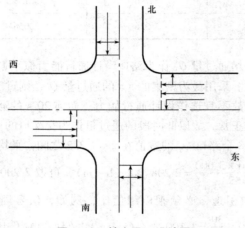

图 9.14 某交叉口设计图

第 10 章

交通规划

★本章主要内容

本章主要讲述交通规划的内容与程序，通过交通调查结合城市居民出行需求的四阶段预测法进行交通需求分析及发展预测。介绍了道路系统规划的内容与基本方法，提供了交通规划评价的方法与依据。

★本章学习目标

掌握交通系统规划程序及内容；掌握起讫点调查的方法与步骤；掌握城市居民出行需求的四阶段预测过程与预测模型的运用。

10.1 交通规划概述

10.1.1 交通规划的定义

1. 规划

规划是指确定目标与设计达到该目标的策略或行动的过程。

2. 交通规划

交通规划就是确定交通目标，有计划地引导、设计交通的一系列行动和达到交通目标的策略或行为的过程。其包括广义的交通规划和狭义的交通规划两种。广义的交通规划包括交通运输基础设施建设发展规划、交通运输组织管理规划、交通运输生产经营规划等；狭义的交通规划主要是指交通运输基础设施建设发展规划；更狭义的是指道路交通规划。

3. 现代交通规划

（1）新理念的运用：人性化交通系统的规划与建设、绿色交通的建设等。

（2）现代城市与社会条件的考虑：现代化生活条件；信息化社会；可靠性与抗灾减灾等。

（3）现代高新技术的运用：GIS/GPS/GSM 及建模技术与优化计算技术和诸多交通规划工具等。

4. 改善城市交通新理念——绿色交通

（1）交通与环境的和谐（生态的、心理的）。

（2）交通与未来的和谐（适应于未来发展）。

（3）交通与社会的和谐（安全、以人为本）。

（4）交通与资源的和谐（以最小的代价或最少的资源维持和谐的交通）。

改善交通的新理念：TSM→TDM→ITS→绿色交通（新规划、新管理）。

10.1.2 交通规划的类型

（1）研究范围交通规划可分为以下几项：

①国家级的交通运输规划：要对全国的综合运输网络包括铁路、公路、内河、海运、航空、管道等运输基础设施布局和建设作出总体安排。有时还涉及国际之间的运输通道规划（如欧亚大陆桥）。

②区域交通规划：研究大城市及其周边交通规划、省级交通设施及其服务等规划。

③城市交通规划：研究以城市为中心的交通设施及其服务等的规划。

（2）按交通规划考虑的时限可分为远景或远期战略规划（20~50年）、中长期规划（10~20年）、近期建设规划（10年以下，主要是3~5年）等。

10.2 交通规划的内容与程序

1. 总体目标

旅客和货物具有适当的可达性；达到环境平衡。

2. 交通规划的指导思想

（1）战略发展的观点：广泛适应性、长久连续性。

（2）系统的观点：从全局整体出发全面综合分析。

（3）定性分析与定量分析相结合。

（4）节约土地的观点。

3. 主要内容

（1）道路交通规划工作总体设计：包括建立工作机构、明确规划目标、确定规划的指导思想与原则、确定规划的范围、层次和年限、交通小区的划分和规划总体流程的设计。

（2）现状和发展趋势调查分析：包括社会经济、土地利用、就业岗位、交通现状、政策、环境等社会交通状况的调查。

（3）交通需求发展预测：包括人口增长、车辆发展、就业岗位、土地利用、客货运出行分布、交通方式划分、交通分配的预测。

（4）规划交通方式，制定路网系统、对外交通系统、公交系统、换乘系统、停车系统等交通系统规划方案：通过对交通系统进行定量的适应性分析，并结合资金、政策等其他影响因素进行规划方案设计。

（5）交通系统规划方案评价：包括技术评价、社会环境评价、经济评价等方面。

（6）交通系统方案优化与调整。

（7）交通系统规划方案的实施计划安排。

4. 交通系统规划程序

交通系统规划程序如图10.1所示。

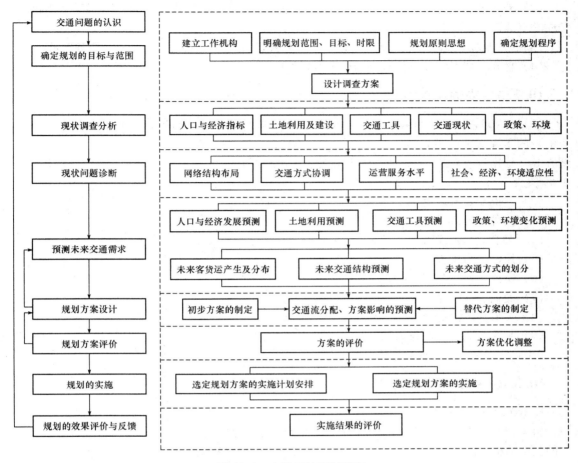

图 10.1　交通系统规划程序

10.3　交通规划调查的内容

10.3.1　社会经济调查

（1）区域位置：行政区划、分区规划、隶属关系、管辖范围、影响区域等。

（2）土地利用：土地特征、建筑构成、开发程度等。

（3）人口资料：城市人口总量及交通区分布，年龄结构、性别结构、职业结构，出生率、死亡率、增长率等。

（4）国民经济指标：国民收入、各行业产值、人均收入、产业结构、生产和基建投资等。

（5）运输量：客货运量（运输量、运输周转量、各种方式所占的比重等）。

10.3.2　交通设施调查

（1）道路网总体状况统计数据（总长度、总面积、密度、面积率、各级道路比重、质量等）。

（2）路段状况统计（长度、面积、线形、等级，车道划分、分隔设施、路面质量，侧向、竖向净空等）。

（3）公交线网设施状况统计（路线长度、经过区域、设站情况、车辆情况、服务人员等）。

（4）停车场状况统计（停车场的形式和分布）。

10.3.3　交通实况调查

（1）OD调查：OD是两个英文单词 Orign（起点）和 Destination（终点）的缩写。OD调查的目的是弄清楚所研究区域内人和货的交通特性。主要包括居民出行调查、流动人口出行调查等。根据调查对象，OD调查主要分为居民出行调查、机动车出行调查、货物源流调查三种类型。

（2）路网交通流调查。

（3）对外交通调查。

（4）公交运营及线路客流调查。

（5）服务能力调查。

（6）交通阻塞状况调查。

（7）交通安全情况调查。

（8）交通环境情况调查。

（9）特殊交通情况调查。

（10）交通便捷性情况调查等。

10.3.4　OD调查与分析

1. OD调查基本概念

（1）出行：人、车、货从出发地到目的地移动的全过程。完成一个目的计算一次出行。出行的三个基本属性包括两个端点、出行目的、采用一种或几种交通方式。

（2）起点：一次出行的出发点。讫点：一次出行的目的地。

（3）出行端点：出行的起讫点的总称，每次出行必有且仅有两个端点。

（4）境内出行：起讫点皆在调查区范围内的出行。

（5）过境出行：起讫点皆在调查区范围外的出行。

（6）区内出行：调查区分成若干小区后，起讫点皆在一个小区内的出行。

（7）区间出行：调查区分成若干小区后，起讫点分别位于不同小区内的出行。

（8）小区形心：代表同一小区内所有出行端点的某一集中点，是该小区交通流的中心点，不是该小区几何面积的重心。

（9）期望线（图10.2）：连接各小区形心之间的直线，是交通区之间的最短出行距离，其宽度表示交通区之间出行的次数。

（10）OD表：表示起讫点调查或预测成果的表格。

（11）调查区境界线：包围全部调查区域的一条假想线。

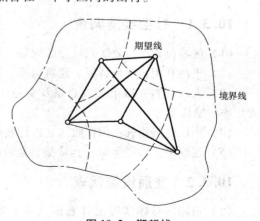

图10.2　期望线

（12）查核线（图 10.3）：为了校核 OD 调查成果精度而在调查区内部按天然或人工障碍设定的调查线（根据需要可能有多条线），其沿线断面通过的交通量可作为查核用。

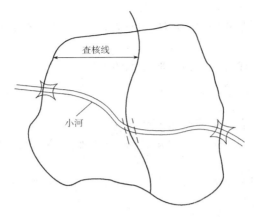

图 10.3　查核线

2. OD 调查内容和步骤

（1）调查内容。

①客流 OD 调查：起讫分布、出行目的、出行方式、出行时间、出行距离、出行次数等。

②货流 OD 调查：货源点与吸引点分布、货流分类数量、货运方式等。

③车辆 OD 调查：车辆类型、起讫点分布、载客（货）量、出行距离、出行时间等。

（2）调查步骤：资料准备、画线分区、确定抽样率、人员培训、制订计划、典型试验、实地调查、数据处理。

3. 分区的原则

交通分区是结合调查和规划后续阶段的研究通盘考虑的。分区太细、太多，会使分析难度加大；分区太粗、太少，则会影响抽样精度，且产生不合实际的出行端点和出行线路。

（1）分区内应有一种主要的土地使用性质。

（2）分区内居民出行特征应尽量一致。

（3）尽量配合行政规划。

（4）尽量迁就自然或人空界限。

（5）尽量不要以主要干道作为分界线。

4. 抽样率的影响因素与抽样方法的确定

（1）抽样率的影响因素。

①母体数量：母体越大，抽样率越小。

②调查对象的复杂程度：对象越复杂，抽样率越大。

③调查分析的目标：目标越多，抽样率越大。

（2）抽样率的确定。

①公式法：利用试调查或其他城市或区域已经拥有的 OD 调查资料，考虑调查对象的母体数量、调查统计分析的目标以及抽样的方法，用数理统计的原理，通过分析抽样的误差确定。

②经验法：参照国内外的经验确定。

（3）抽样方法。

①简单随机抽样：从总体中选择出抽样单位，使每一个抽样单位在抽样中都具有等同的被

抽取的机会。

②顺序抽样（等距抽样）：在总体中以相同间隔的方式，选定相应单位作为抽取样本的抽样方法。

③分层随机抽样：根据某些特定的特征，可将母体分为若干个类型（分层、亚群），然后在分层中作随机抽样。

④整群抽样：从母体中成群成组地抽取样本的方法。样本的选取通常以空间或地理特征为依据进行编组（分群）。

5. 调查方法

（1）家访调查：广泛宣传、依靠当地各级组织。

（2）发（收）表调查：表格应易于理解，为提高回收率应采取措施，行政的、奖励措施等，特别适用于驾驶员的调查。

（3）路边询问调查：抽样调查、流量调查（同步），交通警察的配合很重要。

（4）明信片调查。

（5）工作出行调查。

（6）车牌照调查。

（7）运输集散点调查。

（8）公交线路乘客调查。

（9）电话询问调查。

（10）境界出入调查。

6. OD 调查成果整理分析

（1）OD 表。

（2）各区出行量统计图（图10.4）、居民出行期望图（图10.5）。

（3）相关曲线图：出行时间、出行距离、出行方式分布图等。

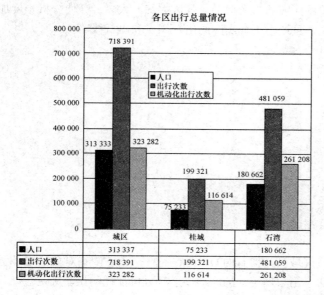
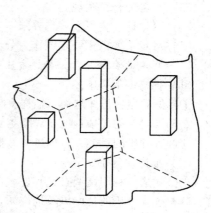

各区出行总量情况

	城区	桂城	石湾
人口	313 337	75 233	180 662
出行次数	718 391	199 321	481 059
机动化出行次数	323 282	116 614	261 208

图10.4　各区出行量统计图

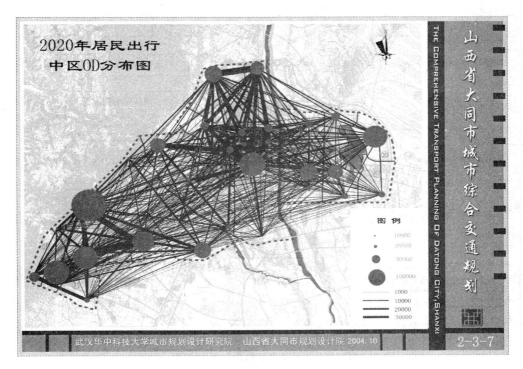

图 10.5 居民出行期望图

10.4 交通规划的预测

10.4.1 交通规划预测的概念与四阶段预测

1. 交通规划预测的概念

交通规划预测的任务是根据对历史的和现状的社会经济、交通供应及交通特征资料的分析研究推算规划年的交通需求。

交通规划预测主要包括城市社会经济发展预测和城市交通需求发展预测。

2. 四阶段预测

交通需求预测常采用的方法是"四阶段"预测模型（图10.6），即将交通需求预测过程分为四个阶段，即交通生成、交通分布、交通方式划分和交通分配。

10.4.2 交通生成预测

1. 交通生成的概念

（1）交通生成。交通生成是指通过对城市社会经济资料（人口、土地利用性质等）的分析，预测各交通区的出行发生量及出行吸引量，即 OD 矩阵中的行和列。

（2）主要预测方法。

①发生率（吸引率）：由 OD 调查统计得出的单位出行量，单位为次/户、次/人等。

②回归发生模型：运用出行发生量与相关影响指标之间的回归关系预测交通发生的模型。

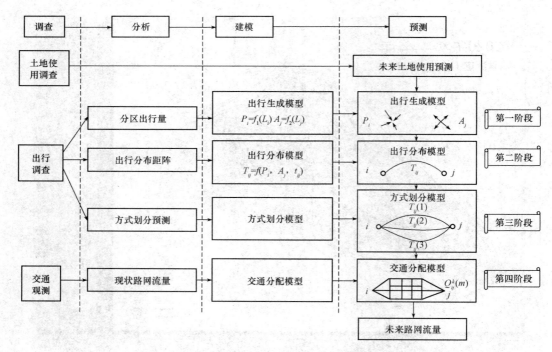

图 10.6　常规"四阶段"预测模型

2. 回归分析法

回归分析法是一种统计学方法，根据对因变量与一个或多个自变量的统计分析，建立自变量和因变量之间的相互关系，最简单的情况是一元回归分析。其一般公式为

$$Y = \alpha + \beta X \tag{10-1}$$

式中　Y——因变量；

　　　X——自变量；

　　　α，β——回归系数。

根据最小二乘法得：

$$\alpha = \left(\sum Y\right)/n - \beta\left(\sum X\right)/n$$

$$\beta = \frac{n\sum XY - \sum X \sum Y}{n\sum X^2 - \left(\sum X\right)^2}$$

式中　n——分区数；

　　　X——因变量的观测值；

　　　Y——自变量的观测值。

$$\hat{Y} = \alpha + \beta\hat{X}$$

式中　$\hat{X}$——规划年的自变量；

　　　$\hat{Y}$——规划年交通出行预测值。

例：无锡市的居民出行发生量预测模型（按出行目的进行分类）：

上班：$Y_{i1} = 1.104X_{i1} - 55.36$　　　　　　X_{i1}—i 交通区劳动力资源数

上学：$Y_{i2} = 1.396X_{i2} - 4.830$　　　　X_{i2}——i 交通区居住学生数

弹性：$Y_{i3} = 0.646X_{i3} - 17.07$　　　　X_{i3}——i 交通区居住人口数

回程：$Y_{i4} = 0.899X_{i4}$　　　　　　　　X_{i4}——i 交通区非回程出行吸引量

例：上海市自行车出行的回归生成模型：

$$Y_i = 26.0908 + 0.7625X_1 + 1.9963X_2 - 0.925X_3$$

式中　X_1——职工数；

　　　X_2——自行车拥有量；

　　　X_3——人均收入

3. 类别生成法

类别生成法是考虑对交通发生或吸引影响较大的某些因素，由这些因素组合成有不同生成率的类别，根据现状调查资料，统计不同类别单位指标的交通发生、吸引量，进而进行交通生成预测。

【例 10-1】　某大街新建 2 000 m² 的电影院和 1 000 m² 的商店各一座，试估算大街新增多少交通量。已知电影院和商店的吸引率分别为 32 车次/100 m² 和 45 车次/100 m²。

解：新增交通量为

$$2\,000 \times \frac{32}{100} + 1\,000 \times \frac{45}{100} = 1\,090 \ （车次/日）$$

4. 出行发生量预测的注意事项

（1）各阶段选择结合法（基于选择行为理论）：即一个分区的出行次数与分区的就业岗位、收入与消费水平、车辆拥有量等很多因素相关，在不同的时期阶段其出行次数也不一致。

（2）发生率法：基于出行或吸引率预测发生量的方法，注意发生与吸引的平衡。

（3）回归发生模型法：建立出行量与相关影响因素之间的回归方程，影响因素只能是定量的、连续的变量。

10.4.3　交通分布预测

1. 交通分布的相关概念

（1）交通分布：将各交通小区的出行发生量及出行生成量转换成各交通区之间的 OD 分布矩阵。具有绝对量和比例之分。

（2）出行分布模型：描述各交通区之间的交通出行次数与各区自身的交通发生（吸引）量的相互关系的数学模型；空间相互作用模型。

（3）现状分布：为了掌握交通量的基本分布及出行特征，需对所研究的区域作必要的分区。现状分布即现状 OD 交通量，用 OD 分布表来表现。

（4）未来分布：各交通区未来出行量的预估，用 OD 分布表来表现。

2. 主要预测方法

（1）增长系数法：由现状分布和增长系数估算未来分布的方法。其包括均衡增长率法、平均增长率法、底特律法、弗雷特法。其基本假设是现在的交通分布模式和将来的交通分布模式变化不大，因此，当土地使用、交通源布局、预测区域交通设施状况等有较大变化时，此法误差较大。可用于粗略的交通分布预测。

①均衡增长系数法：

$$T_{ij} = t_{ij} \cdot \frac{\sum_i G_i}{\sum_i g_i} \tag{10-2}$$

式中　T_{ij}，t_{ij}——未来及现状交通区 i 到 j 的交通分布量；

　　　$\sum_i G_i$，$\sum_i g_i$——未来及现状规划区交通发生或吸引总量。

②平均增长系数法：

$$T_{ij} = t_{ij} \cdot \frac{1}{2}\left(\frac{G_i}{g_i} + \frac{A_j}{a_j}\right) \tag{10-3}$$

式中　g_i，G_i——i 区现状及未来交通发生量；

　　　a_i，A_i——i 区现状及未来交通吸引量。

（2）重力模型法：区之间的出行分布同各区对出行的吸引成正比，而与同区之间的交通阻抗成反比，类似万有引力公式。交通阻抗包括区间距离、运行时间、费用等。分原来的重力模型（简称重力模型）和修正的重力模型两种。

由现状分布选取某一种适合的重力模型，推算未来分布的方法，其基本假设是两小区之间的出行分布量 T_{ij} 与出发区 i 的出行发生量 P_i、到达区 j 的出行吸引量 A_j 成正比，与两区之间的出行阻抗 t_{ij}（消耗）成反比。

$$t_{ij} = KP_iA_jf(Z_{ij}) \tag{10-4}$$

式中　$f(Z_{ij})$——i、j 之间存在的阻抗函数；

　　　K——常数，可用 $\dfrac{1}{\sum_i A_jf(Z_{ij})}$ 来表示。

10.4.4　交通方式划分预测

1. 交通方式划分的相关概念

交通方式划分用以确定出行量中各交通方式所占的比例。方式划分通常在出行分布结束后进行，也可以在出行生成后、出行分布前进行。

2. 建立预测模型应考虑的因素

（1）出行特征：出行效用等。

（2）交通出行者及其家庭特征：职业、性别。

（3）城市和地区特征：城市规模、密度等。

（4）时段特征：时变性。

（5）交通方式特征。

10.4.5　交通分配预测

1. 交通分配的概念

交通分配是指将前面预测的各分区之间不同交通方式的交通量分配到具体的道路网中。

2. 交通分配需考虑的因素

（1）交通方式，即出行者所采取的交通形式，如公共交通系统、小汽车、自行车等。

（2）行程时间，即在某起点之间采用某一交通方式所需时间。其直接影响着出行分布、交通方式的选择和交通分配。

（3）路段上的速度与流量之间的变化关系。

（4）分配采用的目标。

3. 交通分配原理

（1）Wardrop 第一原理：网络上的交通以这样一种方式分布，就是所有使用的路线都比没有使用的路线费用少。

（2）Wardrop 第二原理：车辆在网络上的分布，使得网络上所有车辆的总出行时间最少。

（3）满足 Wardrop 第一、第二原理，则该模型为平衡模型，且满足 Wardrop 第一原理称为用户优化平衡模型；满足 Wardrop 第二原理称为系统优化平衡模型。

（4）分配模型没有使用 Wardrop 原理，则称为非平衡模型。

4. 分配方法——全有全无分配法

（1）过程：从计算费用最少出发，通常以各区矩心之间的行程时间为基准。从某一区的矩心出发以最短路径（最少费用、时间）到达其他各区的矩心的一组路线称为最短通路，当所有的起始点交通量在道路网图上都通过最短通路，即完成全有全无分配。

（2）寻找网络最短路径的方法：线性规划法、距离矩阵法、动态规划法等。

（3）优点：计算简便。

（4）缺点：出行量分布不均匀，全部集中在最短路上。

5. 分配方法——容量限制分配法

（1）过程：分解 OD 表；计算最短路；分配第一个 OD 表流量；计算分配了流量的最短路；分配第二个 OD 表流量……

（2）优点：容量限制分配是一种动态的交通分配方法，它考虑了路权与交通负荷之间的关系，即考虑了交叉口、路段的通行能力限制，比较符合实际情况。

（3）缺点：计算复杂。

6. 分配方法——多路径概率分配法

（1）过程：在城市区域里，起讫点之间有许多条线路可通，实际情况是出行者将布满于这些线路上，因为出行者不可能精确地判断出哪条道路是费用最少的，不同出行者将有不同的选择。多路径概率分配就是企图模拟这种实际情况，将交通量以不同的概率分配到各条路段上。

（2）优点：不是少数几条路段得到全部交通量，而是大部分路段负担着多少不等的交通量。

（3）缺点：将导致某些通行能力低的道路上分配到较大的出行交通量，而通过能力高的干线道路可能分配到较小的出行交通量。

10.5　城市道路网规划

10.5.1　一般原理

建立在各方式出行 OD 量的基础上，并以满足出行需求为主要目标。一般有以下步骤：

（1）在现状交通网络交通质量评价的基础上，参考城市总体规划及分区规划中的路网系统方案，根据城市形态及发展趋势确定一个初始的道路网络方案。

（2）将预测的各方式出行 OD 量分配至初始路网方案上，预测每一交叉口、每一路段的分配交通量及路段平均车速、交叉口的平均延误。

（3）分析、评价每一路段、每一交叉口的交通负荷、服务水平及网络总体评价指标。

（4）根据交通质量评价及网络总体性能评价结果，调整路网规划方案，返回第（2）步，直到规划方案可行、合理。

10.5.2　一般原则

（1）满足人流、客货车流的安全畅通，同时反映出城市风貌、历史和文化传统，为地上、地下工程管线和其他设施提供空间，并满足城市日照通风与城市救灾避难要求。

（2）满足城市交通运输要求是道路网络系统的首要目标，为达到此目标，规划的道路网络系统必须"功能分清，系统分明"，为组成一个合理的交通运输网络创造条件，使城市各交通区之间有"方便、迅速、安全、经济"的交通联系。

按道路在城市中的地位、作用、交通性质、交通速度及交通流量等指标，可将道路分为快速路、主干路、次干路及支路。快速路及主干路为交通性干道；次干路兼交通性和生活性两重功能，并以交通功能为主；支路一般为生活性道路。

10.5.3 各种城市道路规划原则

（1）快速路：为高速、行程长的汽车交通连续通行设置的重要道路，一般在大城市、带状城市或组团城市内设置，并与城市出入口道路和市际高等级公路有便捷的联系。应设置中央分隔带以分离对向车流，并限制非机动车进入，部分控制快速路两侧出入。快速路出入道路的间距以不小于 1.5 km 为宜。快速路与快速路、快速路与主干路或交通量较大的次干路相交时，宜采用立交形式。与交通量较小的次干路相交时，可采用进口拓宽式信号控制。原则上不能与支路相交。

（2）主干路：道路网络的骨架是连接城市各主要分区的交通干线，以交通功能为主。机非分流，干路两侧不宜设置吸引大量人流、车流的公共建筑物出入口。主要相交宜采用立交，近期可采用信号控制，但应保证有建立交的空间。

（3）次干路：介于主干路和支路之间的车流、人流交通的主要集散道路，应设大量的公交线路，广泛联系城内各区。

（4）支路：次干路与街坊内部道路的连接线，其上可设公交线路。

（5）环路：当穿越市中心车辆过多，造成市中心区道路超负荷时，应在道路网络中设置环路。可全环或半环；等级不宜低于主干路。

（6）城市出入口道路：具有城市道路与公路双重功能，考虑城市用地发展，出入口道路两侧的永久性建筑物至少距离道路红线 20 ~ 25 m。城市每个方向应有两条以上的出入口道路。

10.6 公路网规划

1. 公路网规划的目的

公路网规划是公路建设前期工作中的重要组成部分，是进行公路建设决策的有力的支持措施。其目的是从科学的、实事求是的观点出发，分析规划区域客货运交通实况，剖析公路网建设发展存在的问题及其根源，预测区域社会经济发展趋势和交通需求，制定合理、可行的公路网规划方案及建设时序，为区域公路近期和长期发展建设提供决策依据。

2. 层次

公路网规划按其规划区域的性质可分为国家干线公路网规划、省域干线公路网规划、市域干线公路网规划及县域县乡道公路网规划。

3. 大区域干线公路网布局方法

（1）节点选择：对反映节点城市人口、工业、商业等发达程度的指标进行定量分析。
重要度法：

$$Z_i = a_1 \frac{R_1}{R_1} + a_2 \frac{R_2}{R_2} + a_3 \frac{R_3}{R_3} \tag{10-5}$$

式中　Z_i——第 i 点的重要度；

　　　a——指标权重；

　　　R_1——人口；

　　　R_2——工业总产值；

　　　R_3——商品零售总额；

　　　$\overline{R}$——各点的平均值。

凡重要度大于某一个标准参考值，则将其作为路网节点。

（2）线路选择：在 N 个节点的基础上，路线选择有两个内容，一个是选择 $N-1$ 条线将 N 个节点连通起来；另一个是在 $N-1$ 条线路上增加线路，得到路网布局的最佳规模。

选择 $N-1$ 条路线

$$\max D = \frac{\sum\limits_{i=1}^{N-1} RL_i}{\sum\limits_{i=1}^{N-1}} \tag{10-6}$$

$$RL_i = a_1\left(\frac{R_i}{R_1}\right) + a_2\left(\frac{R_i}{R_2}\right) + a_3\left(\frac{T_i}{T}\right) \tag{10-7}$$

式中　D——单位里程覆盖的路线值；

　　　RL——路线值，与路段 L 沿线的人口、工业总产值、路段交通量有关。

选择 N 条以上的线路：

选组路线值较高的线路，连续进行布局规模分析。

10.7　交通规划的评价

1. 效益评价

（1）交通效益评价：服务水平（出行时间、换乘次数、时间消耗）。

（2）经济效益：直接经济效益 - 时间价值、间接经济效益 - 增值价值。

（3）社会效益评价：国民经济发展、社会发展、生活质量的提高、市民的认同等。

2. 实施可行性评价

实施可行性评价包括政治可行性、经济可行性、环境评价、技术可行性等。

思考题

1. 什么是绿色交通？

2. 交通规划调查的内容有哪些？

3. 什么是 OD 调查？调查内容有哪些？

4. 简述交通需求预测过程。

第 11 章

停车场及服务设施

★ 本章主要内容

本章主要讲述城市停车场现存的问题及规划设计，介绍了停车场的分类、停车调查、停车预测模型、停车规划与设计、停车场服务设施等。

★ 本章学习目标

了解停车场常见问题及原因；掌握停车场类型、停车调查内容及方法；熟悉停车需求预测模型及应用条件；掌握停车场规划设计方法及基本服务设施设置。

11.1 停车场问题概述

城市停车问题是城市化进程和机动化过程中出现的问题。从总体上看，城市停车问题是停车需求与停车设施供给的矛盾和停车空间扩展与城市停车用地安排不足的矛盾。具体表现为停车设施缺乏、车辆占道停放现象普遍、对道路通行影响严重。上述现象不仅影响道路功能的正常发挥、严重阻碍了行人非机动车的通行、妨碍市容美观，而且也成为道路交通事故的一大诱因，为居民的生活和出行带来不利影响。

考察城市停车问题时，需要有三个基本认知：第一是车辆的停放时间一般比行驶时间长得多，也就是说，城市中的车辆大部分处于停放状态；第二是车辆停放需要占用一定的空间，包括停车车位和进出车位所需的行车通道的空间，该空间的面积通常为车辆本身的水平投影面积的 2～3 倍；第三是每辆车需要的停放空间不止一处，因为车辆在其出行端点均需要停车空间。以上三种停车问题的基本特征，容易造成城市停车设施容量的增长滞后于车辆保有量的增长，致使城市停车问题日趋严重，尤其是在机动化早期。

长期以来，人们对停车问题缺乏系统的分析研究，导致出现了停车场规划布局不尽合理、建设速度相对迟缓、政策措施应对相对滞后、管理经营存在困难等问题。

要解决城市的停车问题，首先必须提高对停车场作用及停车相关规律的认识，加强停车场规划的科学性，确保停车设施用地，通过各种手段积极推动停车场建设，并且借助交通需求管理及停车场管理等手段来解决停车供需的矛盾。另外，还需要重视停车场的交通组织设计，减少车辆进出停车场时对道路上交通的影响。

11.2　停车场分类

不同类型的停车场，其停放车辆类型、服务对象场地位置、土地使用和管理方式也不同。一般可以从以下几个方面对停车场进行分类：

（1）按停放车辆类型可分为机动车停车场、非机动车停车场。

（2）按服务对象可分为专用停车场和公共停车场。专用停车场是指只供特定对象（本单位车辆或私人车辆）停放的停车设施；公共停车场是指为非特定人群提供停车服务的停车设施，大多设置在城市商业区、城市中心、分区中心、交通枢纽点及城市出入口干道过境车辆停车需求集中的地段。

（3）按土地使用可分为永久停车场（或称固定停车场）和临时停车场。永久停车场是根据固定需要而固定设置的停车场地，场地的使用性质一般不易发生变化；临时停车场是根据临时需要，临时划定的停车场地，场地的使用性质随时可能发生变化。

（4）按场地位置可分为路上停车和路外停车。路上停车是指车辆的停放地点为道路结构的一部分（如路肩、非机动车道等）；路外停车是指车辆停放在道路结构以外的停车场。尽管路外停车也包括了路外的非停车场等地点，但通常如果没有特殊声明，它主要是指路外停车场。

（5）按停车设施结构可分为露天停车场和位于建筑物内的停车场。通常后者有停车楼和地下停车库之分。

①露天停车场具有布局灵活、不拘形式、泊车方便、管理简单、成本低廉等优点，适用于城市各个地方，是最为常见的一类停车场，但其占城市用地较大。

②停车楼的形式有坡道式（又称为撒旦自走式，图11.1）和机械式（图11.2）两类。前者是驾驶员驾驶车辆由坡道进出停车楼，自行驶入停车位，该类停车场具有车辆出入便利且迅捷、建筑费用与维修费用较少的特点；后者是利用升降设备和传送带等机械运送车辆到停放位置，这类停车场具有土地利用率较高，使用快捷、方便等特点。

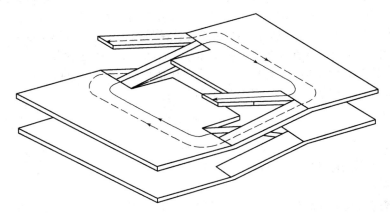

图 11.1　坡道式停车楼示意

③地下停车库是将停车场建在地下，是节省建设用地的有效措施。地下停车库结合城市规划和既有工程建设，如建在公园、绿地道路、广场及建筑物下面等。建设和维护地下停车库的费用较高，但容量也大，改善停车状况的效果也很显著。

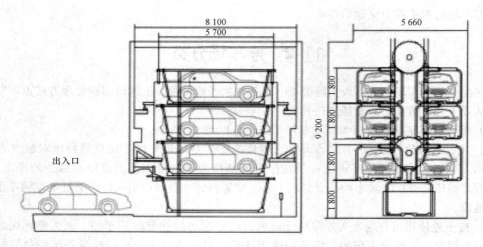

图 11.2　机械式停车楼示意图

11.3　停车调查

11.3.1　停车的有关术语

（1）停车供给：是指给定区域内按规范提供的车位数。

（2）停车需求：是指给定区域内特定时段内产生的车辆停放量。一般有全日停车需求量、高峰期间停车需求量和特定时间段内停车需求量等表达方式。

（3）停车目的：是指车主在出行中停放车辆后的活动目的。如上班、上学、购物、谈业务、娱乐及回家等。

（4）停车设施容量：是指停车区域或停车场有效面积上可用于停放车辆的最大泊位数。

（5）实际停车数：是指在一定时间（时段）实际停放的车辆数量。

（6）累计停车数：是指一定时间段内，调查点或区域内累计停放的车次数（辆次）。

（7）停车时间：是指车辆在停车位上的实际停放时间。平均停车时间（t）是指在某一停车设施上，全部实际停放车辆的停放时间的平均值，其是衡量停车场（点）处的交通负荷与周转效率的基本指标之一。平均停车时间的计算公式如下：

$$\bar{t} = \frac{\sum_{i=1}^{N} t_i}{N} \tag{11-1}$$

式中　t_i——第 i 辆车的停车时间（min）。

　　　N——停车数。

（8）停车密度：是指停车负荷的基本度量单位。其分为停车时间密度和停车空间密度。停车时间密度是指某一停车场（点）或某一区域内所有停车场（点）的停车吸引量随时间变化的程度，其可以用停车吸引量时间分布柱状图来表示；停车空间密度是指在同一时间段内，不同停车场（点）的停车吸引量的变化情况，其反映了不同停车场在某一时间段内对停车吸引的强弱程度，可以用停车吸引量的空间分布柱状图来表示。

（9）停车指数（饱和度、占有率）：是指某一时刻（时段）累计停车数与停车设施容量之比，其反映了停车场的拥挤程度。高峰停车指数（W_n）是指某一停车设施在高峰时段内累计停车数与停车设施容量之比，其反映了高峰时间停车场的拥挤程度。

$$W_n = \frac{n'}{c} \tag{11-2}$$

式中　W_n——高峰停放指数；

　　　　n'——高峰时段停车数；

　　　　c——停车场的车位数。

（10）停车周转率f_n：表示一定时间段内（一日或几个小时等）停车场停放车辆次数，即累计停车数与停车设施容量的比值。

$$f_n = \frac{N}{c} \tag{11-3}$$

式中　N、c 意义同前。

（11）利用率 g_n：可以从时间和空间的利用两个方面衡量。从时间利用的角度来说，它反映了单位停车泊位在一定时间段内的使用效率。

$$g_n = \frac{\sum_{i=1}^{N} t_i}{c \times T} \tag{11-4}$$

式中　g_n——停车场（点）利用率（%）。

　　　　T——时间段的时长（min）；

t_i、N、c 意义同前。

（12）步行距离 L_n：是指停车场至出行目的地的实际步行距离。步行距离可反映停车设施布局的合理程度。对于泊车者来说，能承受的步行距离有一定的范围。

11.3.2　停车调查与分析

1. 停车调查分析的目的

停车场调查旨在查明城市停车场的规模、形式、分布、营运状况、停车规律、停车水平及城市停车存在问题，为预测停车需求、合理确定停车场规模、优化停车场的选址、制定停车场建设与管理对策提供可靠的科学依据。

2. 停车调查的内容

（1）停车设施调查。停车设施调查内容包括现有停车场的规模（泊位数、占地面积）和位置、停车状况及存在问题、停车场的形式及构成、停车场的收费、停车场统计资料（建设规模、投资及效益）、配建停车场指标及使用情况、停车场建设方式及管理体制、停车场附近的交通状况、停车场附近的环境条件等。

（2）停车特征调查。停车特征调查主要掌握城市停车规律，为停车需求预测及规划作准备。其主要调查内容包括停车场泊位利用状态、停车场服务对象及范围、停车需求的分布、停放周转率、停车目的、停放方式、停车地点到目的地步行距离等。

（3）相关资料调查。相关资料调查是指收集与停车场规划相关的规划、基础资料。其主要包括城市社会经济发展规划、城市总体规划、分区规划、详细规划、城市交通规划、现状和规划用地规模及分布、现状和规划城市道路统计资料与城市车辆统计资料等。

3. 停车调查的方法

（1）自动数据采集。目前，随着停车管理设施的建设，停车信息自动采集功能日益完备。利用这些设备的信息采集功能，可以获得大量的停车行为的相关信息。这种信息采集手段被越来越多地利用，已成为停车调查的主要手段。主要有视频采集牌照识别、磁卡记录和RFD等。

（2）询问调查。询问调查是由调查员根据调查内容向驾驶员直接询问，然后将信息填写在调查表内。此种方法简单明了、调查精度较高，而且前期准备工作量小，但调查工作量大，需要调查人员多。该方法适用于调查规模小、时间短、停车少的地方，如路边停车。要求调查内容尽量简单，表格一般包括车辆类型、出发地、出行目的、到达时间、离开时间、停车收费等。

（3）发放调查表调查。车辆到达停车调查范围内时，由调查员将调查表发给驾驶员，由驾驶员根据表中要求内容和注意事项填写，车辆离开时调查员将填好的调查表收回。此种方法简单，需要调查人员少，适用于调查规模大、车辆多、较集中的停车设施，如大型停车场。但其填表误差率及表格回收率容易受驾驶员理解差异的影响。

停车调查表如图11.3所示。

上海市车辆停放调查表　[停调 04 表]　表 8-2
（上海市综合交通规划工作组停放车调查组）

小　区
顺序号

文　号　(87)沪统制字 14 号
批准机关　上海市统计局
表格设计　上海城市建设学院

调查员______　检查验收员________　调查日期　年　月　日 星期　天气 1晴 2阴 3雨

设施地点(段)			路侧					停放车种			服务区主要用地设施
	1	______(路______号至____号)									
	2	______(路______路至____路)	东	南	西	北	中	机动车	非机动车	机非混停	
	3	______(路__路口停车线__m内)	①	②	③	④	⑤	①	②	③	

地域分类	1 路内	①	②	③	2 典型停放	①	②大型公建				③娱乐场			④
		车行道	人行道	兼占	吸引点	专用停车场(机动)	1	2	3	4	1	2	3	交通集散地

主管者	①公共　②公安局　③街道　④企业　⑤私人　⑥其他	
管理方式	1.有人　(工作人员____人)	2.无人　①有停车标志(标线)　②无标志标线
营业情况	1.白天______时至_____时	2.昼夜
收费情况	1.不收费	2.收费　①时间制____元/时②日制____元/日③次制____元/次
规模	停车总面积________m²　(其中建筑设施________m²)	

注：①用地设施分类：00 住宅　01 重工业　02 轻工业　03 大专院校　04 中小学校　05 行政经济管理机构　06 商业服务　07 文体游憩　08 旅馆宾楼　09 仓库
10 车站、码头、空港　11 施工现场　12 医院　13 其他
②大型公建分类：1 宾馆饭店　2 贸易中心　3 商业楼、办公楼　4 医院
③娱乐场所：1 影剧院　2 体育馆　4 公园娱乐场地

图11.3　停车调查表

（4）直接观测记录调查。直接观测记录调查法主要适用于重要停车吸引源处，如火车站、码头、大型商业设施等。这些地方停车吸引量大，车辆停放时间短，周转率高，采用询问、发表方式均会造成交通阻塞。该类方法又可分为连续式调查和间歇式调查两种。

①连续式调查是指从存车开始到存车结束连续记录停车情况。为了了解时段存车辆数、最多存放车辆数、车辆停放时长分布等情况，可用此方法。

②间歇式调查是指每隔一定的时间间隔（5 min、10 min、15 min 等）记录调查范围内的停车情况。其重点是了解停车场一天中停放需求（吸引）量随时段的变化。根据调查时的记录内容，可分为记车号与不记车号两种。

具体选择调查方法时，应综合考虑以下因素：

（1）调查目标要求：目标单一的可以选择相对简单的方法；调查要求多、内容广时，方法

就要复杂一些，宜采用多种方法的组合。

（2）调查范围：确定为一条路、一个集散中心或是一个区域。

（3）调查时间：应包含车辆停放高峰时段在内 8 h 以上，或是由于调查目的不同仅调查高峰时段停车情况。

（4）调查过程：应考虑人力、物力及设备条件，以符合完成调查的时间要求。

（5）调查对象：确定为机动车、非机动车还是两者兼有。

（6）调查要求的精度。

4. 停车调查统计分析

停车调查统计分析包括停车设施总量统计和车辆停放特征统计。

（1）停车设施总量统计。停车设施总量统计主要统计停车场规模、面积、形式、构成及分布，一般用表、图表示，可分地区、分性质、分方式统计。

（2）车辆停放特征统计。车辆停放特征主要包括周转率、利用率、车辆停放时间、停车目的、停放地点到目的地步行距离等方面内容。

11.4　停车需求预测

11.4.1　停车需求

停车需求是指出于各种目的驾车者在各种停放设施中停放车辆的需求。其可分为基本停车需求和社会停车需求。基本停车需求是由车辆保有量引起的停车需求，即夜间停车需求，主要是为居民或单位车辆夜间停放服务；社会停车需求是由车辆使用引起的停车需求，是日间停车需求的主要组成部分，主要是由各种社会、经济活动产生的出行所形成的。

停车需求随着社会经济的发展、城市化进程的加快、机动车保有量的迅速增加而增加。"停车难"已经成为全社会普遍关注的热点问题。然而，停车资源空间有限、停车供给能力相对道路交通需求日益不足。随意停车、违章停车日益严重，对正常交通流造成极大的干扰。如果不能合理解决城市停车问题就不能从根本上解决交通拥堵问题。如美国、日本等发达国家从 20 世纪 50 年代开始深入研究城市停车问题，对停车问题高度重视并对此进行了专项规划，建设公共停车场以减少交通拥挤。可是在此过程中，停车需求预测又显得很重要。

停车需求预测是进行合理的停车规划、解决城市停车问题的首要步骤。因此，对合理有效并且实用性强的停车需求预测方法的研究是十分必要的。

11.4.2　主要停车预测方法分类

1. 静态交通发生率模型

根据停车调查数据汇总可得到各交通小区的日停车数，再根据停放车辆车型比例换算为标准车。利用综合交通规划中社会经济与土地利用现状及发展预测所提供的现状和近、远期规划年的就业岗位数，抽取一定的样本来建立静态交通发生率模型：

$$P_{ij} = \sum a_i L_{ij} (i = 1, \cdots, m; j = 1, \cdots, n)$$

式中　P_{ij}——预测年第 j 交通小区的基本日停车需求，标准车次/d；

a_i——第 i 类用地的静态交通发生率，标准车次/（100 工作岗位·d）；

L_{ij}——预测年第 j 交通小区第 i 类用地的就业岗位人数；

n——小区数；

m——用地分类数。

对模型的求解采用非线性优化的方法，即建立非线性优化模型：

$$gl_0 \min(z) = \min \left[\sum_{j=1}^{n} \left(P_j - \sum_{i=1}^{m} a_{ij} L_{ij} \right)^2 \right]$$
$$st_0 \, a_i > 0$$

式中参数意义同前。

应用非线性规划软件（Lingo）来求解此模型，可得到静态交通发生率 a_i。将近、远期规划年的预测就业岗位数代入模型，即可得到近、远期的各交通小区的日停车需求（标准车次）。

2. 生成率模型

原理是将土地按使用功能分类与停车需求生成率的关系建立模型：

$$P_i = \sum_{j=1}^{n} (P_{ij})(L_{uij})$$

式中　P_i——预测年第 i 区高峰停车需求量（标准泊位）；

P_{ij}——预测年第 i 区 j 类用地单位需求量；

L_{uij}——预测年第 i 区 j 类用地单位面积停车需求生成率；

n——用地类型。

生成率模型作为最严格和科学的方法，其优点是对城市中每类用地均可以得到详细的统计参数，包括需求量、均值、方差、相关系数等，而且针对不同用地，可以根据相关性选择不同自变量进行回归分析，计算结果相当准确。其计算的困难和不足之处如下：

（1）由于建模的基础是单一用地类型，因此在研究土地使用类型多而混杂的城市区域时数据容易受其他因素的干扰；

（2）模型对现状停车需求分析较为准确，但对于规划年各个土地使用类型的停车生成率难以把握，因此预测周期不宜过长。

3. 相关分析模型

建立停车需求与城市经济活动及土地使用变量之间的函数关系，典型的多元回归模型是

$$P_i = A_0 + A_1 X_{1i} + A_2 X_{2i} + A_3 X_{3i} + A_4 X_{4i} + A_5 X_{5i} + \cdots$$

式中　P_i——预测年第 i 区的高峰停车需求量（标准泊位）；

X_{1i}——预测年第 i 区的工作岗位数；

X_{2i}——预测年第 i 区的人口数；

X_{3i}——预测年第 i 区的建筑面积；

X_{4i}——预测年第 i 区的零售服务业人数；

X_{5i}——预测年第 i 区的小汽车注册数；

A_i——回归系数。

相关分析模型突出了城市内人口、建筑面积、职工岗位数等对停车设施需求影响较大的因素进行分析，更适用于在土地适用单一的区域及中、小型城市中进行预测，对于土地适用复杂区域，由于相关变量较多，模型精度会受到影响。

4. 出行吸进量模型

由于停车需求与地区性的土地开发（工商活动）强度有关，而土地开发强度又与该地区出行吸引量成正比。如果能获得该地区的出行吸引量（D 量），则只要将其分配成小汽车的吸引比重，再换算为实际到达的车辆数，最后就可以再换算成高峰时间小汽车停车需求数。其关键是要通过调查，预测出交通方式分配比重及小汽车的乘载率。美国曾针对数十个大城市的人口规模

分别制定不同条件下的停车出行和高峰时间停车场的泊位关系曲线，称之为停车泊位需求。因此，以此作为停车需求换算的标准。

5. 交通量—停车需求模型

广义上讲，区位不仅仅是指人类活动的场所这一地理位置范畴，还包含了该场所具有的属性条件。在同一城市中，不同区位的土地由于在性质、功能上有不同的特点，各区位的土地将在城市的经济结构、生产力布局中占有各自的地位，它们是不同强度的交通发生源和吸引源。从宏观、中观和微观三个层面对土地利用区位与（从土地利用在城市中的场所分布、土地利用性质、强度等几个方面）出行（次数、总量、方式等）之间的关系用大量的数据和理论进行了证明。

单从停车需求的角度来讲，不同地区的不同区位决定了它们各自的出行吸引强度，其各自的出行吸引总量及出行吸引的交通方式构成均有所不同，但一个地区的停车需求泊位数与这二者密切相关。在进行一个城市的停车需求预测时，由于研究的整体区域太大，城市中不同区位的小区其出行吸引量及出行吸引的交通方式构成都有很大差异，导致了上述模型在实际应用过程中会出现误差过大或者计算过程过于烦琐的后果。因此，本节以实际中常用的交通量—停车需求模型为基础，对城市停车需求预测方法进行了一定的改进，以使其达到更好的实用效果。

基本思路是任何地区的停车需求必然是到达该地区行驶车辆被吸引的结果，停车需求泊位数为通过该地区交通量的某一百分比。如果该地区用地功能较为均衡、稳定，则建模的预测较为可靠。

一元对数回归模型回归方程：

$$\log P_i = A + B\log V_i$$

式中　P_i——第 i 区的停车需求量（标准小汽车）；

　　　V_i——到达第 i 区交通量；

　　　A、B——回归系数。

多元回归模型回归方程：

$$\log P_i = A_0 + A_1 \cdot \log V_{ki} + A_2 \cdot \log V_{hi}$$

式中　P_i——预测年第 i 区机动车实际日停车需求量（标准车次）；

　　　V_{ki}、V_{hi}——预测年第 i 区的客车和货车日出行吸引量（标准车次）；

　　　A_0、A_1、A_2——回归系数。

根据对机动车 OD 调查分析，分别计算出客货车的出行吸引量，在此基础上可以回归出基本年和预测年的区域停车需求量。该模型使用时应该注意的是，规划年小区出行吸引量分别换算成标准车作为模型自变量。

6. 基于 Box-Cox Dogit 的停车需求预测模型

基于 Box-Cox Dogit 的停车需求预测模型是根据非集计模型中由 Gaudry 和 Dagenias 基于 Box-Cox 非线性变换的 Dogit 模型提出的，Dogit 模型克服了 Logit 模型的选择限制和选择概率与第 k 个变量本身无关的两个缺陷，并且其解析式和应用计算比 G-Llogit 模型简单。根据非集计方法中的随机效用理论，从停车需求是由居民出行引起的基本思想出发，建立了基于 Box-Cox 的停车需求预测模型。

基于 Box-Cox Dogit 的停车需求预测模型充分体现了非集计方法的优越性，不但解析式及计算过简单，而且综合考虑了社会个人的出行特性、出行方式的选择概率，预测结果准确。该模型适应性强，较灵活、实用，所需的交通量可采用四阶段法预测。

11.5 停车规划与设计

11.5.1 停车规划

停车场的平面布置主要取决于功能要求、车辆的停放方法、停车位置数、房屋参数、车辆的移动方法及房屋结构等因素。因为停车场的平面布置形式可分为敞开式、分隔式、敞开—分割式和综合式四种。因此，由于分隔式停车库的内墙、外墙周长很大，大门数目也较多，这时建筑场地的利用率和总的经济效果也不能保证，这就要在设计时注意到要合理利用停车场的面积，提高利用效率而且要求停车方便，出入安全、迅捷。

1. 停车场的组成

（1）出入口。出入口是停车场与外部道路连接点、车辆出入的通道，应保证车辆到达停车泊位或停车场出入口处能做到视线通畅。

（2）通道。行车通道可分为单车道或双车道。双车道较合理，但占地面积较大。常见的有一侧通道一侧停车、中间通道两侧停车、两侧通道中间停车及环形通道四周停车等多种关系。其中，中间通道两侧停车的行车通道利用率较高，为停车场较多采用的形式。

（3）停车位。停车位大小与停放的车型有关，大型车、中型车、小型车车位均有国家标准大小。停车场边缘及转角处的停车位应比正常的更宽一些，以保证车辆进出方便、安全，特别是在受到建筑物、车道或其他障碍物的限制时，更要考虑尺寸上留有余地。一般端部的停车位应比正常的宽 30 cm。在架空建筑物下面的停车位宽度应为 3.35 m（净高应在 2.2 m 以上），而且在布置时应注意到柱子等对车辆进出的影响。

（4）隔离带。停车场的车辆要根据防火要求分组停放。利用隔离带可以布置绿化，为汽车遮阳。

（5）附属设施。停车场的设计，除停车区、出入口的设置外，还要根据其服务要求，设置必要的附属设施，如驾驶员的休息室、管理室、修车场、加油站等设施，并应布置一定的防火通道。

2. 停车场的布置

（1）根据场地功能需要设置，满足城市规划及交通管理部门要求。

（2）合理确定停车场（库）的规模，对内服务型按内部要求设置；对外服务型如车站、码头、航空港、影剧院、体育馆、宾馆，根据旅客流量估算或按当地规划、交通等主管部门的规定设置，可适当放宽。

（3）停车场内交通流线组织必须明确。停车场内交通应尽可能遵循"单向右行"的原则，避免车流相互交叉；停车场应按不同类型及性质的车辆，分别安排场地停车，以确保进出安全与交通疏散，提高停车场使用效率；并应设置醒目的交通设施、交通标志（如画线、铺设彩色路面），以划分停车位和行驶通道的范围。

（4）停车场设计综合考虑场内路面结构、绿化、照明、排水及必要的附属设施的设计。

（5）停车场设计以近期为主，并为远期的发展预留场地。考虑机动车与非机动车的结合，选择灵活、应变性强的停车方式，如采用柱网结构空间，近期可停放非机动车或安排服务设施。

（6）机动车停车场还会产生一定程度的噪声、尾气等环境污染问题。为保持环境宁静，减少交通噪声和废气污染的影响，应使停车场与医院、疗养院、学校、公共图书馆及住宅建筑之间保持一定距离。在车库里，还要设置汽车尾气收集、排放系统，以免车库内空气污浊。

11.5.2　停车场规划设计

1. 停车场规划设计要求

（1）停车场规划应综合考虑环境保护、防灾减灾和应急避难等因素，宜选择停车楼、机械式停车库等形式，不宜布设特大型停车场。

（2）停车场应建设信息管理系统，提供停车位分布、规模、收费标准、交通组织、利用率等信息，可建设智能化管理和诱导标识系统，提升信息化服务水平。

（3）停车场应结合电动车辆发展需求、停车场规模及用地条件，预留充电设施建设条件，具备充电条件的停车位数量不宜小于停车位总数的 10%。

（4）采用地面停车形式的停车场应采用高大乔木、绿植作为与周边其他性质用地的隔离，在满足停车要求的条件下应在停车场内种植高大乔木，形成树阵，创造绿荫停车环境。除管理用房、停车辅助设施、停车位及通道外的场地应实现绿化，停车位应采用绿化渗水铺装。

（5）非居住类建筑物配建停车场应具备面向社会公众开放的规划建设条件。

（6）建筑物配建停车场需设置机械停车设备的，居住类建筑其机械停车位数量不得超过停车位总数的 90%。采用二层升降式或二层升降横移式机械停车设备的停车设施，其净空高度不得低于 3.8 m。

（7）停车供需矛盾突出地区的新建、扩建、改建的建筑物在满足建筑物配建停车位指标要求下，可增加独立占地的或者由附属建筑物的不独立占地的面向公众服务的城市公共停车场。

（8）城市公共停车场分布应在停车需求预测的基础上，以城市不同停车分区的停车位供需关系为依据，按照区域差别化策略原则确定停车场的分布和服务半径，应因地制宜地选择停车场形式，可结合城市公园、绿地、广场、体育场馆及人防设施修建地下停车库。

（9）城市公共停车场宜布置在客流集中的商业区、办公区、医院、体育场馆、旅游风景区及停车供需矛盾突出的居住区，其服务半径不应大于 300 m。同时，应考虑车辆噪声、尾气排放等对周边环境的影响。

（10）机动车换乘停车场应结合城市中心区以外的轨道交通车站、公交枢纽站和公交首末站布设，机动车换乘停车场停车位供给规模应综合考虑接驳站点客流特征和周边交通条件确定，其中与轨道交通结合的机动车换乘停车场停车位的供给总量不宜小于轨道交通线网全日客流量的 1‰，且不宜大于 3‰。

（11）非机动车停车场布局应考虑停车需求、出行距离因素，结合道路、广场和公共建筑布置，其服务半径宜小于 100 m，不应大于 200 m，并应满足使用方便、停放安全的要求。

（12）非机动车换乘停车场应考虑换乘需求、换乘条件等因素，在轨道交通车站、公交枢纽站和公交车站等地区就近设置。

（13）建筑物配建非机动车停车场应采用分散与集中相结合的原则就近设置在建筑物出入口附近，且地面停车位规模不应小于总规模的 50%。

（14）停车场应设置无障碍专用停车位和无障碍设施，应符合现行国家标准《无障碍设计规范》（GB 50763—2012）的规定。

（15）路内停车位宜设置在道路负荷度小于 0.7 的城市次干路及支路上，不得在城市规划确定的具备救灾和应急疏散功能的道路上设置路内停车位。在满足交通安全、综合防灾等条件下，停车供需矛盾突出的居住区周边道路可在夜间临时设置路内停车位。

（16）路内停车位的设置应符合现行行业标准《城市道路工程设计规范》（CJJ 37—2012，2016 年版）的规定，不得影响非机动车通行、侵占消防通道及行人过街设施，在临近急救站、公共汽车站、交叉路口的路段上设置路内停车位应符合道路安全相关规定。

2. 停车场规划国际标准

（1）计算停车场设计车型、外廓尺寸和换算系数。机动车的车辆类型这里只考虑小型汽车、中型汽车、大型汽车。从表 11.1 中可以看出各类车型的外观尺寸。根据各类车型的总长、总宽、总高，来计算车辆的换算系数。

表 11.1　各类车型外观尺寸

车辆类型	各类车型外廓尺寸/m			车辆换算系数
	总长	总宽	总高	
小型汽车	5.00	2.00	2.20	1.00
中型汽车	8.70	2.50	4.00	2.00
大型汽车	12.00	2.50	4.00	2.50

（2）计算机动车停车场设计参数。单位停车面积是指设计车型一辆所占用的面积，它应包括停车车位面积和均摊的通道面积，以及其他辅助设施面积之和。停车场在设计时主要考虑车辆的大小。由此来确定垂直通道方向的停车带宽、平行通道方向的停车带长、通道宽和单位停车面积。在这里分别考虑四种停车场设计参数，即平行式－前进停车的停车场设计参数；斜列式－前进（30，45，60）的停车场设计参数；斜列式－后退式停车参数；垂直式－前进、后退停车参数。每种数据将给出五种选择样本，可以从中选择最适合停车场设计参数的一组（表 11.2）。

表 11.2　选择样本

停车方式		垂直通道方向的停车带宽/m					平行通道方向的停车带长/m					通道宽/m					单位停车面积/m²				
		I	II	III	IV	V	I	II	III	IV	V	I	II	III	IV	V	I	II	III	IV	V
平行式	前进停车	2.6	2.8	3.5	3.5	3.5	5.2	7.0	12.7	16.0	22.0	3.0	4.0	4.5	4.5	5.0	21.3	33.6	73.0	92.0	132.0
斜列式	30° 前进停车	3.2	4.2	6.4	8.0	11.0	5.2	5.6	7.0	7.0	7.0	3.0	4.0	5.0	5.8	6.0	24.4	34.7	62.3	76.1	78.0
	45° 前进停车	3.9	5.2	8.1	10.4	14.7	3.7	4.0	4.9	4.9	4.9	4.0	6.0	6.0	6.0	7.0	20.0	28.8	54.4	67.5	89.2
	60° 前进停车	4.3	5.9	9.3	12.1	17.3	3.0	3.2	4.0	4.0	4.0	4.0	8.0	8.0	9.5	10.0	18.9	26.9	53.2	67.4	89.2
	60° 后退停车	4.3	5.9	9.3	12.1	17.3	3.0	3.2	4.0	4.0	4.0	3.5	4.5	6.5	7.3	8.0	18.2	26.1	50.2	62.9	85.2
垂直式	前进停车	4.2	6.0	9.7	13.0	19.0	2.6	2.8	3.5	3.5	3.5	6.0	9.5	10.0	13.0	19.0	18.7	30.1	51.5	68.3	99.8
	后退停车	4.2	6.0	9.7	13.0	19.0	2.6	2.8	3.5	3.5	3.5	4.2	6.0	9.7	13.0	19.0	16.4	25.2	50.8	68.3	99.8

注：I、II 类指小型汽车，III 类指中型汽车，IV 类指大型汽车。

（3）计算车辆纵横向净距。停车场的设计最重要的前提是要保证安全。因此，计算车辆纵横向净距是相当有必要的。为了保证停车的安全，作出了五组数据来保证停车场在停车时有安全保障。它们分别是车间纵横净距，车背对停车时车间尾距，车间横向净距，车与围墙、护栏及其他构筑物间距（表 11.3）。

表 11.3　车辆纵横向净距　　　　　　　　　　　　　　　　　m

车间纵向净距		2.00	4.00
车背对停车时车间尾距		1.00	1.00
车间横向净距		1.00	1.00
车与围墙、护栏及其他构筑物间距	纵	0.50	0.50
	横	1.00	1.00

（4）计算停车场通道的最小平曲线半径。从国外许多成功的经验看，在停车规划中将近期措施置于长远停车系统目标下，而重点放在近期的综合对策研究上是符合实际的。为了综合停车场的各项运行措施，应仔细确定车辆的最小平曲线半径（表 11.4）。

表 11.4　车辆的最小平曲线半径

车辆类型	最小平曲线半径/m
大型汽车	13.00
中型汽车	10.50
小型汽车	7.00

（5）通道、停车场通道最大纵坡度、出入口设计。

①通道。通道是平面设计的重要内容，其形式和有关参数宜结合实际情况正确选用。目前我国采用的通道宽度垂直式取 10～12 m，平行式取 4.5 m 左右。此外，作为内部主要通道，车辆双向行使，最小宽度不宜小于 6 m。

车型 单位停放面积	小型车	中型车	大型车
A_0/m^2	15.7	34.4	53.4

②停车场通道最大纵坡度（%）。停车场的坡度分为直线和曲线两种形式。而曲线和直线又可分为大型、中型和小型三种车辆类型进行具体分析（表 11.5）。

表 11.5　停车场的坡度

车型	直线纵坡/%	曲线纵坡%	最小转弯半径/m
大型车	10	8	13
中型车	12	10	10.5
小型车	15	12	7

③出入口。停车场的出入口设置，应按国家标准《汽车库、修车库、停车场设计防火规范》（GB 50067—2014）执行。停车车位数大于 50 辆时，应设置两个出口；大于 500 辆时应设置 3～4 个出口。出入口之间净距离不许大于 10 m，车辆双向行驶出入口宽度不得小于 7 m，单向行驶

出入口宽不得小于 5 m，且应有良好的通视条件。停车库的出入口还应在距道路红线 10 m 以外。

3. 车辆进出车位方式和停放方式

（1）车辆进出车位方式。由于车辆进出车位的方式不同，其所需回转面积和通道的宽度也不同。通常车辆进出车位有下列三种方式：

①前进式进车位，后退式离车位，如图 11.4（a）所示。

②后退式进车位，前进式离车位，如图 11.4（b）所示。

③前进式进车位，前进式离车位，如图 11.4（c）（d）所示。

后退式进车位，前进式离车位的方式，因为发车迅速、占地不多被广泛采用。图 11.4（c）中所示的前进式进车位，前进式离车位方式，虽更方便，但因占地大，仅在有条件时采用。

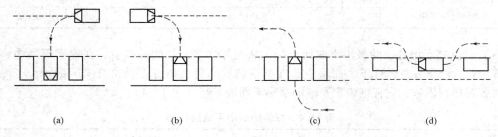

图 11.4　车辆进出车位方式

（2）车辆停放方式。车辆停放方式相对于行车通道来说有平行式、垂直式和斜列式三种。

①平行式：车辆沿行车通道两侧平行式停放，其相对于行车通道的角度为 0°，如图 11.5（a）所示。该方式的特点是占用的停车带较窄，车辆进出方便、迅速，但单位长度内停放的车辆最少，车辆入库难度较大，容易发生刮蹭事故，停车过程油耗和废气排放都较多。在停车种类很多，未以标准车位设计或沿周边布置停车时，可采用这种方式。

②垂直式：车辆垂直于行车通道方向停放，其相对停车通道方向的角度为 90°，如图 11.5（b）所示。该方式的特点是车辆进出比较便利，且用地紧凑，单位长度内停放的车辆数最多，但所需停车带最宽。

③斜列式：车辆与通道的行车方向成一定角度 α，如图 11.5（c）所示。倾斜角度 α 一般有 30°、45° 和 60° 三种。该方式的特点是车辆进出最为便捷，但车辆进出车位时，驾驶员视野受到的妨碍较大，比平行式停车更具有危险性。停车带宽度随车身长度和停放角度而异，斜列式的单位停车面积界于垂直式和平行式之间，用地不太经济。该方式适用于停车场的某些方向采用限制时使用。

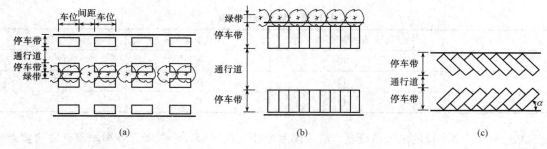

图 11.5　车辆停放方式

（a）平行式；（b）垂直式；（c）斜列式

在选取具体的车位排列形式时，应在保证车位排列紧凑、通道短捷、出入迅速、保证安全的前提下，结合停车场实际情况，包括停车场内部柱网的安排情况、停车场提供的服务对象的出行目的、停车场的停车带和通道的安排情况、停车的特性，并根据各种车位排列形式的优点、缺点来选取。

对路外停车场宜采用垂直式和斜列式停车位的排列形式。

11.6　停车场服务设施

11.6.1　停车信息系统

（1）建设城市停车信息系统，建立统一的数据接口和交换机制，统一管理全市停车泊位信息与使用数据。

（2）加强停车信息的互联互通，强化停车数据挖掘分析与多样化信息发布，为政府停车管理提供决策支持信息，为市民日常出行提供停车服务信息。

（3）停车信息系统的建设应包括：基于自动化办公系统的停车管理信息系统；停车空间信息与属性信息的信息管理平台系统；各类停车场库停车信息采集、传输与管理系统。

（4）停车信息管理平台的基本功能应包括：接收数据，并对数据进行融合及存储；通过合理组织管理，将数据转化成为能够理解的信息；根据服务请求和查询权限对客户系统提供信息服务；可视化的停车场库管理功能；动态数据、静态数据实时分析功能。

（5）根据不同的信息采集手段、停车信息管理系统可以采用不同的技术方案，主要包括手机、感应线圈检测、视频检测、IC 卡、手持 POS 机、超声波探测器等。

（6）充分利用现代互联网技术，促进停车与互联网融合发展，支持移动终端互联网停车应用的开发与推广，鼓励居民通过手机等移动通信工具，查询、预约车位及进行付费。

11.6.2　停车诱导系统

（1）停车诱导系统由信息采集、信息传递、信息处理及信息发布等部分组成（图 11.6）。

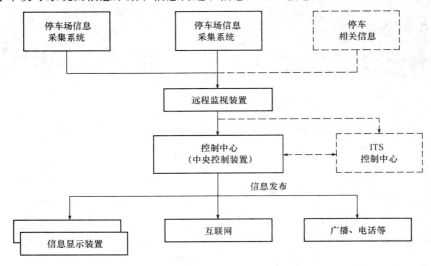

图 11.6　停车诱导系统基本结构

（2）停车诱导系统的信息处理包括停车诱导控制中心的信息处理、停车诱导控制分中心的信息处理和停车设施管理端的信息处理。

（3）停车诱导系统的信息传递包括停车诱导控制中心与停车诱导控制分中心之间、停车诱导控制分中心与停车信息管理分中心之间的信息传递。其方法有有线、无线等多种方式。

（4）停车诱导系统信息发布设施包括可变信息显示屏、交通广播电台、互联网、车载终端、手持终端等。

（5）停车诱导系统信息发布内容包括停车设施位置、泊位数、车位使用情况、收费情况、道路交通状况、交通管制措施、停车场周边服务设施分布情况、行车路线、预约服务信息等。

（6）停车诱导标志地点的设置应着重考虑以下三点。

①分层次。即根据诱导信息的不同，设置的位置距离停车设施远近也不同。

②间隔合理。各诱导标志设置地点之间有合理的间距。

③疏密有序。根据路段不同，需求大小不同，在不同区域选择不同数量、地点进行设置。

各级停车信息发布屏如图11.7所示。

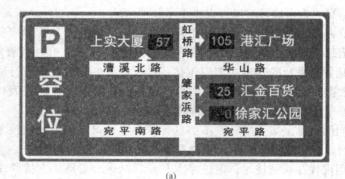

(a)

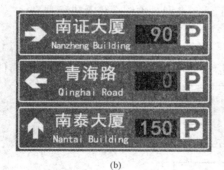

(b)

(c)

图 11.7   各级停车信息发布屏

（a）一级停车信息发布屏；（b）二级停车信息发布屏；（c）三级停车信息发布屏

11.6.3   其他设施

（1）入口应设置停车场（库）入口标志、规则牌、限制速度标志、限制高度标志、禁止驶出标志和禁止烟火标志；车行道应设置车行出口引导标志、停车位引导标志、注意行人标志、车行道边缘线和导向箭头；停车区域应设置停车位编号、停车位标线和减速慢行标志；人行通道应设置人行道标志和标线；出口应设置出口指示标志和禁止驶入标志。

（2）应在地面上用醒目线条标明行驶方向、用 10 ~ 15cm 宽线条标明停车位；应将标志设置在明亮处，以保证人们能正常地辨认标志；如在应设置标志的位置附近无法找到明亮地点，则应考虑增加辅助光源或使用灯箱。

（3）应保证引导标志信息的连续性、设置位置的规律性和引导内容的一致性；在系统内所有节点（如入口、路线上的分岔点或汇合点等）都应设置相应的要素，并应通过标志的设置，对所有可能的目的地及到达每个目的地的最短或最合适的路线进行引导。

思考题

1. 停车场常见问题有哪些？
2. 停车调查的内容与方法有哪些？

第 12 章

交通管理与控制

★本章主要内容

本章主要讲述交通管理与控制的内容及方法。

★本章学习目标

掌握交通管理法规；掌握交通标志与标线的区别；掌握慢行交通的管理方法。

12.1 交通管理与控制概述

12.1.1 交通管理与控制的概念

交通管理是依据有关交通管理政策措施和交通法规，采用交通工程科学与技术，对交通系统中的人、车、路和环境进行管理，特别是对交通流（人流、车流、货流）合理地组织、引导和指挥，以实现交通安全、有序、畅通、舒适、高效。

交通控制是依靠各种控制硬件和软件设备，如人工、交通信号、计算机、可变标志等手段来合理地指挥和控制交通。交通管理主要表现在交通系统管理、交通需求管理和智能交通管理三个方面。

交通管理和交通控制是一个有机体，主要是因为在宏观层面交通管理包含了交通控制的内容，交通控制是交通管理的某一表现方式。

12.1.2 交通管理与控制的演变与发展

第一阶段：传统交通管理 TTM（Traditional Traffic Management）

通过大量建设交通基础设施，不断增加交通供给来满足交通需求的交通管理方式，即"按需增供"。特点是局部交通问题的治理（头痛医头、足痛医足），单一的交通治理措施，交通问题容易转移。

第二阶段：交通系统管理 TSM（Traffic System Management）

以提高现有道路交通设施的效率为主，改善交通供给能力来满足交通需求的交通管理方式，即"按需管供"，管理交通流。特点是将人、车、路、环境作为一个系统，从系统着眼探求使现有交通系统发挥最优效益的交通问题综合治理方案，少新建，多改建，可避免交通问题的转移，使系统最优。

第三阶段：交通需求管理 TDM（Traffic Demand Management）

引导人们采用科学的交通出行方式与行为，限制不必要的交通需求，理智地使用交通设施资源，使交通需求与交通供给相适应的一种科学交通管理方式，即"按供管需"，管理交通源。特点是在基本不增加交通供给的情况下，减少交通需求，使交通供求平衡，从而解决交通问题。

第四阶段：智能交通运输系统管理 ITS（Intelligent Transportation System）

集现代信息技术、控制技术、数据通信技术、传感技术、电子技术、计算机技术、网络技术、人工智能、运筹学、系统工程和交通工程等技术于一体，有效地综合应用于交通工具、交通服务、交通管理和控制体系，从而建立智能化的、实时的、准确的、广泛的交通运输管理控制系统，改善交通运输系统运行质量，保障交通安全、高效、便捷、低公害。其特点是在基本不进行交通基础设施建设的同时，采用高新技术，增加交通供给能力来满足交通需求（不进行需求管理），使交通供求平衡，从而解决交通问题。

12.1.3　交通管理与控制的目的

交通管理与控制的目的是认识、遵循并利用道路交通流的客观规律，运用技术手段和科学的原则、方法、措施，持续提高交通管理与控制的效率和效果，以达到道路交通更安全、延误更少、通行能力更大、运行秩序更好和出行成本更小的效果，从而优化社会与经济、交通与环境资源，为国民经济发展、日益提高的人民生活水平和出行质量的提高服务水平，使得道路交通运输安全、有序、畅通与高效。

12.1.4　交通管理与控制的主要内容

产生交通问题的深层次原因是交通需求与设施供给的不平衡，以及交通流运行状态的不稳定。从交通工程学的基本原理解决上述问题，重点是通过降低道路交通负荷，使交通设施服务能力能够适应交通需求的增长和变化规律。主要包括道路交通基础设施建设、交通管理与控制、交通规划设计三个方面。重点是通过削减交通需求总量、优化交通出行方式等措施提高交通需求的合理性，减少交通流量（特别是个体机动车交通流量），如图 12.1 所示。通过对交通系统的运行组织、引导和控制，实现交通流在时间、空间上的均衡分布，均匀交通负荷，提高道路交通资源供给的有效性，缓解交通压力，如图 12.2 所示。

12.1.5　交通管理与控制的主要原则

（1）分离原则：人车、机非、方向、时间、空间。
（2）限制原则：速度限制、车型限制、时间限制、空间限制。
（3）疏导原则：有序流动，交通以疏导为主，限制为辅。
（4）节源原则：降低出行需求、提高出行效率。
（5）均衡原则：均衡交通流。
（6）可持续发展原则：绿色交通、以人为本。

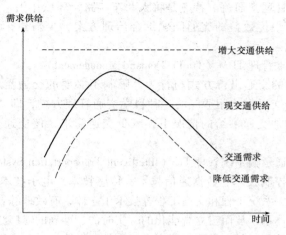

图 12.1　交通需求与供给调节图

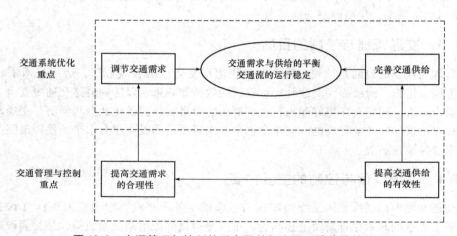

图 12.2　交通管理与控制的重点及其与交通系统优化的关系

12.2　交通需求管理

12.2.1　交通需求管理策略

交通需求管理基本策略归纳为三种途径。

（1）通过交通源的调整，减少交通发生量、吸引量。

（2）通过交通方式的引导和私人小汽车的高效利用，减少汽车交通量。

（3）通过出行车辆的出行时间和路径的诱导，实现交通在资源上的时空均衡分布。

交通需求管理策略主要分布在交通行为的出行产生阶段、出行分布阶段、出行方式选择阶段、出行路径和时间选择阶段。交通需求管理主要策略如表 12.1 所示。

表 12.1　交通需求管理主要策略

改善运输模式	鼓励替代交通方式
公共交通改善	道路收费
改善非机动车交通	按里程收费
拼车计划	通勤财政激励
弹性工作时间	停车收费
合乘车、远程办公	提高燃油税费
改善出租车条件	拥挤收费
自行车/公交一体化	鼓励非机动车交通
停车换乘	道路空间再分配
快速公交系统	高承载率车辆优先
轻轨交通、穿梭巴士	限制小汽车使用
停车和土地使用管理	政策与机构改革
可持续增长	变动管理
新型城市开发	全面的市场改革
土地高效利用	机构改革
停车管理	最低成本规划
交通引导土地利用	运营和管理计划
交通安宁	优先运输政策
无车计划	规章制度的改革
共享停车设施	应急规划

　　研究多个策略同时实施，将产生明显的协同效果，因为对交通需求管理策略的总体规划和效果评估要比对单一策略研究更为重要。

12.2.2　交通需求管理规划与计划

1. 交通需求管理规划的含义

　　交通需求管理规划，是一个在特定时空条件下决定如何实施交通需求管理措施的过程，有效的规划能够将人们的需要、喜好和价值观在决策中反映出来，如图 12.3 所示。

　　规划和管理是类似的活动，它们的区别是规划往往只涉及一个单一的决定；而管理往往涉及一个持续的决策过程，但这些决策之间会有重叠。

2. 交通需求管理规划的基本原则

　　协调短期决策，支持长期目标，考虑对各利益相关者的影响，保证规划具有前瞻性、综合性和战略性。

图 12.3　北京奥运会专用车道分时段使用

3. 交通需求管理规划的层次

一个良好的规划过程往往从最基本的概念开始，然后形成具体计划、方案和任务，最终使各部分之间凝成一体化。规划的基本层次包括原则、政策、规划、计划、任务和措施。重要的规划原则主要有明确的决策过程、利益相关者的参与、准确的信息、各种备选方案。

4. 交通需求管理规划的最终目标

交通需求管理规划的最终目标是改善某一地区的整体交通情况，而非缓解拥堵或解决某个具体问题。阶段性目标是实现最终目标的途径，主要包括鼓励政策、出行改变、预期成果。

5. 交通需求管理规划的任务

（1）识别群众所面临的交通问题。

（2）明确改善城市交通的具体目标和阶段性目的。

（3）实施优先运输政策，优先通行高承载率低占用率的交通方式。

（4）确保分区法案和发展实践支持交通规划目标。

（5）检查现有交通规划和投资方案。

（6）明确影响道路资源和停车资源有效利用的政策性障碍。

（7）鼓励更有效地利用停车资源。

（8）增加城市、雇主和其他企业之间的合作。

（9）评估进行交通需求管理计划的必要性和可行性。

（10）评估进行非机动交通发展计划的必要性和可行性。

（11）明确因政策改变带来的潜在问题，推荐合适的策略。

12.2.3　交通需求管理计划目标、影响范围以及常见交通需求管理计划

交通需求管理计划是实施需求管理规划以及一系列具体策略的体制框架，应包括总体目标、阶段性目标、影响范围确定、计划确定、方案概预算、人员分工以及与项目利益相关者的明确关系，其目的是保证具体策略之间能够相辅相成、相互协调，达到效益最优。

1. 交通需求管理计划目标和影响范围

（1）交通需求管理计划的目标具有明确的方向性，通常包括以下三个层次：

①鼓励政策诱导人们改变出行行为。

②改变出行特征如出行距离、出行次数等。

③实现如缓解交通拥堵、减少交通冲突、降低交通污染等预计成果。

（2）很多交通需求管理计划的决策有直接的影响范围和间接的影响范围，具体如下所述：

第一级：直接影响。改变出行的条件和费用。

第二级：现阶段间接影响。改变出行行为、税收和其他外部影响。

第三级：长期间接影响。改变土地利用和经济发展。

2. 常见交通需求管理计划

（1）通勤交通需求管理。

（2）学校周边交通需求管理。

（3）校园内部交通需求管理。

（4）旅游交通需求管理。

（5）特殊事件交通需求管理。

（6）拥挤收费管理。

（7）货运交通需求管理。

（8）航空运输需求管理。

（9）应急交通需求管理。

12.3 交通系统管理

12.3.1 交通系统管理定义

交通系统管理（Transportation System Management，TSM）是在建设、运营和制度建立的过程中，对交通系统进行低成本的改进，从而提高系统的运营效率，使现有交通设施、交通服务、交通方式具有尽可能高的容量、效率、安全性和服务水平。

（1）基本目标：通过改善车辆和道路的管理、运营，实现更有效地利用现有的交通设施。

（2）基本原则：不增加或尽可能少地增加现有交通设施的供给，以充分利用现有交通设施为基础，提高现有交通系统的容量、效率和安全。

12.3.2 交通系统管理的特点

交通系统管理的特点见表12.2。

表 12.2 交通系统管理的特点

项目	传统的交通管理	交通系统管理	交通需求管理
着眼点	着眼于局部交通问题的单一的孤立的治理措施	从整个交通系统着眼，探求能使现有系统发挥最优效益的综合治理方案	从管理交通需求的源头入手，使交通需求和交通供给达到平衡
管理效果	仅能对当地的问题起到缓解作用，往往把该地的交通问题转移到附近的地区	避免各个局部措施把交通问题转移地点的弊端，得到系统效益最优的方案，是对已发生交通进行的管理	控制交通需求总量，前减不合理的交通需求，使供需平衡，是对将要发生的交通进行的管理

12.3.3 交通系统管理主要方向

交通系统管理一般从需求和供给两个角度采取措施，需求角度以改变人们的出行方式为目的，供给角度以改善现有设施为目的。交通系统管理实施效果主要体现在提高效率、改善供应、调整需求和促进均衡四个方面。交通系统管理常用方向有公共交通管理，行人、自行车管理，停车管理，优先通行管理，交通工程技术措施管理，高峰交通管理，货运交通管理，收费管理。根据实施效果的不同，交通系统管理措施分类见表 12.3。

表 12.3　交通系统管理措施分类

提高效率	改善公共交通	公交优先措施 公交辅助系统 公交运行管理
	限制小汽车	限制使用 限制拥有 限制停车
	鼓励合乘	合乘补贴 合乘收费优惠 HOV 车道
改善供应	工程技术措施	可变方向车道 单向交通 交叉口改善
	科学技术措施	智能控制
调整需求	时间调整	拥挤收费 家中上班 错时上下班 弹性工作日
	空间调整	区域执照 限制过境车辆 拥挤收费
促进均衡	交通组织	慢行交通系统 快速路系统
	科学技术措施	路径诱导
	交通衔接	货运交通枢纽 客运交通枢纽 综合交通枢纽

12.3.4　交通系统管理过程

交通系统管理工作应用系统工程、系统分析的理论和方法，一般应遵循以下工作过程：

（1）对现有道路交通运输系统的调查与存在问题的分析；

（2）确定治理任务和目标；

（3）提出治理问题的各种备选的综合治理方案；

（4）确定评价方案的效益指标；

（5）对各备选方案作出综合评价；

（6）根据评价结果，提出优选方案；

（7）对优选方案中的各项治理措施作出详细设计；

（8）方案的实施执行；

（9）方案实施情况的监测与调整。

12.4　交通管理法规及标志标线

12.4.1　全局性管理与局部性管理

1. 全局性管理

全局性管理是指在全国或某地区范围内，在较长时间内有效的措施。例如，驾驶员管理、车辆管理、道路管理、交通信号、交通标志与标线。

2. 局部性管理

局部性管理是指仅在局部范围内，在较短时间内有效的一些措施。例如，禁止左转弯、掉头等其他短时间的交通管理措施。

12.4.2　交通法规

1. 概念

交通法规是道路交通使用者在通行中所必须遵守的法律、法令、规则和条例的统称。交通法规的目的是以法律的形式和正确应用法律的权威来保障交通安全、舒适与通畅，以维护道路交通的合法使用者不受其他不正当使用者的伤害或骚扰。

2. 目的

以法律的形式和正确应用法律的权威来保障交通安全、舒适与通畅，以维护道路交通的合法使用者不受其他不正当使用者的伤害或骚扰。

3. 层次

（1）全国性法规：在全国统一执行的一些规定，是制定地方性法规的依据。

（2）地方性法规：在全国性法规的前提下，制定当地必须统一执行的一些补充规定。

（3）局部性管理措施：是交通法规的补充和外延。

4. 内容

（1）对人的管理（70%～90%）。车辆驾驶者和行人，要求驾驶员能以合格的驾驶技术在道路上正确驾车运行。

（2）对路的管理（10%）。保证道路为交通所用，并让道路交通的使用者能正确使用道路。

（3）对车的管理（5%～10%）。应对车辆运行安全设施性能进行经常性的监督，以保证车辆的安全。

（4）对环境的管理。主要是指道路周围的环境（广告、树木等）。

12.4.3　道路交通标志和标线

道路交通标志和标线是运用特定的图形、颜色和文字向交通参与者传递特定的交通信息，设置在道路的两侧或悬挂在道路的上方，用于管理道路交通的设施。其是交通参与者必须遵守的法律规范。

1. 交通标志的类别

我国现行的交通标志可分为主标志和辅助标志两大类。

（1）主标志。

①警告标志：警告车辆、行人注意危险地点的标志。

②禁令标志：禁止或限制车辆、行人交通行为的标志。

③指示标志：指示车辆、行人行进的标志。

④指路标志：传递道路方向、地点、距离信息的标志。

⑤旅游区标志：提供旅游景点方向、距离的标志。

⑥道路施工安全标志：通告道路施工区通行的标志。

（2）辅助标志。附设在主标志下，起辅助说明作用的标志。

2. 交通标线的类别

（1）道路交通标线的类别。

①按设置方式可分为以下几项：

a. 纵向标线：沿道路行车方向设置的标线。

b. 横向标线：与道路行车方向成角度设置的标线。

c. 其他标线：字符、标记或其他形式标线。

②按功能可分为以下几项：

a. 指示标线：指示车行道、人行道、路面边缘等设置的标线。

b. 禁止标线：告示道路交通的遵行、禁止、限制等特殊规定的标线。

c. 警告标线：促使车辆驾驶员及行人了解道路上的特殊情况，提高警觉，准备防范应变措施的标线。

（2）道路平面交叉口标线的设置原则。

①要积极开辟左转弯车道。

②交叉口的导向车道线的长度应根据交叉口的几何线形确定，其最短长度为 30 m。导向车道线应划白色单实线，表示不准车辆变更车道。

③平面交叉口的进口车道内，应有导向箭头标明各车道的行驶方向。导向箭头重复设置的次数和距离，应根据交叉口进口道的具体情况确定。

（3）道路交通标线的设计原则。

①道路交通标线的颜色：传统的道路交通标线采用白色和黄色，近年使用了橙色、蓝色标线，解决了标线色彩的单调。

②道路交通标线的宽度：纵向标线宽度一般为 10 ~ 15 cm，最小和最大值分别为 7.5 cm 和 20 cm，标线宽度应与道路宽度成正比。

（4）其他交通秩序管理设施包括：

① 隔离设施。隔离设施是以物理实体分隔道路和车道，以分隔交通流的目的。隔离设施包括以下四项：

a. 护栏。

b. 隔离墩。

c. 绿化隔离带。

d. 水泥体。

②护栏。安装护栏的目的是防止车辆冲出路外或冲到对向车道，减轻碰撞后果，保护车辆和乘客的安全。

按防护目的可分为路旁护栏、分隔带护栏、行人护栏三种；按结构不同可分为刚性、柔性、刚柔性三种。

护栏作用主要是防止翻车、坠车和碰撞固定物。护栏的制作和设置要求很高，设置不当的护栏不仅满足不了安全的要求，反而会成为路侧的障碍物，致使事故严重性加剧。

③隔离墩。隔离墩是用钢筋混凝土或生铁铸造，表面涂刷红白相间油漆或贴反光膜，镶嵌视线诱导器，提高夜间驾驶者的视认距离。

④绿化分隔带。绿化分隔带起分隔交通、美化城市和道路环境作用。

⑤水泥隔离墩。水泥隔离墩是由钢筋混凝土浇筑而成的隔离设施。一般用于中心隔离、分隔机动车与非机动车设置。

⑥视线诱导标。视线诱导标沿车道两侧设置，目的是使驾驶者能够看清前方道路的情况从而保证车辆安全、通畅行驶。其可分为轮廓标、分流和合流诱导标、线形诱导标。

⑦道路反光镜。道路反光镜一般设置在道路视距不足的小半径曲线或无控制的小型平面交叉口。反光镜一般采用凸形镜。

⑧阻车器。阻车器是由生铁或其他材料制成，设置在停车场内的停车泊位一端，可阻止停放车辆溜车或限制车辆倒车，以防碰撞。

12.5　机动车交通运行管理

12.5.1　机动车道类型划分

根据城镇道路在道路网中的地位、交通功能及对沿线建筑物的服务功能等，城镇道路可分为快速路、主干路、次干路、支路四种类型。快速路为交通性干道，主要根据设计交通量和地形条件进行分级选择，设计交通量较大且位于平原区应采用Ⅰ级，低山、丘陵区宜采用Ⅱ级，山区城市可采用Ⅲ级。

其他等级的道路根据其功能和地形条件进行分级选择，以交通功能为主的平原区采用Ⅰ级，以服务功能为主的低山、丘陵区和山区城市宜采用Ⅲ级，其他可采用Ⅱ级。

特殊困难情况下，经技术经济论证后可采用较低一级的等级标准；有特殊功能需要的城市道路也可提高道路等级。

12.5.2　道路主要功能和接入管理

道路的功能分类是根据道路在整个路网中所担当的主要任务的角色定义的，一般具有两种功能，即交通功能（机动性）和接入功能（可达性）（图 12.4）。

道路的交通功能随着道路功能等级的上升而提升；道路的接入功能随着道路功能等级的下降而提升。

接入管理是指针对特定道路，对其接入支路的位置、间距、设计及运营、中央分隔带开口、立交、接入的街道进行系统的控制。接入管理的目的是在保证道路运输系统的安全和高

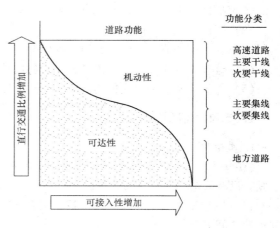

图 12.4　道路的功能分类

效的前提下，为道路周边地区所产生的交通需求提供安全、方便的接入。

12.5.3　交通需求管理的含义、目的及意义

1. 交通需求管理的含义

各国学者眼中的交通需求管理如下：

（1）中国：政府运用交通行为控制方法，对交通需求总量、出行方式及时空分布进行科学的控制与调节，从而使供需达到相对平衡，保证城市交通系统的可持续发展。

（2）美国：通过增加车辆的占有率或者通过影响出行的时间和需要，使运输系统运送旅客的能力达到最大。

（3）加拿大：采取多方面的策略改变人的出行行为，以增加交通系统的效率，实现具体的规划目标。

（4）澳大利亚：采用缓和交通增长与减少交通拥挤的负面效应的方法，如减少出行需要、改变出行方式、避免交通高峰等。

2. 交通需求管理的目的

综合国内外交通需求管理含义，归纳如下：

（1）交通需求管理就是根据交通出行产生的内在动力，出行过程中所表现出来的时空消耗特性，通过各种政策、法令、现代化信息系统、合理开发土地使用等对交通需求进行管理、控制、限制或诱导，减少出行的发生，降低出行过程中时空消耗，诱导交通流避开拥挤路径，建立平衡可达的交通系统。

（2）在适度的交通建设规模下，控制交通需求总量，削减不合理交通需求，保证交通系统有效运行，让客货出行迅速，安全地到达目的地，缓解交通拥挤，改善城市生态环境和生活环境质量，保持城市健康有序发展。

3. 交通需求管理的意义

（1）缓解交通拥挤，改善环境质量，减小交通建设规模，节约能源、土地、资金，解决供需矛盾。

（2）为规划建设、管理一体化研究、建立交通规划新理论体系打下基础。

（3）是解决国内人口密集、用地紧张、资金短缺、交通拥挤混乱等现状的有效措施。

道路接入管理的主要措施如下：

（1）提供一个分工明确的道路系统。

（2）限制对主要道路的直接接入。

（3）为不同功能等级的道路交通提供合理的转换。

（4）合理布置交叉口的位置以利于交通信号协调控制。

（5）保护交叉口和立交桥功能区的正常发挥。

12.5.4　机动车速管理

1. 车速管理

《中华人民共和国道路交通安全法实施条例》规定，机动车应按交通标志、标线标明的限速行驶。没有限速标志、标线的道路的最高行驶速度如下：

（1）限速依据：按停车视距分析、按会车视距分析、按超高分析驾驶员注视点、视野与行驶车速之间关系。

（2）限速措施。

①三个限制车速特征指标：$V_{85\%}$（85%位地点车速）、$V_{15\%}$（15%位地点车速）、$V_{50\%}$（中位地点车速）。

②特殊情况下的车速限制：特殊道路交通条件、交通控制系统、交通事件、特殊气候。

③控制车速的方法：工程控制、心理控制、法规控制。

2. 车道管理

（1）单向交通有固定式、定时式、可逆式、车种性。

①单向交通优点：提高道路通行能力、降低交通事故、提高行车速度、有助于解决停车问题、有利于干线协调控制。

②单向交通缺点：增加绕行距离、给公交乘客带来不便、容易迷路、弱化了居住商业区的宁静性、弱化了街区的步行环境。

③适用条件如下：

a. 具有相同起点、终点的两条平行道路，它们之间的距离为 350～400 m。

b. 具有明显潮汐交通特性的街道，其宽度不足 3 车道的可实行可逆性单向交通。

c. 复杂的多路交叉口，某些方向的交通可另有出路的，才可将相应的进口道改为单向交通。

（2）变向交通有方向性、非方向性。

①变向交通的优点：合理使用道路，充分提高道路的利用率，从而提高了道路的通行能力，对解决交通流方向和各种类型的交通在时间分布上不均匀性的矛盾都有较好的效果。

②变向交通的缺点：增加了交通管制的工作量和相应的设施，且要求驾驶员有较好的素质，注意力集中，尤其在过渡地段。

③适用条件：

a. 方向性变向交通的实施条件：

（a）道路上机动车道数应为双向 3 车道以上；

（b）交通量方向分布系数大于 2/3；

（c）能够满足相应的交通需求。

b. 非方向性变向交通的实施条件：

（a）自行车借用机动车道仅适用于一块板、二块板道路，且应满足交通需求；

（b）机动车借用非机动车道后，剩余车道应能满足自行车通行安全；

（c）行人借用自行车道适用于中心商业区。

（3）专用车道有大型活动专用车道、公共交通专用车道、自行车专用车道。

3. 禁行管理

车速管理是指运用交通管制的手段，强制性地要求机动车按照规定的速度范围在道路上运行，以确保道路交通安全。

（1）限速及其依据。

①对于因受条件限制，实际通视距离不能满足最小视距要求的路段，应按实际通视距离验算该路段的限制车速。

②在该设置而未设置或不便设置超高的小弯道上，应按弯道的转弯半径验算可通过的安全行驶车速作为通过该弯道的限制车速。

③驾驶员视野随行驶车速的增加而减小，注视点前移，形成隧洞视。

（2）限速措施。

①车速限制。最高行驶车速的限制是指对各种机动车辆在无限速标志路段上行驶时的最高行驶车速的规定。其是根据道路设计车速或实际地点车速的累计频率分布曲线上的 $V_{85\%}$ 值等因素

确定，如图 12.5 所示。

②特殊情况下的车速限制。在道路条件与交通条件的影响下，对行驶车速应有一定的限制。

③控制行驶车速的方法。控制行驶车速的方法有法规控制、心理控制、工程控制。

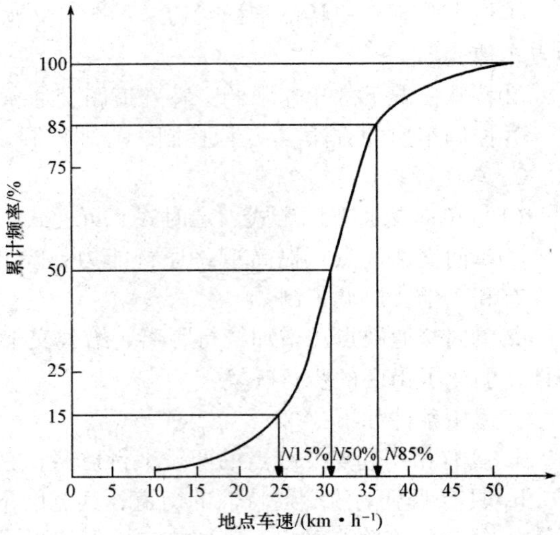

12.5.5 机动车道管理

1. 行车道宽度条件

（1）机动车道宽度应根据车型及设计行车速度确定

（2）一般机动车道路面宽度包括车行道宽度及两侧路缘带宽度。

（3）公交专用道宽度不宜小于 3.5m。

（4）大容量公共交通的专用道车道宽度应根据选用的车型具体确定。

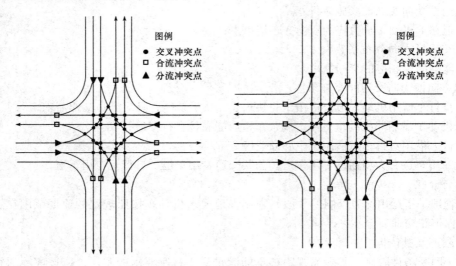

图 12.5 车速限制

2. 单向交通

单向交通又称单行线，是指道路上的车辆只能按一个方向行驶的交通。单向交通是在城市道路交通系统中，充分利用现有城市道路网容量，缓解城市交通拥挤的一种经济、有效的交通管制措施。

交叉口冲突点示意图如图 12.6 所示。

图 12.6 交叉口冲突点示意图

（1）信号（灯）控制实效。

①在保持主流方向绿灯信号时间不变的情况下，缩短红灯和黄灯信号时间，从而缩短信号周期。

②由于减少黄灯信号的损失时间而提高交叉口的有效通车时间。

③因与交通主流方向同向解决左转和右转交通而提高绿灯信号的利用率。

（2）干道线控实效。

①不因交叉口间距不等而产生问题，相反能够十分容易地根据交叉口间距安排绿灯起步时差。

②绿灯时间可得到充分利用而增长"通过带"的宽度。

③通过带宽与绿灯时间的比值称为线控交通效率系数，用 η_c 表示。单向交通情形，$\eta_c = 1$；双向交通情形，$\eta_c < 1$，甚至 $\eta_c < 0.5$。

（3）对偶干道上的逆时针与顺时针运行。对偶干道上逆时针组织单向交通有很大优点，其复杂度指标为顺时针运行的 1/2.25。

3. 变向交通

变向交通是指在不同的时间内变换某些车道上的行车方向或行车种类的交通，也称为"潮汐交通"。变向交通按其作用可分为方向性变向交通和非方向性变向交通两类。

（1）方向性变向交通，是指在不同时间内变换某些车道上的行车方向。这类变向交通可使车流量方向分布不均匀现象得到缓和，从而提高道路的利用率。

方向性变向交通的实施条件如下：

①道路上机动车道数应为双向 3 车道以上；

②交通量方向分布系数 $K_D > 2/3$；

③重交通方向在使用变向车道后，通行能力应得到满足；轻交通方向在去掉变向车道后，剩余的通行能力应能满足交通量的需求；

④在城市道路上使用时，需要考虑在信号控制交叉口进口道上相应地增加进口道的车道数。

（2）非方向性变向交通，是指在不同时间内变换某些车道上的行车种类。这类变向交通对缓和各种类型的交通在时间分布上不均匀性的矛盾有较好的效果。

非方向性变向交通的实施条件如下：

①自行车借用机动车道仅适用于一块板、二块板的道路，借用后机动车剩余车道的通行能力应能满足机动车交通量的需求；

②机动车借用自行车道后，剩余车道应能保证自行车通行的安全；

③行人借用车行道适用于中心商业区，除定时步行街外，要对机动车流进行分流疏导和控制。

4. 禁行管理

为了调节道路上的交通流，将一部分交通流量均匀分到其他负荷较低的道路上，或满足某些特殊的通行要求，根据道路条件和交通条件，实行对机动车和非机动车的某种限制通行的管理，称为禁行管理。

禁行管理可分为时段禁行、错日禁行、车种禁行、转弯禁行、重量（高度、超速等）禁行。

5. 专用车道管理

多乘员车辆专用道（HOV 车道）如下：

（1）同向 HOV 车道；

（2）隔离 HOV 车道；

（3）逆向 HOV 车道；

（4）绕行车道；

（5）公共汽车专用的 HOV 车道。

12.5.6　常规公共交通优先通行管理

公交专用道的设置方法有两种，即隔离路段原有车道和新增车道。

公交专用道可分为三种设置形式，即沿路外侧机动车道设置的公交专用道、沿路中间机动车道设置的公交专用道、沿路内侧机动车道设置的公交专用道。

（1）路外侧公交专用道的主要优点。

①便利于设置公交停靠站。

②不需要对公交车辆的乘客门进行改造。

③实施方便易行，投资少。

（2）路外侧公交专用道的主要缺点。

①容易受到干扰。

②不利于左转公交车的运行。

③不利于社会车辆右转。

④不利于设置出租车停靠站。

路内侧公交专用道有两种设置方法：一种是将公交专用道设置在中间隔离带相邻的两侧车道上；另一种是将公交专用道设置在中间隔离带的中间。

路内侧公交专用道可以减少许多干扰公交车辆运行的因素。因此，公交车辆可以较高的速度运行，有利于减少公交车辆的路段延误。

12.5.7　停车交通管理

1. 机动车停车场类型

（1）按服务对象可分为专用停车场、建筑物配建停车场和社会公共停车场。

（2）按停车场地的位置可分为路内和路外停车场两种类型。

（3）按停车场建造类型可分为地面停车场、地下停车库、立体（机械式）停车楼。

（4）按收费管理方式可分为免费停车场、限时停车场、收费停车场和指定停车场。

2. 机动车停车设施供需平衡管理方法

管理重点主要包括两个方面：一方面是必须达到停车设施容量和道路设施容量的协调发展；另一方面是尽量减小静态交通设施对动态交通运行的影响。

（1）停车泊位供需总量分区调控。

①停车泊位限制供应措施。

②停车泊位平衡供应措施。

③停车泊位扩大供应措施。

④交通枢纽区域停车泊位供应措施。

（2）城市中心区停车泊位供应措施。对城市中心区停车泊位供应的管理措施有不同的选择，并对应不同的效果，包括分区域供给停车泊位数量、分时间供应停车设施、停车泊位使用价格调整及停车设施之间的相互整合利用。

（3）城市居住区停车泊位供应措施。主要由建筑物配建停车场提供。对处于城市不同停车分区、不同类型的居住区，可分别采取相应的停车供应对策。

（4）就业密集区停车泊位供应措施。总体上采取限制泊位供应对策。

①通过用地布局引导交通减量，减少就业通勤需求。

②大力发展城市公共交通，减少就业通勤停车需求。

③鼓励合乘方式，减少就业密集区停车需求。

（5）旅游地区停车泊位供应措施。

①节假日和工作日需求差异显著，以及停车需求高峰和其他用地需求高峰错时段标线。

②3 种方法，即直接扩大停车设施规模、周边停车设施共享、辅助公交换乘。

（6）枢纽地区停车泊位供应措施。其布局必须与交通枢纽、主要道路相结合，与公交线路规划、场站设置同时进行，动态调整，引导个体出行方式向公共交通转换。

3. 机动车路内停车设施管理方法

机动车路内停车设施管理方法包括平行式（Parallel）：车辆平行于行车道方向停放；垂直式（Perpendicular）：车辆垂直于行车道停放；斜列式（Angled）：车辆与行车道边缘成一锐角停放，角度一般为 30°、45°、60°三种。

路内停车设施的设置应有明确的标志、标线引导，在其他有可能停放车辆的路段上设置禁停标志、标线。

考虑路内停车位的施划对动态交通可能产生的影响，在路段混合交通条件、交叉口影响区、建筑物车辆进出口、人行横道等附近慎重施划路内停车位设置。

对于路内停车场，应该有严格停放时间限制。

路内停车带规划与设置流程如图 12.7 所示。

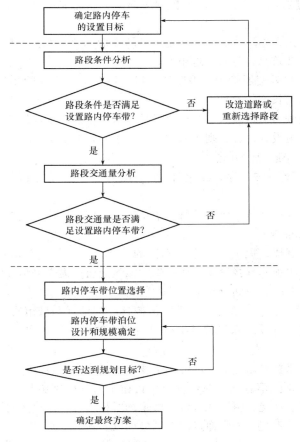

图 12.7　路内停车带规划与设置流程

4. 路外停车设施交通管理方法

（1）路外停车场出入口处交通管理原则。

①城市公共停车场出入口的位置距离道路交叉口宜大于 80 m，距离人行过街天桥、地道、

桥梁或隧道等引道口应大于 50 m，距离学校、医院、公交车站等人流集中的地点应大于 30 m。

②出入口应符合行车视距要求，安全视角不小于 120°，宜右转驶入临近道路。出口、入口宜分开设置，不应布置在主要道路上。为避免造成交叉口处交通组织的混乱，停车场出入口应尽量设置在次干道上，如设置在主干道旁，则应尽可能远离道路交叉口。

③特大型地面停车场出入口数量不应少于 4 个，大、中型地面停车场出入口数量不应少于 2 个，出入口之间的间距应大于 20 m。出入口宽度不应小于 7 m，转弯半径综合考虑车型、车速和道路条件确定，纵坡不宜大于 3%。

④地下停车场与停车楼宜为小型车提供停车服务，特大型地下停车场与停车楼出入口数量不应少于 3 个，大、中型地下停车场与停车楼的出入口数量不应少于 2 个，出入口之间的净距应大于 15 m，宜设置人流专用出入口，双向行驶时出入口宽度不应小于 7 m，单向行驶时出入口宽度不应小于 5 m，直线坡段纵坡不宜大于 15%，曲线坡段纵坡不宜大于 12%。

⑤出入口设置在城市主干路的城市公共停车场，机动车交通组织宜采用右进右出的方式，限制左转直接驶入（出）主干路；出入口设置在城市次干路、支路上的城市公共停车场，机动车交通组织宜采用右进右出的方式，在不影响对向道路交通的情况下，可采用左转方式驶入（出）。

⑥为尽量减少车辆出入停车场时对某些要求环境安静的建筑物产生噪声、废气污染的影响，停车场的出入口与某些建筑物应留有一定距离。

（2）路外停车场入口处交通管理。停车场入口对城市动态交通的影响主要体现在停车场的车辆驶入率和相应入口道长度的设计。

如果停车场的车辆驶入流量较大，入口道设计过短，会造成车辆排队等待，从而影响路段上车辆的通行，如果入口道设计过长，则既占用土地又浪费资源。

（3）停车场出入口交通组织方式。

①出入口道设置禁停标志、标线。在停车场出入口设置禁停区域，避免对车辆进出的干扰。

②出入口道无控、减速让行、停车让行、禁止转向、信号灯控方式综合应用。

5. 停车设施信息化管理

以多级信息发布为载体，提供停车场（库）的位置、空满状态等信息，指引驾驶员停车的系统。其主要功能：减少由于寻找停车场而产生的无效交通；提高停车设施使用率和车辆停放便利性；调节停车需求在时间和空间分布上的不均匀。

（1）停车设施出行前信息化管理。让驾驶员按自己的偏好和城市实时停车信息提前安排出行路径和预选停放地点，有效消除驾驶员出行以后搜寻停车场的顾虑，并提高"冷门"停车设施的利用率。

出行前车辆停放信息主要通过 Internet、通信和媒体 3 种传输渠道发布。

（2）出行中或出行端点信息化。在驾驶员出行途中为其提供实时的停车信息，综合考虑车辆内和道路上的硬件配备状况，将宏观区位和微观场所相结合，构建面向用户的多渠道、多层次的城市停车信息服务的子系统，通常通过停车诱导加以实施。

①车载设备（Parking Navigation Systems）：CRT 显示屏、电子地图数据库、音频（广播电台、语音提示装置）和数据传输设施等。

②道路（Variable Message Sign，VMS）：多级兼具停车和导向功能的道路 VMS 停车诱导模式；四级信息发布系统。

12.6 慢行交通管理

12.6.1 步行交通管理

1. 步行交通行为特征

（1）空间需求。行人空间需求可分为行人静态空间需求和动态空间需求。步幅一般为 0.5 ~ 0.8 m。

（2）步行速度。步行速度为 0.5 ~ 1.5 m/s，平均为 1.3 m/s，我国规范采用 1.0 ~ 1.2 m/s。不同分组的步行速度统计结果见表 12.4。

表 12.4 不同分组的步行速度统计结果   m³

分组	均值	样本量	最小值	最大值
男性青年	1.38	214	0.71	2.23
男性中年	1.32	198	0.68	1.98
男性老年	1.13	113	0.60	1.55
女性青年	1.29	208	0.69	2.05
女性中年	1.25	202	0.65	1.85
女性老年	1.10	121	0.58	1.52
男性	1.29	525	0.60	2.23
女性	1.24	531	0.58	2.05
青年	1.34	422	0.69	2.23
中年	1.28	400	0.65	1.98
老年	1.11	234	0.58	1.55

2. 管理原则与主要交通标志说明

步行交通设施管理与设计的总体原则：

（1）安全性和连续性。

（2）系统性。

（3）可达性和易用性。

（4）提供良好的环境。

（5）鼓励不同用途。

用于步行交通管理的主要标志包括"指示标志、指路标志、警告标志、禁令标志"等，标线以斑马线为主，如图 12.8 所示。

步行

人行横道

禁令、警告标志实例

禁止行人驶入

禁止行人驶入

注意行人

注意儿童

图 12.8　步行管理主要标志

3. 路段人行道功能区划分

主要功能区包括 3 个部分，即行人通行区、缓冲区和建筑物延伸区，如图 12.9 所示。

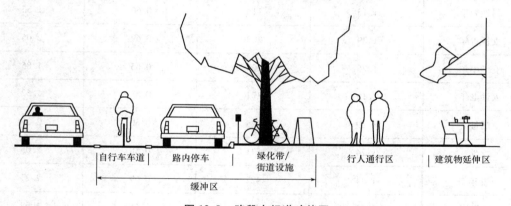

图 12.9　路段人行道功能区

4. 交叉口步行交通管理与设计

（1）表现形式：条纹式－斑马线（路段）、两条平行粗实线（灯控）、两条平行粗实线辅以文字。

（2）一般性布置要求。

①位置：人行道向交叉口外侧偏移，横道边距离机动车进口道停车线和隔离保护带一定的宽度（约为 2 m）。

②转角：长度大于小车车身长度，适当设置隔离设施。

③宽度为 3～5 m，与通行能力有关（2 000 人/绿灯小时·m）。

④长度为小于 15 m 或二次过街。

5. 交叉口行人过街控制方式

信号控制交叉口的行人过街，按照行人信号灯的红绿灯设置分配通行权，避免与机动车和其他车辆运行发生冲突。

对于无信号控制交叉口且允许行人通过的断面，应尽可能设置行人过街斑马线，以明确行人过街通行权，在交叉口进口道提前设置减速让行或停车让行交通标志与标线。

6. 交叉口行人过街中央分隔带和安全岛设置

当道路宽度超过四条机动车道时，人行横道应在车行道的中央分隔带或机动车道与非机动车道之间的分隔带设置行人安全岛。

①典型交叉口行人过街中央分隔带/安全岛。

②错位行人过街安全岛。

7. 交叉口行人分层过街通道设置

①横过交叉口的一个路口的步行人流量大于 5 000 人次/h，且同时进入该路口的当量小汽车交通量大于 1 200 辆/h 时。

②通过环形交叉口的步行人流总量大于 18 000 人次/h，且同时进入环形交叉的当量小汽车交通量达到 2 000 辆/h 时。

③行人横过城市快速路时。

④铁路与城市道路相交道口，因列车通过一次阻塞步行人流超过 1 000 人次或道口关闭的时间超过 15 min 时。

⑤人行天桥或地道设计应符合城市景观的要求，并与附近地上或地下建筑物密切结合；人行天桥或地道的出入口处应规划人流集散地，其面积不宜小于 50 m²。

⑥地震多发地区的城市，人行立体过街设施宜采用地道。

8. 人行过街的附属设施

人行天桥及地道。

人行过街设施的选用依据（以立交为例）：

（1）快速道路的过街设施必须修建为行人天桥或地道。

（2）商业区道路交叉口或道路两侧存在大量人流来往的大型建筑物，可结合实际条件和需要设置人行天桥或过街地道。

12.6.2　自行车交通管理

1. 路段自行车交通设施管理与设计

（1）自行车专用道路。自行车专用道路包括与机动车道间有物理隔离（护栏、绿化带等）的自行车专用道（横断面表现为三幅以上的道路），以及与机动车道间无物理隔离的自行车专用道（通过标志和路面标记分离通行权）。

（2）自行车－机动车共享道路。自行车－机动车共享道路是比正常机动车车道稍宽的道路，可以更好地让自行车和机动车共享一条道路而不用转变车道。

（3）自行车－机动车共享道路。

①当道路宽度条件不足以设置单条物理或划线隔离的自行车专用道，且允许自行车通行时，应设置自行车－机动车共享道路。

②对现有道路进行车道划分时，通过缩窄机动车道宽度或是减少机动车道数量，可以提供空间设置自行车－机动车共享道路，但是这种重新设置是建立在对道路交通流特性进行仔细分析的基础上。

③在存在陡坡的地方，应该增加自行车－机动车共享道路的车道宽度，以保障骑行者的安全。

④在自行车－机动车共享车道和路边停车带中间应设置明确的交通标线。

（4）路段空间资源的重新分配。

①四车道改建为三车道。

②缩窄机动车道以容纳自行车专用道。

③三车道改建为两车道。

④路边停车资源重新配置。

⑤逆向自行车道的设置。

⑥天桥和地下通道的设置。

2. 交叉口自行车交通管理

（1）自行车交通交叉口管理原则。

①交叉口处自行车交通应该与机动车交通进行空间和时间分离，如果没有条件分离，也必须给出适当的空间，让自行车与机动车分道行驶。

②采取必要措施使自行车以较低的速度有序地进入交叉口。

③应尽量使自行车处于危险状态的时间减到最少。

④如果空间允许，对自行车暂停的地方应该提供实物隔离的措施。

⑤为了简化驾驶人员在交叉口的观察、思考、判断及采取措施的过程，自行车交通与机动车交通的冲突点应该尽量远离机动车交通之间的冲突点。

⑥当自行车与机动车交叉口等待绿灯或通过交叉口时，应该保证相互之间能看得清楚，特别是当自行车通过交叉口时，应尽可能使机动车驾驶人员知道自行车的行驶路线与方向。

（2）自行车交通交叉口管理方法。

①右转弯专用车道－类似机动车右转专用道。

②左转弯专用车道－颜色标识。

③左转弯候车区－两次过交叉口，提高左转效率。

④停车线提前－避免机非相互影响。

⑤自行车横道－横道内自行车优先。

⑥交叉口自行车绕行－无左转自行车流。

12.7 交通信号控制

12.7.1 单点交叉口信号控制基础

通常，对于主次通行权分明及交通量较低的交叉口，采用停车让路控制或减速让路控制；对于交通量较大的交叉口则采用信号控制。决定是否应将停车让路控制或减速让路控制改变为信号控制时，应主要考察两个因素：交叉口的通行能力和延误。考察如继续采用停车让路控制或减速让路控制是否满足交叉口实际交通量的通行要求，以及改为信号控制后交叉口的平均延误水平是否得到改善。

1. 单点交叉口信号控制的基本参数

（1）信号相位。在信号控制交叉口，每一种控制状态（一种通行权），即对进口道不同方向所显示的不同灯色的组合，称为一个信号相位。

（2）信号周期。信号周期是指信号灯色按设定的相位顺序显示一周所需的时间，用 C 表示，单位为秒（s），取值一般在 40～120 s（图 12.10）。

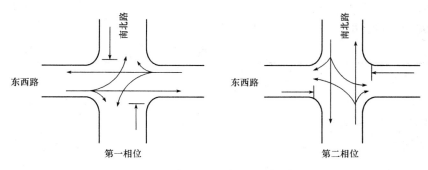

图 12.10　两相位信号周期图

（3）损失时间。损失时间 L 是指在信号周期内无法被利用的时间，包括前损失时间、后损失时间及全红信号时间。前损失时间又称为启动损失时间，是指绿灯刚启亮时由于驾驶人的反应延迟、车辆从静止加速到正常行驶速度造成的时间损失、后损失时间是指绿灯末期及黄灯期间驾驶人放缓车速损失的时间；全红信号损失即全红信号时长。

（4）有效绿灯时间。所谓有效绿灯时间是指与信号相位内可利用的通行时间相等效的理想通行状态所对应的绿灯时间。

（5）绿信比。绿信比是指一个信号周期内某信号相位的有效绿灯时长与信号周期时长的比值，如图 12.11 所示。

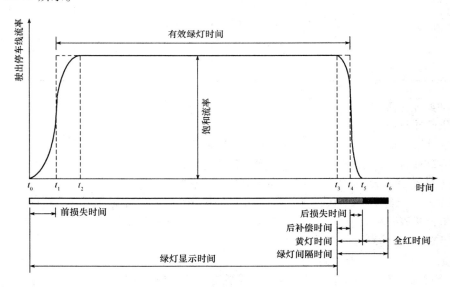

图 12.11　信号相位期间车流驶出停车线流量示意图

（6）饱和流量（saturation flow rate）。既定条件下，某一股车流或几股车流单位时间内以饱和状态通过交叉口的流量值（辆/小时）。

（7）基本饱和流率。理想条件下一条直行（或左转、右转）车道的饱和流率。影响饱和流率的主要因素：车道宽、进口道坡度、大车率、转弯半径、左转车流冲突、自行车干扰、行人干扰等。

2. 单点交叉口基本信号控制设计

（1）常见信号控制相位方案（相位图），见表12.5。

表 12.5　相位图

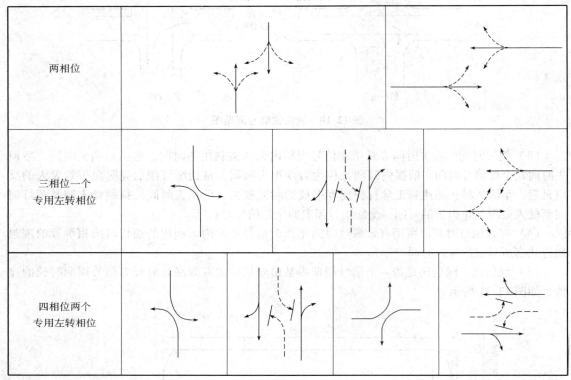

（2）初始相位确定。

①相位设计与渠化方案相协调。

②考量是否需要设置左转保护相位。

a. 当左转车流量小于 100 vph 时，一般不设置左转保护相位；

b. 当左转车流量大于 200 vph 时，通常设置左转保护相位；

c. 当左转车流量小于 200 vph 时，采用如下方法判断：计算左转车流量与对面单车道直行车流量的乘积，若该乘积大于 50 000 vph，则设置左转保护相位；否则不设置。

③关于右转相位设计。

a. 一般情况采用右转与直行同相位；

b. 仅当过街行人、自行车流量很高时，设置右转专用相位；

c. 当存在左转保护相位时，可以考虑采用"直右相位 + 右转专用相位"的控制形式；

d. 对于渠化形成的右转分离车道，右转车流可采用减速让行控制。

（3）各相位的配时设计。

①两种思路：寻求直行、左转、右转及合用车道的饱和流量值和计算方法，则流量比 = 实际流量/饱和流量（理论方法）。其特点如下：

a. 理论性强，但计算非常复杂。

b. 对于含有合用车道的一组车流的流量比计算不够简洁。

②将所有转向车流量转换为等效直行车流量，然后计算流量比（简易方法）。

a. 直行车道饱和流量计算方法同理论法，基本饱和流量值为 1 650 vph。

b. 左转车流量查表转换为等价直行流量。

c. 右转车流量查表转换为等价直行流量。

12.7.2　单点交叉口基本信号控制设计

1. 准备工作

确定交叉口的几何特征及设计小时的交通需求。

$$q_{dijk} = 4 \times q_{ijk15\ \text{min}} \qquad (12\text{-}1)$$

式中　q_{dijk}——某一交叉口第 i 时段第 j 进口道第 k 流向的车流通量；

　　　$q_{ijk15\ \text{min}}$——实测的第 i 时段第 j 进口道第 k 流向车流的高峰小时中最高 15 min 的流量。

2. 交叉口渠化设计与相位方案设计

理想的信号控制方案应将交叉口各车道的交通负荷控制在一个恰当水平，并且尽可能使各车道的饱和度相当，通常遵循四条原则。通常从左转相位开始设计相位方案。

3. 流率比分析与关键车流确定

当进口道划分和信号控制初步方案确定之后，即可以确定各进口方向的车道组构成，并进行车道组流率比分析。

流率比最大的车道组对于绿灯时长的确定最为关键，因此，将同一相位下流率比最大的车道组（车流）称为关键车道组（或关键车流）。

4. 周期时长确定

C 较长和较短均有利弊。

目前，应用最广泛的单点交叉口信号周期有最短信号周期、实用信号周期、Webster 信号周期三种。

（1）最短信号周期计算。保证相位 I 内所有车流都通过交叉口的最短饱和通行时间要求。

（2）实用信号周期。

①最小周期存在的问题。

②启动损失与黄灯补偿问题。

③最小周期条件下，随机到达产生的暂时性过饱和。

④考虑高峰小时系数和交叉口设计饱和度的周期计算公式：

$$C_0 = \dfrac{L}{1 - \dfrac{Y}{PHF\ (v/c)}} \qquad (12\text{-}2)$$

式中　PHF——高峰小时系数；

　　　v/c——交叉口设计饱和度。

（3）周期长度确定后配时。

①将周期长减去总信号损失，得到总有效绿灯时间：

$$G_e = C_0 - L \qquad (12\text{-}3)$$

②计算各相位有效绿灯时间：

$$g_{ei} = G_e \dfrac{y_i}{Y} \qquad (12\text{-}4)$$

③计算各相位的显示绿灯时间：

$$g_i = g_{ei} - A_i + l_i \qquad (12\text{-}5)$$

④最短绿灯时间满足行人过街时间的验算：

$$g_i \geq 7 + Lp/vp - I \tag{12-6}$$

12.8　干线交叉口信号协调控制

延误分析十分复杂，理论计算值难以精确符合实际情况。评价现有交叉口控制方案时，应对延误进行实测。对信控设计方案进行评估且无法进行实测时，采用理论分析方法。

1. 协调控制的主要参数

（1）相位差 Of。

①绝对时差：绝对时差是指各个信号灯的绿灯或红灯的起点相对于某一个标准信号灯的绿灯或红灯的起点的时间之差。

②相对时差：是指两相邻信号灯的绿灯或红灯的起点之间的时间之差，如图 12.12 所示。

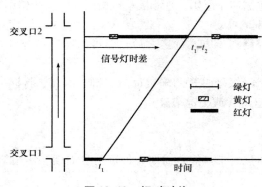

图 12.12　相对时差

2. 协调控制的效益

交通信号协调控制的主要效益是提高服务水平。

停车次数和延误用于评价运行于两个相邻信号交叉口的车队的服务水平，主要体现在停车次数的减少和延误的降低两个方面（图 12.13）。

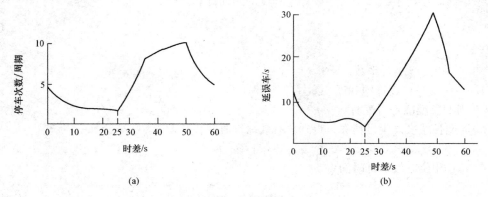

图 12.13　停车次数和延误

通常可以使用成本函数或者惩罚函数来评价协调控制方案的效果：

$$cost = K_1 \times s + K_2 \times d + K_3 \qquad (12\text{-}7)$$

式中　s——总的停车次数（次）；

　　　d——总的延误时间（s）；

　　　K_1、K_2 和 K_3——待标定的参数。

交通信号协调控制可以让车辆保持平稳的运行速度。

另外，协调控制可以使得车辆以排列紧凑的车队形式连续地、不停车地通过若干个交叉口，从而提高道路的使用效率。

通过交通信号灯之间良好的协调，还可以减少交叉口停车线前所滞留的车辆数。

3. 协调控制需要考虑的主要内容

（1）道路系统的类型。

（2）对需要协调控制的交通流进行详细的分析和研究。

（3）设定信号灯协调控制的目标（最大带宽、最小延误时间、最少停车次数、停车次数和延误加权综合的最小化）。

4. 影响协调控制效果的主要因素

（1）主线交通流中存在大量的转出交通流。

（2）主线交通流中存在大量的转入交通流。

（3）主线交通流中存在大量的路侧交通干扰。

（4）需要进行多相位信号控制的复杂交叉口。

（5）信号交叉口之间的距离。

（6）街道运行条件。

12.9　区域交叉口信号协调控制

12.9.1　区域信号控制基本原理

1. 基本概念

区域信号控制是将城区内的全部交通信号的监控，作为一个指挥控制中心管理下的整体的控制系统，是单点信号、干线信号系统和网络信号系统的综合控制系统。其对象为城市或某个区域中所有交叉口的交通信号。其类型为单点、干线和区域控制三种。

现代的交通控制系统是多种技术的综合体，主要有以下优点：

（1）整体监视和控制。

（2）可因地制宜地选用合适的控制方法。

（3）点、线、面控制灵活使用。

（4）可有效、经济地使用设备。

（5）显示、检测、采集、传输数据。

2. 区域控制分类

（1）按控制策略可分为以下两项：

①定时式脱机控制。依据交通流历史统计数据，脱机优化处理。

②适应式联机控制。设置检测器，适时采集交通数据，实施最优控制。

（2）按控制方式可分为以下两项：

①方案选择式。对应不同交通流，存储不同模型和控制参数，依据采集的实时交通数据，选

取控制参数

②方案生成式。根据采集的交通数据，实时计算最佳控制参数，进行控制。

（3）按控制结构可分为以下两项：

①集中式控制。一台计算机对整个系统集中控制；通信系统庞大，数据存储和计算海量，控制具有实时性；较差范围不能太大。

②分层式控制。

a. 上层接受决策信息对信息进行协调，从系统角度修改下层的决策控制；

b. 下层根据修改后的方案，执行交叉口控制配时方案。

3. 区域控制系统建立条件

（1）道路交通条件。

①交叉口之间的几何关系有距离、规则性。

②交通流特性有车种、车队离散性。

③交通流大小：相邻交叉口流量很小或很大时均不易进行区域控制。

（2）技术条件包括软件、硬件、人才。

（3）经济条件包括分期、分批，项目建设实施序列。

（4）社会条件包括交通参与者的素质（给定的控制需要时间适应）。

12.9.2 典型定时式脱机控制系统

1. TRANSYT 系统简介

TRANSYT 系统主要由以下两大部分构成：

（1）交通仿真模型：仿真在信号控制网络上的车队模型。

（2）优化算法：信号配时方案优化设计。

2. 交通仿真模型

TRANSYT 所采用的交通仿真模型有以下四个假定条件：

（1）模拟路网内，所有信号交叉口均采用一个共用信号周期长度（或一半），每个信号阶段划分情况及最短时间已知。

（2）路网中所有主要交叉口都有交通信号灯或让路规则控制。

（3）路网中各车流在某一确定时间段内的平均车流量为已知，且维持恒定。

（4）每一交叉口的转弯车辆所占的百分数为已知，并且在某一确定时间段内维持恒定。

①交通网络结构图示。TRANSYT 将一个复杂的交通网简化成适用于数学计算的图示。这个图示由节点和 连线组成。节点是指信号灯控制的交叉口；连线指一股驶向下游节点的单向车流。

②周期流量变化图示。周期流量变化图示是一种描述交通量在一个周期内随时间变化的图示。

③车流在连线上运行模拟。为描述车流在一条连线上运行的全过程，TRANSYT 使用了到达流量图示、驶出流量图示、饱和驶出图示三种周期流量图示。

上游驶出周期流决定了下游驶入周期流。

④车辆延误时间和停车次数。

a. 车辆延误时间是均匀到达延误、随机延误、超饱和延误之和。

（a）均匀到达延误是当某一连线上平均驶入的交通量低于该连线的设计通行能力时，车流受红灯阻滞而延迟的时间。

（b）随机延误是由于到达停车线的车流不均衡造成的附加延迟时间。

（c）超饱和延误是在交通网络中某些连线上，由于车辆到达数超过交叉口的通行能力，在停车线后面的车辆排队随时间增长造成的延迟时间。

b. 停车次数包括均匀到达停车次数、随机停车次数、超饱和停车次数。

⑤优化目标函数 PI 的建立。

$$PI = \sum_{i=1}^{N} \left(W \cdot \omega_i \cdot d_i + \frac{K}{100} \cdot k_i \cdot s_i \right) \qquad (12\text{-}8)$$

3. 优化的原理和方法

（1）将交通信息和初始配时参数作为原始数据，将 PI 送入优化程序，作为优化的目标函数；

（2）用"爬山法"优化，产生较之初始配时更为优越的新的信号配时；

（3）将新信号配时再送入仿真部分，反复迭代，最后取得 PI 值达到最小标准时的系统最佳配时。

TRANSYT 优化过程的主要环节包括所需已知数据、绿时差（相位差）的优化、绿时差的优选、绿灯时间的优选、控制子区的划分、信号周期时间的选择。

（1）所需已知数据：路网几何尺寸、交通流量数据与经济损失折算当量。

（2）绿时差（相位差）的优化：在初始配时方案的绿时差（相位差）的基础上，调整交通网上某一个交叉口的绿时差（相位差），计算性能指标 PI，使 PI 最小。

（3）绿灯时间的优选：不等量地更改一个或几个乃至全体信号相位的绿灯长度，以期降低整个交通网的性能指标 PI 值。

（4）控制子区的划分：针对范围较大交通网络，划分为若干控制子区，控制策略相对独立。

（5）信号周期时间的选择：TRANSYT 计算不同信号周期长度取值下的性能指标 PI，从这一组信号周期长度取值选取出最佳信号周期时长。

①TRANSYT 优点：不需大量设备、投资低、容易实施。

②TRANSYT 缺点：

a. 计算量很大，在大城市中这一问题尤为突出；

b. 周期长度不进行优化，事实上很难获得整体最优的配时方案；

c. 因其离线优化，需大量的路网几何尺寸和交通流数据，数据更新费用大。

12.9.3　SCATS 系统

1. 工作原理

（1）控制参数的选择依据：根据车辆检测器测量得到的交通状态。交通要求（交通状态）是用车辆检测器测量得到的交通量和占有率这两个参数的加权和来表示。

$$M = \alpha \cdot q + \beta \cdot O$$

（2）方案参数的选择方法：以交通要求为主要依据，可对信号周期、绿信比、相位差（或其中某个参数）的选择进行控制。其基本原理如下：

①为每个子区单元先选择一个信号周期。

②为每个子区单元选择一个绿信比参数。

③为每个子区单元选择一个相对相位参数。

2. SCATS 系统简介

（1）SCATS 系统特点。无仿真实时交通状况的数学模型，以简单的代数式描述交通特征，用于计算信号周期长；绿信比和相位差依据信号周期调整。

（2）SCATS 系统组成。

①实时交通数据计算部分主要包括"类饱和度"与"综合流量"的计算。

②优化选择部分主要包括公共信号周期的计算、绿信比方案的选择、相位差方案的选择与控制子区的合并问题。

（3）SCATS 系统的控制结构。SCATS 系统的控制结构为分层式三级控制。三级控制为中央监控中心→地区控制中心→信号控制机。

3. SCATS 系统优化方法

（1）子系统的划分与合并。

①SCATS 对子系统的划分：由交通工程师根据交通量的历史及现状数据与交通网的环境、几何条件予以判定，所定的子系统即作为控制系统的基本单位。

②SCATS 对子系统的合并：在优选配时参数的过程中，SCATS 用"合并指数"来判断相邻子系统是否需要合并。

在每一信号周期内，若"合并指数"的累积值达到"4"，则认为这两个子系统已经达到合并的"标准"。

合并后的子系统，在必要时还可以自动重新分为原先的两个子系统，只需"合并指数"累积值下降至零。

（2）SCATS 配时参数优选算法。

①类饱和度（DS）：被车流有效利用的绿灯时间与绿灯显示时间之比。

$$DS = \frac{g'}{g}$$

②综合流量（q'）：综合流量 q' 是指一次绿灯期间通过停止线的车辆折算当量。

$$q' = \frac{DS \times g \times S}{3600}$$

③信号周期时长的选择。考虑占优势的交通要求、现状周期长、周期长优化的极限值。以子系统为基础，以类饱和度最高的交叉口计算子系统的新周期长。

12.9.4　SCOOT 系统

SCOOT（Split，Cycle and Offset Optimization Technique）即绿信比—周期—相位差优化技术。

SCOOT 是在 TRANSYT 的基础上发展起来的，不同的是 SCOOT 是方案生成式控制系统，通过安装与各交叉口每条进口道最上游的车辆检测器所采集的车辆到达信息联机处理，形成控制方案，连续地实时调整绿信比、周期时长及绿时差三个参数，使之同变化的交通流相适应。

1. SCOOT 系统简介

SCOOT 系统的特点如下：

（1）SCOOT 系统是一种两级结构，上一级为中央计算机，下一级为路口信号机。

（2）通过车辆检测器获得交通量数据（每秒 4 次采样），以此为依据建立交通流模型。

（3）绿信比、相位差和周期的优化均通过模型进行。

（4）为了避免信号参数突变对交通流产生不利的影响，SCOOT 在优化调整过程中均采用小增量方式。

（5）具有公交车辆和紧急车辆优先功能。

2. 系统优化配时的主要环节

（1）检测。SCOOT 使用环形线圈式电感检测器实时地检测交通数据。路边不允许停车的情况下，可埋在车道中间。所有车道都要埋设传感器，一个传感器检测一条或两条车道，两条车道合用一个传感器时，传感器可跨在分道线中间。

（2）子区。SCOOT 系统划分子区也由交通工程师预先判定，系统运行就以划定的子区为依据，运行中不能合并，也不能分拆，但 SCOOT 可以在子区中存在双周期交叉口。

（3）模型。模型包括周期流量图示——车队预测、排队预测、拥挤预测、效能预测。

（4）优化。

①优化策略：对优化配时参数随交通到达量的改变而做频繁和适量调整。调整量虽小，但由于调整次数频繁，就可由这些频繁调整的连续累计来适应一个时段内的交通变化趋势。这样的优化策略是 SCOOT 成功的主要原因之一。

②优化次序：SCOOT 在每次改变信号配时方案前，频繁按此轮流优化周期时间、绿信比与绿时差。

③绿灯时长优选。

④绿时差优选。

⑤周期时长优选。

12.9.5　ACTRA 控制系统

1. 系统的控制模式

ACTRA 系统控制模式：ACTRA 系统有多种控制模式，大体分为 14 种。重点介绍有别于其他系统的 4 种控制模式。

（1）系统时间表控制：时间表控制为一组路口设定 1 天或 1 周的配时方案，该模式属于方案选择式控制模式，适用于交通流特性稳定的路口。

（2）干线协调控制：协调控制可进行时间表和感应式线协调控制。感应式协调在保证干线协调控制时，根据非协调相位或冲突方向的请求，自行调整绿信比和相位差。

（3）交通响应控制：交通响应控制时 ACTRA 系统根据路口检测的流量和占有率，动态调整系统的周期、绿信比和相位差等参数，然后选择方案库里最为匹配的方案实施。

（4）区域协调自适应（ACS – Lite）：ACTRA 采用的是区域协调自适应算法 ACS – L（Adaptive Control System Lite）。该算法根据系统检测器的交通信息，对交通参数自动进行优化并执行优化配时方案，以提高区域通行能力。

2. 系统的优化

（1）ACTRA 系统区别于 SCOOT 的最大优点是其所具有的感应式线协调控制功能。

（2）ACTRA 系统采用区域协调自适应算法 ACS – L，该算法基于先进的分布式系统，实时采集交通数据，实现区域优化。

（3）ACS – L 自适应流程：首先在交通响应或时间表控制模式框架中利用当前战略控制周期、绿信比和相位差，然后执行 ACS – L "在线优化"，即当前时刻相位差和绿信比的优化，进行这两个参数微调的战术控制，最后通过过渡执行器平滑过渡转换的模式来执行优化方案。

思考题

1. 试述交通需求管理的含义、目的及意义。

2. 道路交通标志和标线包括哪些类型？

3. 什么是绿信比？

4. 相位设计与渠化方案如何协调？

第 13 章

道路交通环境保护

★ 本章主要内容：

本章主要内容是阐述交通在运行中的环境造成的影响，进而进行交通环境污染的分类，以及其对应的防治方法和测定方式等，同时对交通公害进行评价并对交通环境进行保护和预防，以达到交通运输的安全、快速、舒适通行，最重要的是人与环境和谐、友好相处。

★ 本章学习目标：

了解交通污染的影响；熟悉交通污染的分类；熟悉交通污染的测定方式及相关预测；了解交通评价；掌握交通环境保护的措施。

13.1 概述

环境是指大气、水、土地、矿藏、森林、草原、野生动植物、水生生物、名胜古迹、风景游览区、温泉、疗养区、自然保护区、生活居住区等与人类生存关系最密切的客观条件。道路交通环境就是人们借助道路进行交通运输的客观条件。

道路交通对环境的负面影响，不仅反映在道路建设过程中，行驶在道路上的车辆对环境的影响更大。汽车在给予人们便利的同时，也给周边的环境带来了负面影响。车辆在行驶中会产生噪声、排放有害气体并产生振动，该影响超过某种程度则被视为公害，对环境将产生破坏。

我国正处于国民经济高速发展时期，汽车已经逐渐进入家庭，汽车保有量增长速度惊人，随着汽车社会的到来，要求人们必须重视道路环境保护这一问题，以可持续发展的眼光、借鉴国外经验来制定相关政策，确保汽车和环境的协调发展。

作为汽车人均拥有率较高的日本，交通公害成为社会问题是在汽车迅速发展的 20 世纪 60 年代，由于当时日本投入大量资金来兴建和完善道路，强烈刺激了汽车的发展，但当时没有顾及车辆对环境的影响问题。1976 年，兵库县 43 号国道沿线居民首次提起汽车噪声影响的诉讼，将政府和日本阪神高速公路集团送上法庭，然而裁决却经历了近 20 年，1995 年 7 月，经最高法院判决国家方面完全败诉。1978 年，大阪市西淀川区居民，对国家和阪神高速公路集团提起大气污染相关诉讼，1995 年 7 月，经最高法院裁决，居民胜诉。1998 年，阪神高速集团向原告居民提出和解。这一期间，使得道路管理者开始重视道路与环境保护之间的关系，并出台了相关对策，对公害发生源——汽车，进行了规定与限制，使得目前各种公害逐渐减小。

道路的建设、维护管理，是贯穿道路经营管理始终的项目，而与环境的协调发展是最为重要的课题。在任何地方创造环境、保护环境和形成新的景观，道路建设都起到至关重要的作用。应以可持续发展的眼光进行道路景观设计，处理好道路建设与自然保护的关系，同时，尽可能地不破坏原有的生态环境，为动物提供穿越道路的通道等。

我国近年来已经开始重视交通环境的保护，出台了相应的法规。从国外经验来看，我国目前不能只着眼如何应对公害，而是要从如何创造更好的交通环境入手来规划、建设交通环境，从保护地球环境的观点出发，从交通与能源消耗或整个社会系统的某一方面出发，多角度进行探讨。

13.2　交通噪声的污染与控制

13.2.1　噪声及其主要标识单位

所谓噪声，就是指令人感觉不舒服的声音。从主观上讲，某些人认为的噪声，其他人可能觉得是愉悦的声音。由于噪声影响正常人的心理和生理健康，因此被视为公害之一，但由于对噪声用物理的测定值进行判断很困难，同时，噪声的发生源多种多样，因此，实施统一的对策很困难。然而，从居民投诉的件数来看，在典型的七大公害中，噪声投诉占有较高的比例，因此被视为公害。

道路交通噪声是汽车行驶过程中产生的。其主要有发动机噪声、冷却系统噪声、进气系统噪声、排气系统噪声和轮胎噪声。在交通噪声中主要是发动机噪声和轮胎噪声，当汽车低速行驶时发动机噪声显著高于轮胎噪声，高速行驶时轮胎噪声明显高于发动机噪声，大型车发动机噪声通常很明显。

我国城市道路交通噪声主要来源于汽车喇叭声。据上海市对公共交通线路做过的调查表明，按喇叭次数平均 50 次/km 以上，行驶条件差的路线按喇叭次数为 163 次/km，北京平均 40 次/km。北京曾做过喇叭声与车辆行驶噪声对比试验，结果表明：当行车道路宽度小于 15 m 时，喇叭的平均噪声级较车辆行驶的平均噪声级大 10 ~ 15 dB，道路行驶条件越好，喇叭声越小。随着城市道路条件的改善和管理水平及人们素质的提高，这一情况将得到改善。

噪声的标识单位主要有两类：一种是表示声音强弱的物理量标；另一种是表示感觉到声音大小的感觉量标。前者主要有声压和声压级等；后者主要有噪声级和等效声级。

1. 声压级

声音是在具有弹性介质中压力变动而产生的，而声压是该介质压力变动的有效值，是表示声音强弱的物理量，常用单位为帕（Pa）。声压级是声音强度相对大小的指标，是待测声压 P 的有效值的平方与基准声压 P_0 平方的比值的常用对数的 10 倍，单位为分贝（dB）。

$$L_P = 10\log\frac{P^2}{P_0^2} = 20\log\frac{P}{P_0} \tag{13-1}$$

式中　L_P——声压级（dB）；

　　　P——声压（N/m^2）；

　　　P_0——基准声压，其值为 2×10^{-5} N/m^2。

2. 声功率级

将单位时间声音所放射的全部声能量称为声强。某种声音的声强与标准声强之比的常用对数的 10 倍，称为声功率级。

$$L_{WA} = 10\log\frac{W}{W_0} \tag{13-2}$$

式中 L_{WA}——声源的声功率级（dB）；

W——声源的声功率（W）；

W_0——基准声功率（10^{-12}W）；

3. 噪声级

声源 A、特性声压 P_A 的平方与基准声压 P_0 平方之比的常用对数的 10 倍，称为噪声级，单位为分贝（dB）。

$$L_{PA} = 10\log\frac{P_A^2}{P_0^2} \tag{13-3}$$

式中 L_{PA}——噪声级（dB）；

P_A——声源 A 特性声压（N/m^2）；

ρ_0——基准声压，其值为 2×10^{-5}N/m^2。

地面是具有半自由空间的反射面，从声源距离为 A 的测试点进行噪声和响度级观测时，则有以下公式成立：

$$L_{PA} = L_{WA} - 8 - 20\log l \tag{13-4}$$

式中 L_{WA}——声源的声功率级（dB）；

L——距声源 A 的距离（m）。

4. 等效声级

声源 A 特性声压的时间变动记为 $P_A(t)$，在某一时间范围 $T(t_1 - t_2)$ 内，将变动噪声的声级转换为能量的平均值加以表示的量称为等效声级。

13.2.2 道路交通噪声的测定方法及预测

1. 道路交通噪声的特点

道路交通噪声源具有流动性，噪声本身具有随机性和非稳定性，并受到道路和交通条件的影响，概括起来主要有以下特点：

（1）道路交通噪声的分布与道路网分布一致，其影响范围主要是道路两侧一定范围内的居民及其建筑物等。

（2）道路交通噪声与路面纵坡、路面平整度、路面粗糙度、路段位置有关。道路坡度越大，发动机负荷越大，噪声越大，对大型车影响尤为明显。路面粗糙度越大，噪声也大，特别是对于小型车影响明显。

（3）道路交通噪声与道路具体交通条件关系密切。噪声随着交通量增加而增大，但车流量的增加只对车底噪声和平均噪声影响较大，但对噪声峰值影响较小，当车流量增加到 2 000 辆/h 以后，噪声峰值基本不增加。而噪声峰值主要影响因素是载重车辆的数量，载重车辆所占比例越大，噪声越大。随着车辆加减速的频繁程度，噪声也会发生变化。交通噪声的时间分布规律与交通量的时间分布规律很接近。

2. 道路交通噪声的危害

（1）造成听觉疲劳和听力损伤。当噪声达到 50 dB（A）时，将会开始影响脑力劳动；80 dB

（A）以下只能保持长期工作而不致耳聋；在 90 dB（A）条件下，只能保持 80% 的人不会耳聋；即使在 85 dB（A），还会造成 10% 的人产生噪声性耳聋。人耳听力损失的频率从 4 000 Hz 开始。有时虽然没有达到噪声性耳聋的程度，但很可能已有听力损失。

（2）干扰人们正常生活。睡眠对人是极其重要的，它能够使新陈代谢得到调节、大脑得到休息，从而恢复体力和消除疲劳。噪声会影响人的睡眠质量和数量。40 dB 的连续噪声可使 10% 的人睡眠受到影响，70 dB 将会影响到 50% 的人；而突发性的噪声在 40 dB 时，可使 10% 的人惊醒，在 60 dB 时可使 70% 的人惊醒。

（3）影响人体生理健康。噪声会引起神经衰弱、失眠、疲劳、头痛、记忆力衰退等疾病。当噪声超过 140 dB 时，甚至会引起眼球振动，视觉模糊，呼吸、脉搏、血压都会发生波动，血管收缩等。

3. 道路交通噪声的测定及预测

道路交通噪声已经成为全世界的公害，被人们所不能接受，特别是随着汽车数量的增加，道路交通流量的急剧增长，这一公害越演越烈。而对交通噪声的测定和预测理论研究我国尚处于起步阶段。日本作为平均单位面积汽车保有数量世界之最的国家，道路交通噪声问题也相当严重。汽车行走噪声中的动力噪声和行走噪声通常有很大区别。动力噪声有机械噪声（如发动机噪声、进气噪声、排气噪声、冷却系统风扇噪声等）和传动系统噪声等；行走噪声包括轮胎噪声、空气动力噪声、车体振动噪声等。通常认为影响噪声级大小的主要是机械噪声和轮胎噪声。日本通过实际测试结果显示，小汽车行驶速度大于 50~60 km/h，大型车行驶速度大于 60~70 km/h 时，轮胎噪声占有优势；相反，低于这一行驶速度则机械噪声占优势。

依据等效声级建立汽车行驶噪声预测模型，被用作日本音响协会的 ASJ MODEL1989 的标准预测方法。该模型的适用条件为以下几点：

（1）对象道路：普通路段（平坦、填方路段，挖方路段，高架路段）、特殊路段（高速公路出入口、路堑及半地下，隧道口周围、高架及平面结合处，多层高架）。

（2）交通量：不加限制。

（3）汽车行驶速度：汽车专用道路，普通道路稳定速度为 40~140 km/h，非稳定速度为 10~60 km/h。

（4）预测范围：距道路水平距离为 200 m，高度为 12 m。

（5）气象条件：无风，无梯度特别大的温差。

在 ASJ MODEL1989 中可分为 A 方法（精确计算法）和 B 方法（简易计算法）。其中 B 方法在汽车行驶噪声预测中很适用。该方法预测计算顺序如图 13.1 所示。其中包括以下几点：

（1）道路结构、沿线条件、预测地点的设定：道路结构、宽度、车道数、路面高度、隔声壁等隔声装置的位置和根据地表面特性确定预测位置。

（2）选择车道和声源点位置：计算用车道是基于实际的车道中心，但单侧双车道的道路，也可以将上下行车道传距离的中央假设为车道，如图 13.2 所示，将声源点从预测地点向车道引垂线 L，以交叉点为中心在 ±20L 范围内，设定小于 L 的间隔点。

（3）车型分类与汽车噪声响度级 L_{WA} 的计算：根据"道路环境影响评价的技术与方法（日本）"中规定的以两种车型分类的原则进行，通常可分为大型车和小型车；4 种车型分类为大型车、中型车、小型货车和小轿车。从声源（1 台汽车）所发出的 L_{WA}，动力噪声和行走噪声都与速度密切相关，在两种车分类的情况下，按表 13.1 所列的公式进行计算。

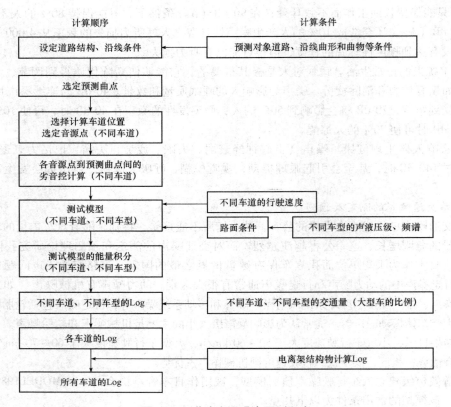

图 13.1　道路交通噪声预测顺序

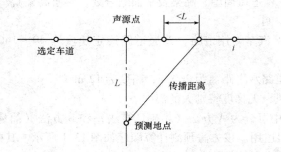

图 13.2　确定车道音源点位置示意图

表 13.1　响度级计算公式（按两种车型分类）

车型分类	非稳定行驶区间 （10 km/h≤v≤60 km/h）	稳定行驶区间 （40 km/h≤v≤140 km/h）
大型车（大型车＋中型车）	$L_{WA}=88.8+10\log v$	$L_{WA}=53.2（52.3）+30\log v$
小型车（小货车＋小轿车）	$L_{WA}=82.3+10\log v$	$L_{WA}=46.7（45.3）+30\log v$
注：括号内数字为未来值（强化噪声控制后）。		

（4）单位模型的能量积分计算：一辆汽车行驶在道路上，由于反射及地表效应，需要进行

补正，按式（13-5）计算：

$$L_{PA,i} = L_{WA} - 8 - 20\log ri + \Delta L_{\alpha,i} + \Delta_{g,i}$$
（13-5）

式中　$L_{PA,i}$——A 特性声压级的时间变化（dB）；

$\quad\quad L_{WA}$——汽车行走噪声的 A 特性响度级（dB）；

$\quad\quad \gamma_i$——声源点 i 到预测地点的距离（m）；

$\quad\quad \Delta L_{d,i}$——由于反射而进行的修正量（dB）；

$\quad\quad \Delta_{g,i}$——地面影响而进行的修正量（dB）。

（5）噪声级合成：将不同车道上不同车型的噪声进行能量合成，计算预测地点的噪声级 L_{Aeq}。假设某种车型行驶在双向两车道的等效车道上，各车道的等效噪声级为 L_{Aeq1} 和 L_{Aeq2}，则有：

$$L_{Aeq} = 10\log(10^{L_{Aeq1}/10} + 10^{L_{Aeq2}/10})$$
（13-6）

式中　L_{Aeq}——预测点噪声级合成；

$\quad\quad L_{Aeq1}$——某一行驶方向车道的等效噪声级；

$\quad\quad L_{Aeq2}$——与 L_{Aeq1} 相向车道的等效噪声级。

13.2.3　道路交通噪声防治对策

汽车交通所引起的噪声公害可从图 13.3 所示的各个方面考虑采取相应对策应对。由于道路交通噪声主要来自汽车，而汽车噪声的强度主要与汽车类型、发动机功率、车速、车流密度、道路纵坡大小、交叉口间的距离、路面等级与状况、标志标线的设置等有关，发动机功率、交通量大小起决定作用，其次与地形、驾驶技术、载重情况有关。为使道路交通噪声受到控制，首先必须制定环境噪声法规和噪声标准。

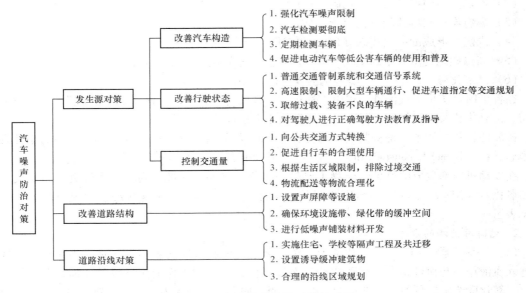

图 13.3　汽车噪声防治对策体系图

近年来，我国各级政府、企事业单位等开始重视环境保护，制定了《中华人民共和国环境保护法》《中华人民共和国城市环境噪声污染防治法》《声环境质量标准》（GB 3096—2008）。目前大部分城市已分别制定了交通噪声管理条例。

我国颁布的《声环境质量标准》（GB 3096—2008），规定城市 5 类区域的环境噪声最高限值。乡村等居住区可参照该标准执行。

针对汽车噪声防治主要考虑：交通流对策主要从强化交通管制和车辆进入控制等方面入手；道路对策考虑环状环保道路、迂回道路的建设，低噪声路面铺装和噪声屏障绿化带设置等方面；道路沿线对策主要从与干线道路协调的街道设施规划和沿线区域规划的方案及实施住宅隔声工程等方面着手考虑。

13.3　道路交通废气污染及其防治

道路交通对大气的污染是指在交通运输过程中，车辆所排放的烟、尘和有害气体的数量与持续时间都超过大气的自然净化能力及允许标准，使人们和生物等蒙受损害。其是人为因素造成大气污染的主要污染源之一。在我国不同地区的监测中，已经发现环境空气的污染物中车辆排放量占有很高的分担率，如一氧化碳（CO）：66%～80%；氮氢化合物（NOx）：50%～60%；碳氯化合物（HC）：80%～90%。随着目前我国车辆保有量的迅速增加，上述各项污染物的排放量均明显上升。

13.3.1　汽车排放特性分析

1. 汽车大气污染物质

汽车点火式引擎以汽油或天然气（LPG）为燃料，与以柴油作为燃料的柴油发动机有很大的区别。然而，无论何种都是依靠空气将燃料在高温下燃烧，因此，排放出的尾气含有以下物质：

（1）空气的主要成分氮气（N_2）及未燃烧的氧气（O_2）。

（2）燃烧过程中形成的二氧化碳（CO_2）和水蒸气（H_2O）。

（3）燃料没有燃尽的碳氢化合物（HC）。

（4）未燃尽形成的一氧化碳（CO）和煤烟。

（5）高温燃烧与空气中的氮气和氧气所产生的氮氧化合物（NOx）。

（6）二氧化硫（SO_2）主要是含硫的煤和油燃烧时所产生的。

在各个国家防止大气污染法规中，都将汽车排放的一氧化碳、碳氢化合物、铅化物、氮氧化合物、二氧化硫及粒状物加以限制，并通过使用无铅汽油杜绝铅化物的产生。

排放的粒状物质主要是从柴油发动机所排出的煤烟。将粒径小于 2 μm 的微粒称为柴油发动机排放微粒（Diesel Exhaust Particles，DEP），其含有芳香族化合物等致癌性质的物质。

在发动机内部生成的氮氧化合物主要是一氧化氮（NO），排放到大气后被臭氧和氧气氧化成二氧化氮（NO_2）。同时，也含有少量的一氧化二氮（N_2O），将这些统称为氮氧化合物，用 NOx 表示。

2. 交通污染物的危害

（1）一氧化碳（CO）。一氧化碳为无色、无臭、无刺激性的窒息性气体，当人吸入，经肺泡进入血液循环与血红蛋白结合形成碳氧血红蛋白，即会妨碍血液正常输氧功能，造成体内缺氧。一氧化碳浓度较低时，也会引起头痛、头晕、眼花、全身乏力、两腿发软，并有恶心、呕吐等症状。当浓度较高时，会使人昏迷，甚至死亡。即便是一氧化碳大量存在的情况下，人们也不易察觉，因此具有特殊的危险性。

（2）氮氧化合物（NOx）。氮氧化合物种类很多，主要有 N_2O、NO、NO_2、N_2O_3、N_2O_4、N_2O_5 等。汽车排放的氮氧化合物以 NO 为主，占 95% 以上，NO_2 只占 3%～4%。但 NO 排放到大气后，会逐渐转变为 NO_2，该物质为红褐色有刺激性气体。

高浓度的氮氧化合物进入呼吸道深部，对呼吸道和肺部组织产生强烈的刺激和腐蚀作用，增加毛细血管的通透性，形成肺水肿。慢性作用可使人们出现呼吸道、支气管炎症。而汽车排放的废气中的氮氧化合物和烯烃反应，产生硝化烯烃，长期吸入会致癌。

（3）二氧化硫（SO_2）。二氧化硫是具有强烈刺激性的无色气体，易被黏膜的湿润表面吸收形成亚硫酸。长期吸入低浓度的二氧化硫，会引起头晕、头痛、全身无力，并引起鼻炎、咽喉炎、支气管炎，嗅觉、味觉减退等症状，少数人会诱发支气管哮喘。如果吸入高浓度的二氧化硫，会引发肺炎，甚至肺水肿及中枢麻痹。

二氧化硫也会妨碍植物正常生长，使农作物减产，甚至使各种植被和树木坏死。

（4）碳氢化合物（HC）。碳氢化合物又称为烃，种类繁多，多数是由燃料燃烧不充分引起。各种碳氢化合物对人体影响不同。通常会损害中枢神经系统，引起头痛、记忆力衰退、失眠、易疲倦、食欲减退等症状，其中苯并芘具有很强的致癌作用。

（5）光化学烟雾。光化学烟雾是由交通工具、工厂等排入大气的碳氢化合物和氮氧化合物等污染物，经日光照射发生光化学反应，所产生的二次污染物，如臭氧（O_3）、过氧乙酰基硝酸酯（PAN）和醛类等污染物。在特殊的气象（如强烈日光、气温逆增、无风或微风等）和地理条件下（如盆地、山谷等）不易扩散，而在大气中会大量聚集，形成光化学烟雾。

光化学烟雾对眼、鼻、咽喉、呼吸道黏膜有强烈的刺激作用，能使人发生急性中毒，表现为眼睛红肿、呼吸困难、血压下降，甚至昏迷等。

（6）颗粒物。能悬浮在空气中，空气动力学当量直径小于 100 μm 的颗粒物，称为总悬浮颗粒（TSP）；能悬浮在空气中，空气动力学当量直径小于 10 μm 的颗粒物，称为可吸入颗粒物（PM10）。

颗粒物随空气经呼吸道进入机体。通常大于 5 μm 的尘粒易被上呼吸道阻留，部分可经咳嗽、吐痰排出，但对局部黏膜组织可产生刺激作用，引发慢性炎症；而小于 5 μm 的尘粒，可进入呼吸道深部，直到小支气管和肺泡，因粉尘的刺激，引起支气管反射性痉挛、黏液分泌增多，增加呼吸道阻力。沉积在肺泡内的尘粒的刺激作用，能促进肺泡组织纤维增生，影响肺的换气功能，造成慢性支气管炎等呼吸道疾病。颗粒物能吸附致癌性很强的苯并芘等碳氢化合物，而且有的颗粒本身具有毒性（如沥青烟尘），因此易引起肺癌等疾病。

悬浮在空气中的颗粒物影响阳光射到地面的强度，而且吸收其中具有杀菌作用的紫外线。因此，颗粒物污染严重地区，借空气媒介传播的疾病易于流行。

颗粒物飘落在植物上能堵塞植物呼吸孔，妨碍叶绿素合成，使植物的营养发生障碍，影响生长。

3. 排放系数

汽车尾气排放量受到发动机种类、型号、排量、尾气排放标准、装载情况、行驶条件（如速度、坡度、加减速等）、维修情况等多种因素影响。在根据尾气排放进行沿线区域大气质量影响预测时，将汽车单位行驶距离所排放的污染物称为排放系数。

尾气排放量的测定通常用于测试发动机性能，在室内再现车辆的行驶状况，从而进行尾气检测分析。国内各个城市有不同的限制指标，均控制在国家规定的限度以内，一般越大的城市，经济发展良好的地区，对该指标控制越严格。日本对车辆尾气检测和排放控制相当严格，并且国土交通省、东京等都分别设定了独立的行走模式，能够针对不同的车种进行检测，由此来确定预测所用的排放系数。

影响排放系数最主要的因素是行驶状况，随着行驶速度的变化排放系数发生变化，速度越高，排放量也越大。另外，车辆行驶通常包括停止、启动、加减速等，因而，即使平均行驶速度不高，特别是交通堵塞时，停止的时间会增大，单位距离的尾气排放量将大于平均速度较低时的排放量。

13.3.2 道路交通大气污染的现状

车辆排气是空气中 CO 和 NOx 的主要来源之一。1995 年全球 CO 人为排放量为 3.5 亿吨，其中 59% 来自交通运输，39% 来自住宅及商业方面，2% 来自工业及电力方面。发展中国家的排放量占 50%，而来自交通运输方面的占 53%，来自住宅及商业方面的占 46%。在美国及日本，95% ~99% 的 CO 来自汽车排气。

1995 年全球 NOx 人为排放量为 3.9 亿吨，其中 43% 来自交通运输，12% 来自其他工业，8% 来自住宅及商业方面，5% 来自其他方面。发展中国家的排放量占 26%，而来自交通运输方面的占 49%，来自电力方面的占 25%，来自工业方面的为 11%，来自住宅及商业方面的占 10%，来自其他方面的占 5%。在美国及日本，分别有 32% ~55% 的 NO 来自汽车的排放。

目前，在我国许多大的城市，道路交通排放的污染物 CO、HC、NOx 的分担率均超过 50%，已经成为城市空气污染的主要来源。由于三种污染物的排放量与车速关系密切，CO 和 HC 排放量随着车速提高而减少，NOx 随车速提高而增加，汽车三种污染物的排出量与车速关系见表 13.2，因此，在交通拥挤的城市有的车辆平均行驶速度不到 20 km/h，车辆尾气排放造成的空气污染相当严重。在全国 500 多个城市中，空气质量符合 1 级标准的仅有 1% 左右，大部分处于 2 ~3 级标准。表 13.3 为 1994 年我国部分城市道路空气污染物检测结果。

表 13.2　汽车三种主要污染物排放量与车速的关系　　　　　　　　　　　　　　g/km

车速/ (km·h⁻¹) 污染物	16	32	48	64	80	96
CO	59.6	30.3	21.3	17.3	14.4	12.6
HC	7.1	4.7	3.7	3.0	2.5	2.3
NOx	3.2	3.6	4.0	4.4	4.8	5.2

表 13.3　我国部分城市道路空气污染物检测结果 （1994 年）

城市	NOx/ (μg·m⁻³)	CO/ (mg·m⁻³)	城市	NOx/ (μg·m⁻³)	CO/ (mg·m⁻³)
北京	600	31.0	武汉	330	10.2
重庆	500	17.7	南宁	480	—
合肥	100	1 304	长沙	250	11.3
天津	270	19.7	郑州	240	16.6
包头	170	5.9	济南	290	12.0
西安	140	16.4			

13.3.3 大气污染的预测与评价

大气污染浓度的预测方法有模型试验方法、基于统计数据的回归模型方法和根据扩散计算方法等多种。以下简单介绍简便适用的 Plume 模型和 Puff 模型。

道路环境影响评价预测方程是应用 Plume 和 Puff 关系式，将扩散系数作为参数，根据实际测试或试验而设定的一种回归模型。

（1）Plume 模型。Plume 模型是表示在有风的情况下，从工厂的烟囱连续排出污染物，随风漂流、扩散时烟流的浓度。将影响条件简化，根据扩散方程的解所得到的垂直于风向的浓度正态分布。

$$C(x,y,z) = \frac{Q}{2\pi u \sigma_y \sigma_z} \exp\left(\frac{y^2}{2\sigma_y^2}\right) \left\{ \exp\left[-\frac{(z-H)^2}{2\sigma_z^2} \right] + \exp\left[-\frac{(z+H)^2}{2\sigma_z^2} \right] \right\} \tag{13-7}$$

式中　$C(x, y, z)$——x，y，z 地点的浓度（ppm）；

Q——排污点处的排放量（mL/s）；

u——平均风速（s/m）；

H——排污点的排放高度（m）；

σ_y，σ_z——水平（y）和垂直（z）方向的扩散宽度（m）；

x——顺风方向距排放点的距离（m）；

y——与 x 轴呈直角的水平距离（m）；

z——与 x 轴呈直角的垂直距离（m）。

（2）Puff 模型。Puff 模型表示在无风时，从排放点连续排放的污染物，扩散时的烟尘浓度。将影响条件简化，根据扩散方程式得到由发生源瞬间排放的污染物，经过一定时间后的浓度分布情况，沿 x、y、z 方向呈正态分布形式。下式是将扩散宽度作为扩散时间 t 的 1 次函数，表示瞬时所排放的污染物的浓度，当时间 $t=\infty$，根据积分所得到的简易公式：

$$C(x,y,z) = \frac{Q}{(2\pi)^{2/3} \cdot \alpha^2 \cdot \gamma} \left\{ \frac{1 - \exp\left(-\frac{l}{t_0^2}\right)}{2l} = \frac{1 - \exp\left(\frac{m}{t_0^2}\right)}{2m} \right\} \tag{13-8}$$

式中　$C(x, y, z)$——x，y，z 地点的浓度（ppm）；

Q——排污点处的排放量（mL/s）；

u——平均风速（s/m）；

H——排污点的排放高度（m）；

σ_y，σ_z——水平（y）和垂直（z）方向的扩散宽度（m）；

x——顺风方向距排放点的距离（m）；

y——与 x 轴呈直角的水平距离（m）；

z——与 x 轴呈直角的垂直距离（m）。

1. 确定道路条件

预测时应有必要的道路条件，为了确定排放源的位置扩散宽度及排放系数，首先要知道道路结构，有无声屏障及其高度、宽度，路面高度，道路纵坡等。

道路交通污染物的排放源是汽车，并且是移动的，为简化计算，将道路理解为线状或面状的排放源，并且将其看作是连续的发生源，采用 Plume 模型和 Puff 模型计算浓度。排放源原则上以车道中线作为连接的排放点源，考虑到影响范围，确定数百米的范围。

2. 确定交通条件

为确定排放强度，需要确定不同时间的交通量、行驶速度、车辆类型构成比例等必要的交通条件。

由交通条件及不同类型车辆排放系数，根据式（13-9）计算道路单位长度、单位时间的当量排放量的平均排放强度：

$$Q_t = V_w \frac{1}{360} \frac{1}{1\,000} \sum_{i=1}^{n} E_i N_{it} \tag{13-9}$$

式中　Q_t——不同时间的平均排放强度（mL/m·s）；

E_i——不同车辆排放系数（g/km·辆）；

N_{it}——不同车辆不同时间的交通量（辆/h）；

i——车辆类型（n 为车辆分类数量）；

V_w——体积换算系数（mL/g 或 mg/g）。

3. 确定气象条件

预测时根据风速可分为有风时和弱风时，应用不同公式计算。收集能够反映预测地点气象条件的数据，例如，根据强度高的排放源的风向、风速，进行以下数据整理：

（1）有风及弱风时出现的比例。

（2）有风时不同风向出现的比例。

（3）有风时不同时间、不同风向的平均风速。

如果进行隧道换气塔扩散预测，还要收集相关的大气安定度等数据。

4. 确定扩散宽度

（1）Plume 模型中垂直方向和水平方向的扩散宽度，由式（13-10）确定：

$$\sigma_z = \sigma_{s0} + 0.31 L^{0.83}$$
$$\sigma_y = W/2 + 0.46 L^{0.81} \tag{13-10}$$

式中　σ_{s0}——垂直方向的初期扩散宽度，在没有声屏障情况下取 1.5 m，当有声屏障（高 3 m 以上）时取 4.0 m；

L——与车道端头的距离，其值为 $L = x - W/2$；

x——沿风向方向的距离（m）；

W——车道宽度（m）。当 $x < W/2$ 时，$\sigma_z < \sigma_{s0}$，$\sigma_y = W/2$。

（2）Puff 模型中的参变量 $t_0 = W/2\alpha$，与扩散宽度相关的系数 $\alpha = 0.3$，$\gamma = 0.18$（昼间），$\gamma = 0.09$（夜间）。

5. 不同时间的年平均浓度及年平均浓度的计算

利用有风时的不同风向的标准浓度，弱风时不同昼夜的标准浓度，不同时间的平均排放强度及不同时间的气象条件，根据各种各样的气象条件的出现频率来计算不同时间的平均浓度及年平均浓度。

6. 确定背景浓度

背景浓度是指由污染源以外的发生源引起的既有浓度。

7. 计算年平均 NO_2 的浓度（NOx 转换式）

由预测模型计算得到 NOx 的浓度（ppm），如 NO_2 计算公式为

$$NO_2 = 0.058\,7 \left[NOx\right]^{0.416} \left(1 - \frac{\left[NOx\right]_{BG}}{\left[NOx\right] + \left[NOx\right]_{BG}}\right)^{0.630} \tag{13-11}$$

式中　$\left[NOx\right]_{BG}$——氮氧化合物的背景浓度（ppm）。

8. 评价

预测结果的评价是将结果与环境标准及关联地方公共团体确定的目标相对比。如果目标年的年平均浓度已经确定，可将预测结果直接对比，考虑到环境标准，还要进行按一年值的 98% 推算。详细内容可参阅相关资料。

13.3.4　大气污染的防治措施

1. 地球变暖问题

近年来，全球性的环境问题越来越突出，到处存在由于地球变暖而出现的异常气候。海平面上升而出现的高潮水害增加，因干旱所引起的粮食危机、对生态系统的影响，传染病的流行等给人们留下了许多悬念，形成了人类所面临的最大问题即环境问题。

由世界气象组织（WMO）和联合国环境规划署（UNEP）所设立的 IPCC（关于气象变动的政府之间的图示板），于 2001 年汇总了第 3 次环境评价报告，预测 1990—2100 年之间，地球平均气温将上升 1.4 ℃～5.8 ℃。

地球温室效应形成的原因，主要是二氧化碳、甲烷、一氧化二氮及氟利昂类气体。其中起主导作用的是二氧化碳。日本根据不同生产部门所排放的二氧化碳数据比较，运输部门 2000 年的排放量占 21% 左右，特别是在大城市，该比例更高。而运输部门所排放的二氧化碳，汽车排放占了近 90%，因此，控制汽车尾气排放是非常重要的课题。

2. 防治大气污染的对策

防治汽车尾气排放造成大气污染的措施要从不同的侧面进行，主要有发生源对策、交通量或交通流对策及沿线环境对策。具体内容见表 13.4。

表 13.4　防止大气污染的对策

发生源对策	强制实行汽车尾气排放标准，促进使用满足排放标准的车辆，普及低公害车辆，使用中关闭怠速引擎
交通量/交通流对策	吸引人们的出行方式向公共交通转移，建立完善的路网结构和停车换乘系统，进入市中心地区车辆收费等措施，货物运送合理化，经济的运输工具，交通堵塞对策，提供完善的道路信息
沿线环境对策	设置环境设施带，沿线环保设施建设（公园、绿地等）

13.4　道路交通振动的防治

13.4.1　道路交通振动的产生及危害

道路交通振动是伴随汽车通过道路时所产生的振动，该振动沿地面传递逐渐衰减，当传播到周边居民居住地时将成为振动公害。

道路交通振动会对居民造成心理影响和生理影响，主要表现为降低舒适性、增加疲劳感、降低工作效率、影响健康及降低身体素质等。道路交通振动对人体的危害程度因振动的强度频率、方向和持续时间不同而不同。

13.4.2　道路交通振动的测定与控制标准

由于人体对振动的感受极其复杂，影响因素众多，并且对某些参数的测量也较困难，因此，对汽车振动的标准，各个国家有不同的规定。通常以重力加速度、振动加速度或垂直方向的振动级为度量标准。

我国所制定的《城市区域环境振动标准》（GB 10070—1988），规定了城市区域环境振动标准值及适用地带范围，实施中乡村地区也可参照执行（表13.5）。

表 13.5　城市各类区域铅垂向 Z 振级标准　　　　　　　　　　　　dB

适用地带范围	昼间	夜间	备注
特殊住宅区	65	65	
居民、文教区	70	67	
混合区、商业中心区	75	72	标准适用的地带范围由地方人民政府划定
工业集中区	75	72	
交通干线道路两侧	75	72	
铁路干线两侧	80	80	

该标准适用于连续发生的稳态振动、冲击振动和无规则振动。每日发生几次的冲击振动，其最大值昼间不允许超过标准值 10 dB，夜间不允许超过 3 dB。

标准的适用地带范围划定如下：

（1）特殊住宅区：是指特别需要安宁的住宅区。

（2）居民、文教区：是指纯居民区和文教、机关区。

（3）混合区：是指一般商业与居民混合区；工业、商业、少量交通与居民混合区。

（4）商业中心区：是指商业集中的繁华地区。

（5）工业集中区：是指在一个城市或区域内规划明确确定的工业区。

（6）交通干线道路两侧：是指车流量每小时大于 100 辆的道路两侧。

（7）铁路干线两侧：是指距每日车流量不少于 20 列的铁轨外轨 30 m 外两侧的住宅区。

监测方法主要有以下几点：

（1）测量点在建筑物室外 0.5 m 以内振动敏感处，必要时测量点置于室内地面中央，标准值均取表中的值。

（2）铅垂向 Z 振级的测量及评价量的计算方法，按照国家标准《城市区域环境振动测量方法》（GB 10071—1988）有关条款的规定执行。

13.4.3　道路交通振动防治对策

道路交通振动与汽车行驶速度、车辆质量、交通量、车辆行驶的位置、路面状况等有关。另外，振动的传播也因地基条件不同而衰减距离不同。道路交通振动的防治对策主要可分为振动源和传播途径方面的对策。

1. 振动源对策

（1）对车辆行驶速度和交通量，特别是对大型车辆的通行进行限制，严格控制车辆过载现象。

（2）确保路面完好和道路与桥梁等结构物的顺接不出现跳车现象，经常对道路进行修缮。

2. 传播途径对策

（1）道路沿线及车道间增设环境设施。

（2）对地基进行减振或不易振动改良。

（3）加设声屏障或隔声墙装置。

无论采取什么措施，都应从经济性、施工的难易程度、耐久性和易维护管理等方面考虑。

13.5　道路交通环境影响评价

由于道路等公共事业建设会对周边环境产生很大影响，因此要在项目实施之前进行环境影响预测，如果预测结果显示对环境存在问题，应采取相应对策，将该过程称为环境影响评价。

道路交通环境影响评价是由环境影响评价（Environmental Impact Assessment，EIA）衍生出来的，目前我国还没有形成严格的标准，经济发达国家已形成建设必循制度，并上升到法律。日本继 1972 年内阁会议通过的《各种公共事业相关的环境保护对策》之后，1984 年确定实施了《关于环境影响评价的实施》。并于 1997 年提出，1999 年全面实施了《环境影响评价法》，明确了环境影响评价的具体项目和设定基准。该法律的制定具有以下特征：

（1）以法律的形式明确了对项目进行环境影响评价是义务之举。

（2）在评价报告没有公告前，不得进行项目的实施。

（3）环境影响评价的结果是决定项目是否实施的依据。

（4）引入了对建设项目的判断、审查过程。

（5）有关调查、评价的方法和征求项目建设意见，引入到计划之中。

13.5.1　目的、意义、范围及对象

环境保护的主要任务是保证在现代化建设过程中，合理地利用自然环境，防止环境污染和生态平衡的破坏，为人们营造清洁、舒适的劳动和生活环境，保护人们的健康，促进社会经济的持续发展。因此，对道路的建设、运营与生态环境是否协调，人们的生活与劳动所产生的影响等，应进行科学的评价。

评价的主要内容包括社会环境影响、生态环境影响、环境空气影响和噪声影响等。

我国由于对环境保护问题重视得较晚，加之环境影响评价涉及的领域较宽、因素复杂，目前仍然是需要进行深入研究的课题，细部的工作还非常多。在此只对环境空气和环境噪声作简要介绍。

据某些评价项目和类比监测表明，公路营运期车辆排放污染物的扩散与公路的地形和气象条件有关，扩散后所覆盖的地域为公路两侧与线形平行的带状区域，基本是交通量很大的公路，距离路中线各 150 m 以外的污染物浓度已接近背景值。大量监测数据证实，目前汽车专用公路交通噪声影响范围也为路中线两侧各 200 m 以内，因此，评价项目范围《可行性研究报告》提供的是路中线两侧 200 m 范围内。如果在评价区或边界外附近含有城镇、风景旅游区、名胜古迹等法定保护对象，其环境空气评价距离可以适当扩大到路中线两侧 300 m 范围。对环境噪声敏感的建筑物，如 200 人以上的学校教室、20 张床位以上的医院病房等，要作为环境噪声的重点评价对象，其他地带为一般评价对象。

13.5.2　评价标准与评价因素

我国对环境空气影响评价按《环境空气质量标准》（GB 3095—2012）或地方标准进行。环境噪声影响评价按《声环境质量标准》（GB 3096—2008）进行。

环境空气影响评价因素的选定应考虑到对环境影响较大的、主要的污染源和主要污染物；尽可能选择环境质量标准中所规定的因素，同时，还应考虑到所选择的因子能为当前检测提供条件。目前可选用一氧化碳（CO）、氮氧化合物（NO_x）、总烃（THC）和总悬浮颗粒物（TSP）

环境噪声的评价量以等效连续 A 声级 L_{Aeq} 为评价量，单位为分贝（dB）。

13.5.3 评价方法

　　道路交通对环境的各项影响评价均须按工程建设规划、可行性研究、设计、施工、运营等基本阶段进行。评价开始，应根据需要和具体情况建立评价指标体系，进行资料收集、整理和分析，最后得出评价结论。

　　资料收集，首先应调查沿线的地形、地貌、气象等自然状况，按评价原则划分功能区、划分地段、确定影响敏感点。

　　现状评价，按照所建立的指标体系收集各项评价因素，一般评价都带有预测性，因此应作出交通基本因素的预测，并通过类推和相关分析建立有关大气污染因素的预测模型。经过整理分析作出评价结论。通常采用对比法，明确污染是否超标，对超标、超标率和原因作出明确说明。也可采用相对值的"指数法""德尔斐法"及"模糊综合评价法"等作出定性、定量评价。

　　道路交通环境是由多因素构成的复杂的动态系统，存有某些局限性、随机性和不确定性，对其影响的评价涉及的学科门类较复杂，某些问题尚待进一步研究，想作出十分确切的评价有很大难度。

思考题

1. 简述道路交通运输对环境的主要影响。
2. 汽车大气污染主要有哪些？有什么危害？如何防治？
3. 道路交通噪声的危害有哪些？如何控制？
4. 道路交通环境影响评价的目的和意义有哪些？

第 14 章

交通事故与安全

★本章主要内容

本章主要讲述交通事故调查、统计分析、事故预测与交通安全评价，并且从四个方面阐述了交通事故预防措施。

★本章学习目标

了解交通事故的定义、特点及我国交通事故的分类；明确交通事故调查的方法及程序；掌握交通事故分析方法；掌握交通事故预测模型及适用条件，并能够进行交通安全评价；了解提高道路交通安全的方法与对策。

随着社会的发展及汽车保有量的增长，交通安全形势越发严峻，因此有必要收集交通事故资料，统计分析其形成原因，对交通事故进行预测，从而寻求交通事故的预防措施，保障交通参与者安全通行。

14.1　道路交通事故

14.1.1　概述

交通安全一般理解为在交通过程中不发生交通事故。不发生事故的概率大，交通安全度大；反之，交通安全度小。

造成交通事故的原因是多方面的，主要与交通参与者、车辆机械性能、道路交通环境有关。美国的事故统计指出，约有90%的责任归于驾驶员。2005年，我国道路交通事故统计结果显示，道路交通事故90%以上是由机动车驾驶员的错误行为所致。为了防止交通事故，从理论上来说要使道路满足车辆行驶的要求；避免车与车、车与人、车与物体碰撞；减少发生碰撞时的能量；确保车辆技术性能可靠；驾驶员的工作状态保持良好。为此，应严格执行法规和驾驶教育，采取适当的工程措施。

据统计，自汽车问世以来的100余年中，全球死于交通事故的人数逐年增加，到目前为止累计死亡约为3 000万人，并且仍保持上升势头。根据世界卫生组织数据显示，道路交通事故死亡人数已经从 1990 年的将近 99.9 万上升到 2015 年的 120 万，上升超过 20%。自 1981 年以来，我国在机动车保有量、机动车驾驶员快速增长的情况下，全国发生的道路交通事故起数、死亡人数逐年上涨，在 2002 年达到了最高峰，自 2003 年之后呈现下降趋势，同时万车死亡率也在逐年递减；自 1981 年至 2002 年，交通事故起数以年均 9% 的速度上升，由 1981 年的 11 万上升至 2002 年的 77 万，交通事故死亡人数以年均 10% 的速度上升；而 2003—2016 年，交通事故起数以年均 13% 的速度下降，由 2003 年的 66 万下降至 2016 年的 17 万，交通事故死亡人数以年均 14% 的速度下降；万车死亡率也由 1981 年的 95.8 下降至 2016 年的 1.8。

在 2000—2004 年这 5 年里，我国因道路交通事故造成死亡人数最多，约 50 多万人死亡，约 260 万人受伤，因交通事故造成的损失为国内生产总值的 1% ~ 3%，损失金额逾 125 亿美元，高于公共卫生服务和农村义务教育的国家财政预算（亚洲开发银行，2005 年）。

而在 2004—2016 年间，因道路交通事故死亡的人数约为 80 万，情况有所减缓。

14.1.2　交通事故的定义

由于国情不同，世界各国的交通规则和交通管理规定也不同，对交通事故的定义也不尽相同。

我国对道路交通事故的定义是根据国情、民情和道路交通状况提出来的，即《中华人民共和国道路交通安全法》给出的定义：车辆在道路上因过错或者意外造成的人身伤亡或者财产损失的事件。其基本上适合我国道路、车辆和人员参与交通行为的状况，得到了国家和社会各方面的肯定。

美国国家安全委员会对道路交通事故的定义：在道路上所发生的意料不到的、有害的或危险的事件。这些有害的或危险的事件妨碍着交通行为的完成，常常是由于不安全的行动、不安全的因素或者二者的结合造成的。

14.1.3　交通事故的特点

交通事故具有随机性、突发性、频发性、社会性及不可逆性的特点。

1. 随机性

交通工具本身是一个系统，当它在交通系统中运行时则牵涉一个更大的系统。在交通系统这样的动态大系统中不管什么失误都有可能引起一系列其他失误，从而引发危及整个系统的大事故，而这些失误绝大多数是随机的，即是纯粹的随机事件。道路交通事故往往是多种因素共同作用或互相引发的结果，其中有许多因素本身就是随机的（如气候因素），而多种因素正好凑在一起或互相引发则具有更大的随机性，因此，道路交通事故的发生必定带有极大的随机性。

2. 突发性

道路交通事故的发生通常并没有任何先兆，即具有突发性。驾驶员从感知到危险至交通事故发生这段时间极为短暂，往往短于驾驶员的反应时间与采取相应措施所需的时间之和。或者即使事故发生前驾驶员有足够的反应时间，但由于驾驶员反应不正确、不准确而操作错误或不适宜，从而导致交通事故。

3. 频发性

由于汽车工业的高速发展，车辆急剧增加，交通量增大造成车辆与道路比例的严重失调，加之交通管理不善等原因，造成道路交通事故频繁，伤亡人数增多，道路交通事故已成为世界性的一大公害。许多国家因道路交通事故造成的经济损失约为其国民生产总值的 1%。因此，人们称道路交通事故是"无休止的交通战争"。

4. 社会性

道路交通是随着社会和经济的发展而发展的客观社会现象，是人们客观需要的一种社会活动。这种活动是人们日常生活和工作必不可少的。在目前现代化的城市中，由于大生产带来的社会分工越来越细，人与人之间的协作和交往也越来越密切，使人们在道路上的活动日趋频繁，成为一种社会的客观需求。

道路交通事故是伴随着道路交通的发展而产生的一种现象。无论何时，只要人参与交通，就存在涉及交通事故的危险性。道路交通随着社会的发展不断地进行演变，从步行到马车到今天的汽车，以至形成今天的规模。这个过程不仅表明人们对道路交通的追求意识和发展意识，也证明了道路交通事故是随着社会发展和经济发展而发展的客观存在的社会现象，即道路交通事故具有社会性。

5. 不可逆性

道路交通事故的不可逆性是指其不可重现性。事故是人、车、路组成的系统内部发展的产物，与该系统的变量有关，并受一些外部因素的影响。尽管事故是人类行为的结果，但却不是人类行为的期望结果。从行为科学的观点看，社会上没有哪种行为与事故发生时的行为相类似，无论如何研究事故发生的机理和防治措施，也不能预测何时、何地、何人发生何种事故。因此，道路交通事故是不可重现的，其过程是不可逆的。

14.1.4　我国交通事故的分类

我国将交通事故分为死亡、重伤、轻伤及财物损失四类。进一步按死伤人数的多少、经济损失的大小等造成的后果的严重程度不同，可将交通事故分为四类。具体标准如下：

（1）轻微事故，是指一次造成轻伤 1～2 人，或者财产损失机动车事故不足 1 000 元，非机动车事故不足 200 元者。

（2）一般事故，是指一次造成重伤 1～2 人，或者轻伤 3 人以上，或者财产损失不足 3 万元的事故。

（3）重大事故，是指一次造成死亡 3 人以上，或者重伤 3 人以上 10 人以下，或者财产损失 3 万元以上不足的万元的事故。

（4）特大事故，是指一次造成死亡 3 人以上，或者重伤 11 人以上，或者死亡 1 人，同时重伤 8 人以上，或者死亡 2 人同时重伤 5 人以上，或者财产损失 6 万元以上的事故。

我国对下列事故不列入道路交通事故统计范围：

（1）轻微事故。

（2）厂矿、油田、农场、林场自建的不通行社会车辆的专用道路，用于田间耕作农机具行走的机耕道，机关、学校、单位大院内、火车站、汽车总站机场、港口、货场内道路上发生的事故。

（3）参加军事演习、体育竞赛、断路施工的车辆自身发生的事故。

（4）在铁路道口和渡口发生的事故。

（5）蓄意驾车行凶杀人、自杀、精神病患者、醉酒者自己碰撞车辆发生的事故。

（6）车辆尚未开动发生的人员挤摔伤亡事故。

（7）由于地震、台风、山洪、雷击等不可抗拒的自然灾害造成的事故。

北京工业大学在进行道路交通事故经济损失的研究中，认为可将重伤再细化，如图 14.1 所示。

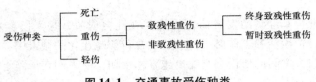

图 14.1　交通事故受伤种类

14.2　交通事故调查

14.2.1　交通事故调查内容与方法

事故调查主要是指对交通事故现场的调查。事故调查是分析与处理事故的起点。由现场勘查获得的事故原始资料是开展后续工作的基础。事故处理是指对一起具体交通事故的结案过程。正确处理交通事故可以保护国家利益和公民的正当权益。另外，处理交通事故也是维护法律尊严、整顿交通秩序、促进交通安全的重要手段。

1. 调查内容

道路交通事故调查按照调查的先后顺序可分为事故现场勘查和事后调查。事故调查的主要内容如下：

（1）事故相关人员调查：包括事故当事人的年龄、性别、家庭、工作、驾驶证、驾龄、心理、生理状况等。

（2）事故相关车辆调查：包括车辆的类型、出厂日期、荷载、车辆的技术参数、车身上的碰撞点位置、车身破损变形。

（3）事故发生道路调查：包括道路的线形、几何尺寸、路面（沥青、水泥、土、沙石等材料状况，雨雪等湿滑状况）。

（4）事故发生的环境调查：包括天气（风、雪、雨、雾、阴、晴等对视线的影响）、交通流、现场周围建筑、交通管理和控制方式等。

（5）事故现场痕迹调查：路面痕迹（拖印、凿印、挫印、划痕）、散落物位置、人车损伤痕迹等。

（6）事故发生过程调查：主要对车辆和行人在整个事故过程中的运动状态进行调查，包括速度大小、速度方向、加速度及在路面上的行驶轨迹、路面碰撞点。

（7）事故发生原因调查：包括主观原因（人的违法行为或故意行为）和客观原因（道路原因、车辆原因、自然原因等）调查。

（8）事故后果调查：包括人员伤亡和财产损失调查。

（9）其他调查：除上述调查内容外，还有事故发生的时间、地点、当地民俗及事故目击者、证人等的调查。

2. 调查方法

道路交通事故的调查涉及很多内容，不同内容的调查方法也多种多样，总体来说可以分为以下五类。

（1）人工方法：是通过事故调查人员的观察、询问、讯问、人工测量等进行的。

（2）仪器方法：是利用各种仪器进行的调查。

（3）鉴定方法：是鉴定人员运用自己的专门知识和技术，对案件中需要解决的专门性问题作出结论性判断的方法，具有客观性和科学性的特点。

（4）实验方法：多在事故现场进行。例如，现场制动试验就可以在相同的车辆、道路和环境下进行，测试车辆的制动性能或者事发前的车速。

（5）录像方法：是一种事前使用的仪器法，某些交通事故的交叉口或者路段安装摄像机，因而，能够拍摄下事故发生的全过程，这也是一种非常有效的事故调查手段。

14.2.2　交通事故处理

道路交通事故处理，是指公安机关交通管理部门依据《中华人民共和国道路交通安全法》及有关行政法规、规章的规定，对发生的交通事故勘查现场、手机证据，认定交通事故，处罚责任人，对损害赔偿进行调解的过程。

1. 事故处理程序

交通事故处理程序是指公安交通管理机关在处理交通事故中必须遵守的法定程序和制度，即处理交通事故的操作规程。交通事故处理程序一般包括从立案、事故调查到善后处理的各个主要环节，即立案→事故调查→事故认定→处罚执行→损害赔偿调解。另外，针对人员伤亡和财产损失很小的交通事故，公安部提出了应用"简易程序"的处理方法，可以提高事故处理效率、减少交通拥堵、降低公安交警人员的工作量。

2. 事故责任认定

交通事故责任认定就是对当事人有无违章行为，违章行为与事故后果之间有无因果关系，以及违章行为在事故中的作用所进行的一种定性、定量的描述。责任认定是否准确，直接关系到整个事故处理工作的成败。

（1）交通事故责任认定的原则。在查清楚事故发生的真实情况后，便可运用交通法规去衡量当事人的行为，进而确定其是否应承担事故责任及责任的大小。

①交通事故责任认定定性的原则。

②交通事故责任认定定量的原则。

（2）交通事故责任分类。交通事故责任可分为全部责任、主要责任、同等责任和次要责任四种。

交通事故的双方当事人都有违反交通法规的行为存在，这些违章行为和交通事故的发生都有直接的因果关系，且违章情节轻重一样，很难分清楚主次，则由双方当事人负该起交通事故的同等责任。

在交通事故中，如当事人有三方及三方以上的，则可以根据各方当事人的行为与交通事故的关系，参照上述责任种类进行认定，各方分担事故的责任。

3. 对当事人的处罚

（1）对当事人刑事责任的追究。对造成交通事故构成交通肇事罪的当事人，应依法追究其刑事责任。《中华人民共和国刑法》第133条明确规定，从事交通运输的人员违反规章制度，因而发生重大事故，致人重伤、死亡或者是公私财产受重大损失，处三年以下有期徒刑或者拘役；情节特别恶劣的，处三年以上七年以下有期徒刑，非交通运输人员犯前款罪的，依照前款规定处罚。

（2）对当事人民事责任的追究。交通事故实际上是由于肇事者的侵权行为，而致使他人（包括国家和集体）的财产遭受损失的事件。因此，肇事者应承担侵权行为的民事责任，即交通事故责任者应按照所负交通事故责任承担相应的事故损害赔偿。

（3）对当事人行政责任的追究。行政责任中的行政处分由当事人所在单位主管部门予以追究，不在本书讨论范围；行政责任中的行政处罚是由公安交通管理机关作出的，适用于造成交通事故还不够刑事处罚的事故当事人。行政处罚的方式有警告、罚款、吊扣驾驶证、吊销驾驶证及行政拘留等。

4. 事故损害赔偿调解

交通事故引起的人员伤亡和公私财产的损失，称为交通事故损害。事故损害赔偿是指事故责任者对事故损害后果应承担的赔偿责任。

损害赔偿的总数额除交通事故造成的直接财产损失折款外，还包括医疗费、误工费、住院伙食补助费、护理费、残疾者生活补助费、残疾用具费、丧葬费、死亡补偿费、被抚养人生活费、交通费及住宿费等。

交通事故的调节作为解决交通事故损害赔偿的形式，不同于法律上的经济赔偿判决。其可以通过会议形式进行，也可以个别协商，取得一致意见，对经济责任及有关事宜达成协议后，形成调解协议书，当事各方签字后生效。

14.3　交通事故分析

14.3.1　交通事故统计分析

1. 交通事故统计调查

交通事故统计调查是收集事故及相关资料的过程，对整个统计分析具有重要的意义。如果调查获得的资料不准确、不全面，即使后面的工作做得再好，也不可能得出正确结论。因此，在进行事故统计调查时，一定要确保资料的准确、安全和及时。

交通事故统计资料的汇总，广泛应用的是分类统计方法，有四种常见的分类形式，即按地区分类、按时间分类、按质别分类、按量别分类。

2. 交通事故统计分析指标

（1）绝对指标。绝对指标是用来反映事故总体规模和水平的绝对数量。我国目前在交通安全管理上常采用的绝对指标有交通事故次数、受伤人数、死亡人数和直接经济损失，即交通安全四项指标。

（2）相对指标。相对指标是通过事故总体中的有关指标进行对比而得到的。相对指标可分为结构相对数、比较相对数和强度相对数。

（3）平均指标。平均指标即平均数，是说明事故总体一般水平的统计指标，通常用以表明某地或某一时间段内的平均事故状况。

（4）动态指标。为进一步认识事故现象在时间上的发展变化规律，需要一些动态分析指标。在交通事故统计分析中，常采用的动态分析指标有动态绝对数、动态相对数和动态平均数。

（5）事故率。道路交通事故率是表示一定时期内，一个国家、某一地区或某一具体道路地点的事故次数、伤亡人数与其人口数、登记机动车辆数、运行里程的相对关系。事故率作为重要的强度相对指标，既可以表示综合治理交通的水平，又是交通安全评价的基础指标，应用广泛。根据计算方法和用途的不同，可分为亿车公里事故率、百万辆车事故率、人口事故率、车辆事故率和综合事故率等。具体算法如下：

①亿车公里事故率。

$$R_V = \frac{D}{V} \times 10^8 \tag{14-1}$$

式中　R_V——1 年间亿车公里事故次数或伤、亡人数；

　　　D——全年交通事故次数或伤、亡人数；

　　　V——全年总计运行车公里数。

②百万辆车事故率。

$$R_M = \frac{D}{M} \times 10^6 \qquad (14\text{-}2)$$

式中　R_M——1 年间百万辆车事故次数或伤、亡人数；

　　　D——全年交通事故次数或伤、亡人数；

　　　M——全年交通量或某一交叉口进入车辆总数。

③人口事故率。

$$R_P = \frac{D}{P} \times 10^6 \qquad (14\text{-}3)$$

式中　R_P——每 100 万人的事故死亡率；

　　　D——全年或一定时期内的事故死亡人数；

　　　P——统计区域人口数。

④车辆事故率。

$$R_V = \frac{D}{V} \times 10^5 \qquad (14\text{-}4)$$

式中　R_V——每 10 万辆机动车的事故死亡率；

　　　D——全年或一定期间内事故死亡人数；

　　　V——机动车保有辆。

⑤综合事故率。

$$R = \frac{D}{\sqrt{VP}} \times 10^4 \qquad (14\text{-}5)$$

式中　R——综合事故率，也称死亡系数，即一年间或一定时期内道路交通事故死亡率；

　　　D——全年或一定时期内事故死亡人数；

　　　V——机动车拥有量；

　　　P——人口数。

3. 交通事故统计分析方法

交通事故统计分析的方法主要有统计表法和统计图法两种。

（1）统计表法。根据不同的分析目的，将统计分析的结果编制成各种表格，即统计表。其内容包括各种必要的绝对指标和相对指标，是交通事故统计中常用的一种方式。按照统计数字或统计指标的不同特点，统计表可分为静态统计表和动态统计表。

仅列出同一时期事故统计数的表格称为静态统计表。从时间状态上看，表上的统计数是静止的，从而便于对不同地区或不同性质条件的事故现象进行相互对比。静态表中可同时列出相对数和绝对数。

（2）统计图法。统计图法是利用一些几何图形或象形图形等，将统计数字或计算出的统计指标形象化，从而反映事故现象的数量关系和发展变化趋势。统计图法的主要作用是：表明现象之间的对比关系；反映事故现象的发展变化趋势；表明事故总体的内部结构；表明事故的分布情况；揭示事故现象之间的相互依存关系等。作为数字的语言，统计图比统计表更鲜明、更直观、更生动有力。但图形只能起示意作用，数量之间的差距，往往又被抽象化了。因此，在实际工作中，统计图常常与统计表、文字分析结合应用。

常用的统计图有条形图（直方图）、圆形图（扇形图）、散布图、排列图和统计地图等。

14.3.2 交通事故成因分析

交通事故是在特定的交通环境下，由于人、车、路、环境诸要素配合失调而发生的，因此，分析交通事故的成因分布特点最主要的就是分析人、车、路、环境等因素对交通事故形成的影响程度。

国外大量的事故统计分析结果表明，在所有道路交通事故中，直接因人的原因引发的交通事故约占事故总数的90%，因道路和车辆原因引发的交通事故约占10%。我国各地的交通事故统计结果也表明了这一点。

1. 人的原因

交通活动中的行为人主要有机动车驾驶员、骑车人、行人和车上乘员。据1988—1992年全国道路交通死亡事故的统计分析可知，因驾驶员过错造成的死亡人数占全部死亡人数的60%以上，加上无证驾驶的约达到70%。从造成事故的违章行为来看，由大到小依次是超速行驶、违章操作、违章超车、逆道行驶、违章装载和酒后驾车。每年非驾驶员开车肇事，约占驾驶人员肇事的10%。

自行车交通是我国道路交通的特色。据统计，我国现有非机动车大约3亿多辆，在交通死亡事故中，因骑车人原因造成的死亡人数占全部死亡人数的13%。骑车人引发交通事故的主要原因是违章在机动车道内行驶、猛拐和抢行。

2. 车辆的原因

车辆作为现代道路交通的主要运载工具，其性能的好坏，是影响道路交通安全的重要因素。虽然因车辆技术性能不良引起的交通事故比例不大，但这类事故一旦发生，其后果一般是比较严重的。

由车辆原因造成的交通事故通常是制动失灵、灯光失效、机件损坏和车辆装载超高、超宽、超载及货物绑扎不牢等原因所致。另外，由于车辆在行驶过程中，各种机件承受着反复交变荷载，当超过一定数量后也会突然发生疲劳而酿成交通事故。除此之外，一些单位维修制度不完善、不落实，车辆检验方法落后，致使一些车辆常常因带病行驶而肇事，这也是车辆本身造成事故的原因之一。据典型调查统计，现有运行车辆中50%左右属于机构失调、带病运行的，特别是个体车辆更为严重。

上述因车辆原因引发的交通事故，在排除责任事故后，其他的可统称为车辆机械事故。根据1995年我国道路交通事故的统计资料（图14.2）可知，车辆机械事故主要发生在车辆制动系统和转向系统，其中因制动方面故障而引发的交通事故约占机械故障事故总数的70%。

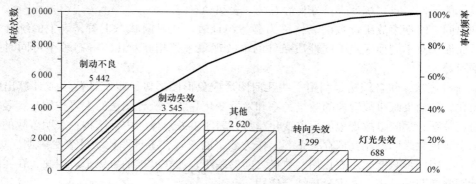

图14.2 我国道路交通机械故障事故排列图

随着汽车技术的不断发展，因车辆机械故障导致的事故比例越来越小。据近年来统计，发达国家这类事故占事故总数的比例在0.5%以下。我国目前这类事故还比较多，约占事故总数的5%。

3. 道路的原因

我国每年因道路原因造成的交通事故占事故总数的3% ~ 5%。从道路线形上看，死亡事故多发生在平直道路上（图14.3），这与道路里程中平直路段所占比重大有关。另外，平直路上车速快，也是事故多发的重要原因。急弯陡坡路段事故虽然不多，但是损失严重的群死群伤事故多发生在急弯陡坡路段。

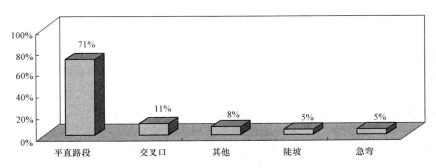

图14.3　我国道路交通死亡事故的地点分布

4. 环境因素影响

道路周围的环境对交通事故有较大影响。一般来说，城市交通干道两侧商业化程度高的路段和公路通过村镇、街道化程度高路段的事故率高于其他路段。据美国加利福尼亚州交通事故死亡率调查发现，不同地区道路交通事故率的分布有较大差别，市区和野外的高速公路亿车公里事故率分别为2.43人/亿车公里和1.35人/亿车公里，后者仅为前者的50%。城市不同区域内道路上的事故率也有较大差异，一般市区商业中心道路上的事故率最高，因此，应加强交通复杂地区的交通管理和事故预防工作。

风、雨、雾和冰雪等恶劣天气，严重影响了驾驶员正常驾驶的条件，导致事故多发。尽管不良天气在一年当中所占比例不大，但在此期间的事故率却明显高于正常天气。

14.4　交通事故预测与交通安全评价

14.4.1　交通事故预测的目的和意义

1. 交通事故预测的含义

交通事故预测是对未来有可能发生的事故作出估计和推测。其是通过对交通事故的过去和现在状态的系统探讨，并考虑其相关因素的变化，分析未来事故的危险程度和发展趋势，而作出对交通事故未来状态描述的过程，以便能及早采取措施进行防治。

2. 交通事故预测的特点

（1）预测的自负效应。交通事故预测属于警告性预测，它能引起社会、团体及某些人的自适应响应，及时采取相应对策，从而对预测结果施加影响。根据这种自负效应的特点，可用事故预测来唤醒人们的交通安全意识，取得预防事故的效果。

（2）预测的反复性。交通事故的初次预测有"起点"，但没有"终点"。初次预测模型需要随时间的推移，根据最新的信息不断修改。特别是交通事故正处在不稳定的时期，更需要反复推测。初次预测应按全部预测程序进行，以后的各次预测，则只是对初次预测的修改或扩充。

（3）预测的组合性。交通事故预测的组合性特点是指建立多个模型进行预测，或者使用多种预测技术组合，建立一个组合模型进行预测。如时间序列—回归组合模型、加法型组合模型等。使用组合预测技术的目的是保证预测方法尽可能灵活，避免片面性，使预测模型能适应时间序列变化。

3. 交通事故预测的分类

交通事故预测按预测范围可分为宏观预测和微观预测；按预测的结果可分为定性预测和定量预测。

（1）宏观预测是指对时间较长或区域较大的总体性能和趋势性的交通事故预测。

（2）微观预测是对时间较短或某一地点、路段交通事故变化情况的预测。

（3）定性预测是运用定性预测技术，对交通事故未来情况作性质的预断。

（4）定量预测是运用定量分析技术，对交通事故未来状态作出数量的估计。

4. 交通事故预测的目的

交通事故预测的目的是掌握交通事故的未来状况，以便及时采取相应的对策。避免工作中的盲目性和被动性，有效地控制各影响因素，达到减少交通事故的目的。

5. 交通事故预测的作用

（1）预测交通事故的发展趋势，为制定预防交通事故对策和交通安全宣传教育提供依据。

（2）预测交通事故的变化特点，为制定针对性防范措施和交通法规提供依据。

（3）预测交通事故的近期状态特征，为制定合理的交通安全管理目标提供依据。

（4）预测控制条件下的交通事故状态，对交通安全措施的可行性和实施效果进行合理评价。

6. 交通事故预测的意义

交通事故预测是科学决策的重要前提，交通安全决策也不例外。我国的交通事故目前正处在多发的关键时期。交通事故在一段时间内，还将随着车辆保有量的迅速增加，呈增长的趋势。在道路交通规划、设计、管理、法规和教育等方面，交通安全的科学决策显得越来越重要。其不仅在数量上越来越多，而且在时间和质量上的要求也越来越高。因此，做好交通事故预测工作，对提高交通安全管理工作水平具有十分重要的意义。

14.4.2 交通事故预测技术

道路交通事故预测技术可分为定性预测和定量预测两大类。

（1）定性预测是在数据资料掌握不多，或需要短时间内作出预测的情况下，运用专家的经验和判断能力，用逻辑思维方法，将有关资料予以加工。对交通事故的发展趋势和特点做出定性的描述。常用的定性预测技术有专家会议法、德尔菲法（专家调查法）、主观概率法、趋势判断法、类推法和相互影响分析法等。

（2）定量预测是在历史数据和统计资料的基础上，运用数学或其他分析技术，建立可以表现的数量关系的模型，并利用它来预测交通事故在未来可能出现的数量。常用的定量预测技术有时间序列趋势外推法、回归分析法、灰色预测法和组合预测法等。

交通事故预测一般可分为以下三个阶段：

第一阶段是设计过程，从确定预测目标开始，经过收集、分析有关信息，到初步选定预测技术。

第二阶段是建模过程，建立预测模型并验证模型的合理性。

　　第三阶段是评价过程，进行预测并对预测值进行检验、评价。在此过程中，要综合分析各种因素的影响，采用多种方法研究和修正。通过科学的判断后，得到最后的预测结果。此后，要对预测结果继续跟踪检测，以证实它是否适用，并在必要时建议修正预测值。

　　交通事故预测的程序框图如图 14.4 所示。

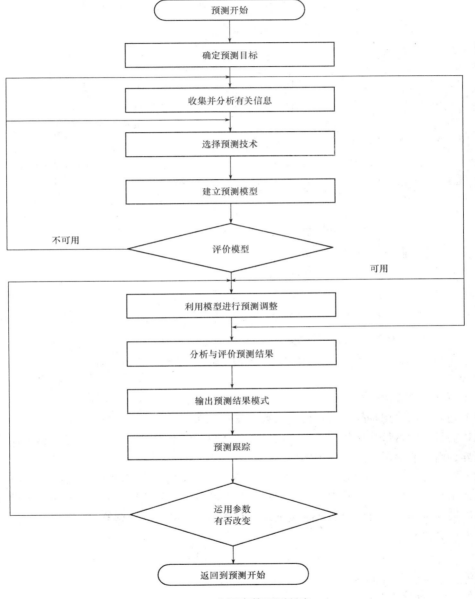

图 14.4　交通事故预测程序

14.4.3　交通安全评价

交通安全评价是对某一地区、路线、路段或地点（断面）的交通安全程度的评估，是对交通事故发生情况的客观描述，同时，也为客观分析道路条件提供非常重要的依据。交通安全评价可用交通安全度来表征，交通安全度也称交通安全的程度，是用各种统计指标，通过一定的运算方式来评价客观的交通安全状况。

国内外关于城市道路交通安全度的评价方法很多，如图 14.5 所示。

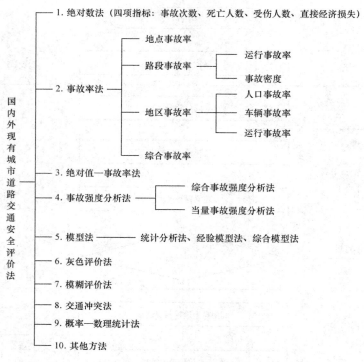

图 14.5　交通安全评价方法

1. 交通安全宏观评价

（1）绝对数法。用事故次数、死亡人数、受伤人数及直接经济损失四项绝对指标评价安全度，是目前我国用得最普遍的方法。其比较简单直观，但由于不涉及影响交通事故发生的主要因素的差异，而不能揭示交通安全的实质。

（2）事故率法。作为交通安全度的宏观评价方法，常用的有三种事故率法，即人口事故率、车辆事故率和运行事故率。其中，人口事故率和车辆事故率能够反映交通安全的不同侧面，运行事故率法较为科学，但目前交通运营量难以及时掌握，一般采用估算值。

①人口事故率。

$$R_P = (F/P) \times 10^5 \tag{14-6}$$

式中　R_P——道路交通事故 10 万人口死亡率（人/10 万人口）；

F——道路交通事故死亡人数（人）；

P——统计区域的常住人口数（人）。

②车辆事故率。

$$R_V = (F/V) \times 10^4 \tag{14-7}$$

式中　R_V——道路交通事故万车死亡率（人/万车）。

V——统计区域机动车保有量（辆）。

③运行事故率。

$$R_T = (F/T) \times 10^8 \tag{14-8}$$

式中　R_T——道路交通事故亿车公里死亡率（人/亿车公里）；

　　　T——统计区域内总运行车公里数。

（3）模型法。现行模型法有两类，一类是统计分析模型，利用多元回归法建模；另一类是经验法建模。前者国外用得多；后者国内用得多。

①统计分析模型。

a. 斯密德（R. J. Smeed）模型。

$$D = 0.000\,3\sqrt[3]{NP^2} \tag{14-9}$$

式中　D——交通事故死亡人数；

　　　N——机动车登记数（辆）；

　　　P——人口数（人）。

b. 意大利特里波罗斯多元回归模型。

$$y = 58.770 + 30.322x_1 + 4.278x_2 - 0.107x_3 - 0.776x_4 - 2.87x_5 + 0.147x_6 \tag{14-10}$$

式中　y——人口事故率（死亡人数/10 万人）；

　　　x_1——交通工具机动化程度（km/km^2）；

　　　x_2——平均每平方公里道路长度；

　　　x_3——居住在大城市中的人口比例（%）；

　　　x_4——19 岁以下青少年所占人口比例（%）；

　　　x_5——65 岁以上的老年人口比例（%）；

　　　x_6——小客车与出租汽车在车辆中所占的比例（%）。

②经验法模型。经验法常用的安全度评价模式：

$$R = D_d / (365 \times K_1 \times 10^3) \tag{14-11}$$

式中　$D_d = D_1 + a_1 D_2 + a_2 D_3 + a_3 D_4$

　　　D_1——交通事故直接死亡人数；

　　　D_2——交通事故轻伤人数；

　　　D_3——交通事故重伤人数；

　　　D_4——交通事故直接经济损失（万元）；

　　　K_1——经换算后的辖区道路长度内车辆运行公里数；

　　　a_1、a_2、a_3——轻伤人、重伤人、经济损失与死亡的当量系数。

（4）事故强度法。

①综合事故强度分析法。

$$K = \frac{M \times 10^4}{\sqrt{RCL}} \tag{14-12}$$

式中　K——死亡强度指标，K 越小，安全度越高；

　　　M——当量死亡人数，M = 死亡人数 + 0.33 重伤人数 + 0.10 轻伤人数 + 2 直接经济损失（万元）；

　　　C——当量汽车数，C = 汽车 + 0.4 摩托车和三轮车 + 0.3 自行车 + 0.2 畜力车；

　　　R——人口数，$R = 0.7P$（P 为人口总数）；

　　　L——不同道路条件下的修正系数，见表 14.1。

表 14.1 不同道路条件下的修正系数 L

里程/km 公路等级	<50	50~500	500~2 000	2 000~10 000	10 000
一	0.8	0.9	1.0	1.1	1.2
二	0.9	1.0	1.1	1.2	1.3
三	1.0	1.1	1.2	1.3	1.4
四	0.9	1.0	1.1	1.2	1.3
等外	0.8	0.9	1.0	1.1	1.2

②当量事故强度。当量综合死亡率指标结构为

$$K_d = 10^3 \times \frac{D_d}{\sqrt[3]{P \cdot N_d \cdot L}} \tag{14-13}$$

式中 K_d——当量综合死亡率;

$\quad\quad D_d$——当量死亡人数;

$\quad\quad N_d$——当量车辆数;

$\quad\quad P$——人口数(人);

$\quad\quad L$——公路里程(km)。

K 采用了当量值,且考虑的因素全面,基本概括了人、车、路对交通事故的影响。但当量死亡人数、当量车辆数、公路里程的标准化问题尚需研究。

(5)四项指标相对数法。四项指标相对数法是将不同类型道路交通事故的四项指标的绝对数占总数的百分比作为一个相对指标,利用此相对指标可深入地认识各种道路类型交通事故的对比情况,判断各种道路类型交通事故发生的比例。其计算公式为

$$\eta = \frac{A_i}{\sum A_i} \times 100\% \tag{14-14}$$

式中 η——指标的相对数;

$\quad\quad A_i$——不同道路类型的交通事故各项指标的绝对数;

$\quad\quad \sum A_i$——各种道路类型的交通事故各项指标总数。

应用四项指标相对数法可以从总体上对各种类型道路的交通事故情况进行分析,确定不同类型道路的交通事故分布比例。

2. 交通安全微观评价

交通安全微观评价可分为路段评价与交叉口评价两个方面。

(1)路段评价。

①绝对数—事故率法。绝对数—事故率法是将绝对数法和事故率法结合起来评价交通安全度的方法。以事故绝对数为横坐标;以每公里事故率为纵坐标,按事故绝对数和事故率的一定值,将绝对数—事故率分析图划出不同的危险级别区,Ⅰ区、Ⅱ区分别代表不同的危险级别,Ⅰ区为最危险区,同时也是道路交通事故数和事故率最高的事故多发道路类型,据此,可以直观地判断不同路段的安全度,如图 14.6 所示。

②交通事故率法。路段交通事故率指标,以每亿车公里交通事故次数表示。即

$$AH = \frac{N}{Q \cdot L} \times 10^8 \tag{14-15}$$

式中 AH——事故率;

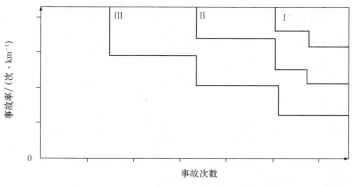

图 14.6　绝对数—事故率分析图

Q——路段年交通量；

L——路段长度（km）；

N——路段内发生的交通事故次数。

交通事故率表征了某一路段发生交通事故的危险程度。其与交通参与者遵章行驶的状态有关，与交通流量紧密相连，故而是值得推荐的较为科学的路段安全评价指标。

（2）交叉口评价。

①交叉口事故率法。交叉口事故率用每百万台车发生交通事故的次数表示。即

$$A_I = \frac{N}{M} \times 10^7 \tag{14-16}$$

式中　A_I——交叉口事故率（次/100 万台车）；

N——交叉口范围内发生的事故次数；

M——通过交叉口的车辆数。

交叉口事故率是评价路口安全的综合指标。

②速度比辅助法。速度比是以通过交叉口的机动车行驶速度与相应路段上的区间车速的比值表示。即

$$R_I = v_I / v_H \tag{14-17}$$

式中　R_I——速度比；

v_I——路口速度（km/h）；

v_H——区间车速（km/h）。

③交通冲突法。交通冲突技术自 20 世纪 60 年代在美国开始应用。它的最初目的是调查通用汽车公司的车辆在驾驶时是否与其他车辆一样。此后该法很快被一些交通安全组织应用于预测评价交叉口潜在事故数和鉴别系统缺陷中。1970 年以后，该法被加拿大和一些欧洲国家使用。1979 年以后陆续在巴黎、瑞典、西德、比利时等国家举办了国际冲突技术会议，并出版了《国际交通冲突会议论文集》。目前，交通冲突技术在世界许多国家得到广泛应用，成为国际上用于定量研究多种交通安全（特别是地点安全）问题及其对策的重要方法。

14.5　提高道路交通安全的对策

交通事故预防是交通安全的主要任务之一，也是交通工程学研究的重要内容。从构成道路交通四要素（人、车、路、环境）的角度，认为预防交通事故应从以下四个方面着手。

14.5.1　健全交通法制

加强道路交通安全法规体系建设是改善道路交通安全整体水平直接、有效的措施。我国目前的道路交通安全法规体系的内容已涵盖在若干不同的法律、法规及其他交通管理的规范性文件之中，并且在我国目前的道路交通运营实践中发挥着积极和重要的作用。随着时代的发展，法律体系也要相应地加以修正和调整。

14.5.2　加强交通安全教育

1. 开展交通安全宣传

交通安全宣传活动是宣传群众、教育群众的重要方法。进行宣传活动应重视取得实际的效果，要将交通安全和每个人的切身利益联系起来，引起他们对交通安全的关注。要采用群众喜闻乐见的宣传形式，寓教于人们日常工作生活之中，于文化娱乐之中。同时，宣传活动必须尽最大可能调动社会的力量，力求加大宣传的深度和广度，保证宣传质量。

2. 加强交通安全教育

交通安全应像其他文化知识一样，从幼儿开始就进行系统的教育。在高中以前的各个教育阶段都列为必修课，使学生从接受教育开始就不断地树立交通法制的观念、交通安全的观念、交通道德的观念和安全通行的观念。对社会面上的教育，要针对不同的对象，采取不同的方式、方法，有的放矢地进行。

14.5.3　提高车辆安全性能，保持良好车况

1. 主动安全措施

（1）改善侧面和前部的视野，安装倒车灯和倒车警报器，以预防因盲区而引起的交通事故。

（2）提高挡风玻璃的透视性能，以预防因雨、雪和结霜而引起的交通事故。

（3）采取防眩目的措施，提高前照灯的照度，以预防因眩目和前照灯照度不足而引起的交通事故。

（4）在动力性方面，提高超车加速能力，安装驱动防滑系统。

（5）在操稳性方面，提高操作稳定性和轻便性。

（6）在制动性方面，安装辅助制动系统、ABS 防抱死系统。

2. 被动安全措施

（1）车内措施，主要包括尽可能提高乘员空间，即车身的强度，以减小碰撞时的变形，采用钢化玻璃或隔层玻璃，以减轻发生事故时玻璃对乘员的伤害；加大方向盘的面积，使之具有一定的弹性，车内的开关、旋钮、把手等要尽量圆滑并柔软，车门和棚顶具有足够的强度，以保护乘员的安全和便于抢救。另外，预防火灾的性能和安全带、安全气囊对乘员安全的防护，均具有重要的作用。

（2）车外措施，主要是指碰撞自行车和行人时尽可能地减轻伤害，如保险杠应尽可能圆滑并有弹性。活动式的后视镜和挡泥板，与挂车连接部分的防护网等，对保护交通弱者都会起到一定的效果。

14.5.4　加强道路及其交通安全设施建设

1. 改善道路条件

从道路线形设计方面考虑，应严格按照设计道路的平曲线和竖曲线，使弯道、坡道符合公路

工程技术标准。各种线形组合要充分考虑安全性。

2. 完善道路安全设施

道路安全设施主要包括分隔带、安全护栏、交通标志、标线、视线诱导设施和防眩设施等，对于城市交通还包括行人过街天桥、地道、交通安全岛等。

3. 实施交通控制

交通控制可分为交通信号控制和交通法规控制。交通信号控制是指在道路入口和交叉口处设立交通信号灯，合理控制车辆的行驶；交通法规控制包括设立单向交通路段、变向车道、公交车专用车道等。

4. 建立交通信息系统

交通信息也称为交通情报，公安与管理部门为保证行驶于汽车专用道或城市主干道上的车辆的安全、迅速，应及时向司机通报道路交通阻塞情况、天气情况、前方道路或临时交通管制的情况，以便驾驶员及时改变对策。

5. 建立事故紧急救援系统

监视预报体系，根据异常气象等条件估计可能出现事故区域，采取信息收集和联络体制，同时，派专人负责监视与做好各项准备工作。事故发生时，应用先进的通信设备与手段，快速可靠地联系有关部门，及时有效地处理事故，确保道路安全畅通。

6. 改善道路交通环境

道路交通环境的改善主要从两个方面入手，一方面改善道路环境，使驾驶员具有良好的行车视距和不断变化的视觉效果，改善使驾驶员产生疲劳、烦躁的单调环境；另一方面改善交通流环境，尽量使之保持良好的稠密程度，且尽量避免混合型交通流。

思考题

1. 什么是交通事故？我国的交通事故分为哪些种类？
2. 交通事故的调查内容有哪些？都有什么作用？
3. 从人、车、路、环境方面简述造成交通事故的原因，特别是道路条件对交通事故的影响。
4. 如何提高交通安全水平？
5. 道路交通事故的损失包括哪些？如何进行计量？

第15章

城市公共交通

★ 本章主要内容

　　本章主要介绍城市公共交通，包括常规公共汽车交通系统、城市轨道交通类型及城市BRT。常规公共汽车交通系统，包括公共交通特性、公共交通规划、道路交通条件对公共交通汽车运行的影响；轨道交通的分类及特征；BRT建设的条件及优点。

★ 本章学习目标

　　掌握城市公共交通的分类；掌握常规公交的特性、规划条件及管理对策；了解城市轨道交通的分类及各类型的特征；了解城市BRT的发展及建设。

　　公共交通是一种为居民的日常学习、工作和生活提供服务的交通方式。公共交通体系包括固定路线的常规公共汽车、大容量快速公共汽车（Bus Rapid Transit，BRT）、无轨电车、有轨电车、地铁、轻轨交通、市郊铁路、在非固定路线上随上随下的小公共汽车及出租汽车等；有水域交通的城市，旅客轮渡与城市短程客航也属于城市公共交通范畴。城市公共交通是大城市客运交通系统的主体，沟通社会生产的各个环节，维系着千家万户的日常生活。各种公共交通方式之间相互配合，有效整合，可以为乘客提供安全可靠、经济适用、便捷高效的交通服务，有力支撑城市经济社会发展。城市公共交通较其他交通方式具有集约高效、节能环保等优点，优先发展公共交通是缓解交通拥堵、转变城市交通发展方式的必然要求，是构建资源节约型、环境友好型社会的战略选择。

15.1　常规公共汽车交通系统

15.1.1　常规公共汽车交通系统的组成

　　常规公共汽车交通（简称常规公交）系统包括公共汽车、公交线路和线网、公交车站和场站设施及运营管理系统。

　　1. 公共汽车

　　公共汽车机动灵活、适应性强、载运量大，是目前世界各国使用最广泛的公共交通工具。

按照载客数量分类我国的公共汽车车辆可分为三类，小型车：载客 60～90 人；中型车：载客 90～130 人；大型车：铰接车和双层客车载客 130～180 人。近年来，为适应不同乘客不同层次的需求及实际运营中的灵活性和经济性，有的国家还出现了微型公共汽车。

考虑到环境容量和能源、资源的制约，一些有条件的城市开始使用天然气代替柴油作为公共汽车的动力燃料。另外，电动公共汽车和以氢燃料作为动力的公共汽车也在持续的研发和试运营中。

2. 公交线路和线网

公共汽车交通线路的设置应尽可能为人们提供方便的出行条件，尽量提高市民乘坐公交出行的比例。因此，在居住区、商业区、办公区、工业区、火车站、机场、码头及其他客流集散场所等处，都需要设置公共交通线路。公共汽车交通线路的走向应符合客流的方向，使车辆沿途载客均匀，上、下车乘客接近平衡，避免过分迁就少量客流。

在一些工业、商业区比较集中的城市布设线路，要尽量使乘客减少换乘，方便乘客。在大的客流集散点或沿线主要交叉路口，可增设公交线路，尽量使线路四通八达。城市公共汽车交通线网是城市综合交通网络的一部分，当城市中有多种公共交通方式时，公共汽车线网须与轨道交通系统和 BRT 交通系统等其他公交线网一起进行综合规划，共同担负城市公共客运交通的责任。规划公共汽车线网时，市区线路、郊区线路和对外交通线路应紧密衔接，并协调各类线路的集疏能力。

3. 公交车站和场站设施

公共汽车交通车站可分为首末站、枢纽站和中途停靠站，各站点的功能和用地要求不同。首末站是安排乘客候车、车辆回转和短时停放、调度及乘务人员休息的地方，至少有一端要满足车辆停驻要求。夜间的大量停车，原则上应使用专用的停车场。枢纽站是与其他公交线路或者交通方式换乘的地点，线路占地要协调考虑，方便线路的进出。中途停靠站要根据主线交通量和线路条数，考虑是否设置港湾停靠、纵向拉开或者横向拉开。公交车站的站距受交叉口间距和沿线客流集散点分布的影响，在整条线路上是不均匀的。市中心区客流密集、乘客乘距短，上下车频繁，站距宜小；城市边缘区站距可大些；郊区线站距可更大。

《城市综合交通体系规划标准》（GB/T 51328—1018）中对公共交通车站服务面积的规定是：以 300 m 半径计算，不得小于城市用地面积的 50%；以 500 m 半径计算，不得小于 90%。公交车辆停车场、保养场、大修厂、加油（气）站调度中心等场站设施是城市公共交通系统的重要组成部分，要与城市公交发展规模相匹配，保障用地需求。公交场站布局可根据公交车辆种类、车辆数、服务范围和所在区域用地条件设置。车辆保养场应高级保养集中、低级保养分散，并与公共交通停车场相结合。

4. 运营管理系统

公交系统的运营管理包括两个方面内容：一是运营调度计划的制订，二是运营调度计划的执行和监控。手工作业工作量大、信息沟通困难，易造成线路运行秩序的混乱，影响公共交通的服务质量。

城市公共交通车辆自动监控系统（Automatic Vehicle Monitoring System for Urhan Public Transport），国际上统称为 AVM 系统，是对公共交通车辆的运行状况进行自动监测和实时处理的调度系统，由自动监测设备、通信设备和计算机组成。其功能主要包括：根据车辆运营数据和运行计划，辅助选择最佳调度方案；调度室向运营车辆下达调度指令；监测车辆的动态位置和载客量、运行时刻及偏离量；编制并显示各线路运营图像、运营报表和统计曲线；建立历史数据库；与道路车流、车速等城市道路交通控制系统信息实现交换，为公共交通车辆优先通行创造条件。

15.1.2 公共汽车交通的特性

1. 适应性强

从公共交通设线的适宜断面客流量来看，其适应性很强。在轨道交通发达的地区，公共交通可为轨道交通客流起集散作用。在人口密度较低的大城市边缘地区或旧城区的支路上，或大、中型城市的新建居住区或小城市的客流主要方向，都可以优先考虑设置公共汽车线路。

2. 线路设置灵活

在公共交通运行空间所需条件方面，公共汽车、无轨电车和常规有轨电车这三种公共客运方式，虽然都属于街道内公共客运系统的范畴，而且它们设线的适宜断面客流量和设站条件也基本上相同或相似，但设置公共汽车线路时，不存在架设动力线和铺设轨道的问题，以及由此带来的线路固定化所出现的种种矛盾，例如，不能超车行驶对路口信号灯配时和街道景观产生影响等，车辆运行灵活自由，设线的适用范围最大，可包括狭窄街道所覆盖的旧城街区。

3. 车站设置灵活

在线路走向和设站要求确定之后，不同公共交通在设站所需要的空间、工程设施乘客进出站时的空间联系和为乘客服务的设施等方面所需要的条件及相应的资金投入量各不相同，而公共汽车和无轨电车车站的设置要求较低，可灵活设置。

4. 行车组织灵活

从运营组织上来看，公共汽车交通可以根据客流的变化和具体的运营条件及其他条件，安排不同车型的车辆和行车的组织方案，例如，在高峰小时客流集中的干线上使用大容量的车辆组织大站距快车或区间车，在客流较大而街道狭窄转弯半径小而客流量又较大的旧城区使用短车身双层公共汽车等。定线和不定线行驶、招手上车和就近下车的小型公共汽车，既可以对常规的公共电汽车的乘客进行部分分流，为这部分乘客提供便捷、舒适的出行条件，又可以填补常规公共电汽车线网难以覆盖的"空白区"。

总之，公共汽车所具有的适应性强、灵活性大的交通特性，是其他公共客运方式，特别是轨道交通所不及的。

15.1.3 公共交通规划

1. 城市公共交通规划的概念和目标

城市公共交通规划是指根据城市发展规模、用地布局和道路网规划，在客流预测的基础上确定公共汽车车辆数线路网络、换乘枢纽和场站设施用地等，使公共汽车客运能力满足客流高峰的需求。

城市公共交通规划是城市交通规划的部分内容，也可单独作出规划。根据实际要求确定规划的目标与规划期限。城市公共交通规划可分为战略规划、远期规划和近期规划。不同的规划年限要求有不同的研究范围、规划内容和规划方法。

规划考虑的期限越长，研究涉及的范围越广，相应采用的模型和得到的结果也更为宏观，因而有所谓"近期宜细，远期可粗"的规划原则。

2. 城市公共交通规划的框架

完整的城市公共交通规划包括从规划目标分析、规划内容设计、规划检验到规划实施的全过程，如图 15.1 所示。

（1）规划目标分析。该阶段主要包括规划的项目背景、依据，以及规划的宗旨、原则和策略。

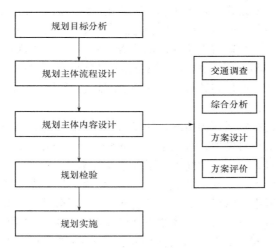

图 15.1　城市公共交通规划架构

（2）规划内容设计。规划内容设计一般包括交通调查、综合分析、方案设计和方案评价四个步骤。不同规划期限有不同的侧重点。对于战略规划，主要进行重点调查，考虑外部平衡，选择交通结构。对于远期规划，要对土地利用和交通系统进行全面调查，现状与预测分析相结合，兼顾系统内、外部平衡，选择交通结构。方案设计，主要设计公交线路连接及公交场站；方案评价，要进行系统评价和社会经济评价；对于近期规划，要对公共交通系统内部进行细致调查，分析内部平衡，调整方案与实施计划，作相应评价。

（3）规划检验。公共交通规划中很多数据来源于城市总体规划和社会经济发展预测，而预测往往带有局限性，这导致公共交通发展并不能与规划完全一致。因此，有必要对规划过程进行检验。规划检验可分为事前检验和事后检验。前者常采用循环规划策略、滚动规划策略和逆向检验策略；后者是一种相对简单而有效的规划检验方法。

（4）规划实施。远期规划实施设计较粗略，近期方案实施在说明和计划的内容上要有具体要求，以便于尽快付诸实施。实施方案设计主要包括实施内容（线路和场站建设、设备购置技术经济政策、技术革新与培训等）、实施的政策保障情况、实施时间计划表。

3. 常用规划参数

（1）公共交通线网密度。公共交通线网密度是指每平方公里城市用地上有公共交通线路经过的道路中心线长度，单位为 km/km²，可按下式计算：

$$\delta = \frac{L}{F}$$

式中　L——公共交通线网线路总长度（km）；

　　　F——城市面积（km²）。在计算 F 值时，城市用地内的大块水面及一些特殊用途的用地不计入。

通常，城市公共交通线路的规划密度，在市中心区一般应达到 3 ~ 4 km/km²，城市边缘地区一般应达到 2 ~ 2.5 km/km²。相应地，乘客到车站的步行时间不超过 4 ~ 6 min，干线之间的距离为 600 ~ 100 m。一般在市区客流密集地区，应多设重复线路，线网密度宜大。在城市边缘地区或小城市，线网密度宜小。

（2）线路长度。在确定线路长度时，一般要考虑乘客要求、运营组织和企业成本及城市大小和乘客平均乘距等因素。

长距离出行的乘客要求线路长、站距大、一次到达；短距离的乘客要求站距小，可随时上下车、换车。线路长可以提高乘客的直达率，但会造成车辆到站准点率下降，均匀性不好，乘客候车时间增加等问题。线路过短造成直达率过低，增加乘客的换乘次数。因此，公共交通线路长度也不宜低于 20 min 运营时间。设置线路要照顾绝大部分乘客，根据调查的具体资料确定线路长度。如果实际运行车辆运载的乘客数量大，交替程度高，通过路口多，难于准点，运营组织困难线路可适当短些，反之可长些。

布设线路长度还应考虑投资运营的情况，如线路过短，运营组织简化了，但车辆的利用效率低、运营车速低、停车用地相对增加，造成企业成本增加。线路过长，准点率低，也会造成组织运营困难而减少客运周转量，浪费运输能力，增加企业成本。

线路长度也可根据城市大小和乘客平均乘距等因素确定。在特大城市，线路长度可以按城市的半径确定；在大、中城市，以城市的直径长度确定，随着城市用地面积的扩大，还应根据客流相应调整线路长度。从客流方面考虑，线路长度可确定为乘客平均乘距的 2 ~ 3 倍。

（3）站距。站距过短，乘车方便，步行时间短，但车辆停站过多，车速减慢，而延长了乘行时间，对公共交通企业来讲，会因车辆周转慢而浪费部分运能；站距过长，部分乘客因车速提高而满意，但另一部分乘客步行到站、换乘、下车到目的地的时间增加。因此，确定站距应考虑使居民出行费时最少，求出最佳站距。

站距大小还受道路系统、交叉口间距、公安交通管理部门的规定等条件的制约。因此，在一条线路上站距也不相等。在市中心区，乘客上下车频繁，站距宜小；城市边缘区，站距可大；郊区可更大。一般情况下，市区线站距可设为 500 ~ 800 m，郊区线站距可设为 800 ~ 1 000 m。对于大城市和特大城市，居民流动范围大，出行距离长，平均乘距长，站距应当增大。

（4）站位。停靠站可设在两个交叉口之间，也可设在交叉口附近。这两种设站方式对线路两侧居民使用公共交通来说差别不大，但后者便于乘客换乘横向的车辆。在路段上设站时，上、下行对称的站点，在纵向应沿车辆前进方向迎面错开 20 ~ 30 m，以免使车行道宽度缩小过多，形成瓶颈，影响车辆畅行。

在交叉口附近设站时，要方便乘车、换车，不阻挡交叉口视距三角形内的视线，不影响停车线前车辆的停驻候驶。因此，要与停车线有一段距离。如北京市的站点，一般距离路口为 50 m。至于在交叉口之前设站，还是过交叉口之后设站，各有短长，宜根据道路条件、交通管理等具体情况而定。不同线路的停靠站的换乘距离应尽量短，同向换乘时最多不超过 50 m，异向换乘时最多不超过 100 m。穿越平面或立体交叉口的公共交通线路车站的设置需要利于乘客换乘，换乘距离不宜大于 150 m。凡换乘量大的公共交通站点和轮渡口，在其 50 m 范围内应设公共交通车站。

（5）线路的非直线性系数。公交线路实际长度与空间直线长度之比，称为线路的非直线性系数。其值以小为佳。

城市公共交通线路非直线性系数不应大于 1.4。乘客平均换乘系数，大城市不应超过 1.5，中、小城市不应超过 1.3。线路的非直线性系数与线路网的图形有很大关系，例如，将方格网式图形改变为放射—环式图形，可使运输工作量减少 18%。

应当注意，非直线性系数小，其本身还不能充分说明城市平面的运输质量高。当城市为长条形时，非直线性系数小，但运输工作量大，因为平均行驶距离长。因此，只有在城市平面紧凑的条件下，非直线系数小，才能保证整个线路系统运输质量高。

（6）居民出行时间。居民乘车出行的时间包括步行时间（由出发地点到公交车站和由车站到目的地的步行时间）、候车时间、乘行时间、换乘时间。随着城市的发展，用地规模在不断扩大。因此，公交线网的合理与否，对居民出行时间的影响很大。从上述分析可知，乘客出行消耗时间与线网密度、停车站间距离、线路行车时间、街道交通条件（体现在运送速度中）及换车距离等因素有密切关系。

15.1.4　道路交通条件对公共汽车运行的影响

由于大城市人口众多，当经济发展到一定的规模，在交通量与日俱增的条件下，由交通密度不断增加而导致的道路拥挤和阻塞，将对地面常规的公共汽车交通的正常运行产生明显的不利影响。

影响地面公共交通车辆正常运行的因素，除雨、雪天气等自然条件外，还包括以下几点：

（1）在未设公共交通专用车道的道路上，公共汽车的运行效率在很大程度上取决于其他机动车的数量、运行速度和自行车过街行人的干扰程度，在交通密集的商业区更为明显。

（2）在路口不实行公共汽车优先通过的情况下，公共汽车常常被抢先通过路口的自行车和加速性能好的小汽车所阻挡，而不能及时地通过路口。

（3）在没有公共汽车专用车道又无港湾式停靠站的情况下，公共汽车进入和驶出停靠站时，一方面受到行驶中的其他机动车和自行车的干扰；另一方面在停靠、启动时也影响其他车辆。

这些影响公共汽车正常和有效运行的因素共同作用的结果集中表现为输送乘客的效率和准点率的降低。例如，北京、天津、广州三市在 20 世纪 80 年代末期的公共交通车辆的运行速度分别为 16.5 km/h、14.4 km/h、13.3 km/h，全日行车准点率分别为 76%、83.9%、77.8%，比 20 世纪 70 年代中期的运行速度和准点率分别降低 30% 和 15% ~ 20%；到了 21 世纪初的十年，一些大城市在高峰时间公共汽车的速度仅有 10 km/h 左右，远远低于设计速度。

15.1.5　改善公共汽车交通服务的措施和政策

为了发挥公共汽车高度机动灵活的优势，克服或者减少道路交通环境对其正常运行的不利影响，减少对环境的影响，需要采取政策的、规划的、工程技术和管理的综合对策。

1. 车辆技术的改进措施

在车辆底盘技术上，德国首先开发出低底板城市公共汽车。由于长期以来城市公共汽车都是在货运汽车底盘的基础上进行装配的，没有自己的专用底盘，大部分城市公共交通车辆（包括城市公共汽车、城市无轨电车、小公共汽车、双层公共汽车等）的底板与地面的距离比较高，通常底板高度为 700 ~ 900 mm，乘客感到上、下车很不方便（一级踏步距离地面高度为 380 m 左右），尤其是老年人、儿童、孕妇和残疾人。这严重地制约了城市公共交通客运的发展，难以满足乘客对城市公共汽车乘坐舒适性和方便性的要求，同时，延长了乘客上下车的时间，降低了运行效率。低底板城市公共汽车采用独立悬架式专用公共汽车底盘，使得城市公共汽车底板距离地面高度大大降低，保持在 320 ~ 350 mm，极大地方便了乘客的上、下车及乘坐舒适的要求，提高了公共交通的通行能力。

2. 公交优先管理技术

我国公交出行的分担率普遍较低，大、中城市仅有 20% 左右，以北京市为例，2007 年公交出行比例不足 30%。随着政府对公交出行的重视，公交出行比例有所提升，到 2015 年年底，北京市公交出行比例为 45%（含轨道交通），为全国最高。但公交车速越来越低，高峰时平均车速只有 10 km/h 左右。出行难、行路难，交通时间成本不断增加，有些路段公交车甚至比自行车还慢。这不仅给群众的出行带来诸多不便，也拖了城市经济发展的"后腿"。经过多年的探索，优先发展公共交通已成为人们的共识。

在交通管理上，在道路条件允许、断面客流量较大的线路，应尽量修建港湾式公共汽车停靠站；在过街人流量大的商业街、路口和公共交通枢纽站等地，应修建行人过街桥或地道；在重要路段或交叉口，应实行公交优先通行。

城市道路网络由路段和交叉口组成，是公交车辆运行的载体。公交优先通行系统设计就是要在公交车经过的道路网上采取相应的措施，使公交车运行时少受干扰、优先通行。其基本出发点是将公共汽车与其他交通方式在时间或空间上相互分隔。公交优先通行的设计方式有以下两类：

（1）路段优先。根据实际情况设置公共汽车专用车道或公交专用道路等。北京长安街最早实施了公交专用车道，产生了良好的社会效益。全国大城市中，普遍设置了不同层次的公交优先车道。

（2）交叉口优先。交叉口的公交优先措施主要有设置专门的公交相位、设置专门的公交车入口车道及其他一些特殊的公交车优先排队与通行措施等。

3. 公交优先政策

城市公共交通是与群众生产、生活息息相关的重要基础设施，是关系国计民生的社会公益事业，有限的道路资源决定了发展公共交通的必要性。优先发展公共交通涉及城市经济社会的方方面面，公共交通建设与城市建设是不可分割的一个整体，在推动公共交通发展的进程中，必须坚持以政府为主导的公共交通发展方向，政府要制定相应的公交优先政策：一是政府要结合城市的总体发展战略研究制定公共交通发展战略和规划；二是政府要在公共交通行业市场化进程中加强监管和宏观调控，避免造成企业之间恶性竞争、市场秩序混乱和公众利益损失；三是政府要将优先发展公共交通纳入公共财政体系，建立合理的公共财政补贴机制；四是政府要通过法律法规保证优先发展城市公共交通政策的落实。

优先发展城市公共交通采取的经济政策主要包括以下几项：

（1）加大城市公共交通的投入，坚持以政府投入为主，将城市公交发展纳入公共财政体系。例如，城市公用事业附加费、基础设施配套费等政府性基金要向城市公交倾斜。

（2）按照市政公用事业改革的总体要求，鼓励社会资本参与城市公交的投资、建设和经营，通过实施特许经营制度，逐步形成国有主导、多方参与、规模经营、有序竞争的格局。

（3）建立低票价的补贴机制，实行城市公共交通低票价政策，按照《中华人民共和国价格法》等有关法律、法规的规定，建立健全城市公共交通票价管理机制。对于实行低票价及月票，老年人、残疾人、伤残军人等减票免票政策形成的城市公交政策性亏损，城市政府应给予补贴。

（4）认真落实燃油补助及其他各项补贴，成品油价格调整影响城市公交增加的支出，由中央财政予以补贴。

（5）由于政府指令性任务所增加的支出，经城市政府主管部门审定核实后定期进行专项经济补偿。

（6）加强领导，落实责任，确保行业稳定，对侵犯职工权益的城市公共交通企业，地方各级人民政府和有关部门要依法处理，严肃追究城市公共交通企业负责人的责任。

我国已经确立了优先发展城市公共交通的政策。2012年12月29日，国务院印发《关于城市优先发展公共交通的指导意见》，指出要"突出城市公共交通的公益属性，将公共交通发展放在城市交通发展的首要位置"，明确了强化规划调控、加快基础设施建设、加强公共交通用地综合开发、加大政府投入、拓宽投资渠道、保障公共交通路权优先、鼓励智能交通发展七条发展政策，确定了完善价格补贴机制、健全技术标准体系、推行交通综合管理、健全安全管理制度、规范重大决策程序、建立绩效评价制度六方面持续发展机制。

15.1.6 智能交通技术（ITS）的应用

ITS 技术可以用来监控公交车辆的运营，提供路口优先通行权，反馈乘客信息等。ITS 技术主要包括车辆定位技术站台信息显示系统、车内信息显示系统、手机公交信息服务系统及智能化收费系统等。

通过地理信息系统（GIS）和全球定位系统（GPS）或者无线射频识别技术（FRID），可以实现公交车辆的定位。公交运营调度中心可根据车辆的位置和车速，对驾驶员发出指令，调整行车计划。同时，可将信息发到站台信息显示板上，显示车辆预期到达时间。有的城市开发了基于通用无线分组业务（GPRS）的公交信息服务系统，通过手机即可查询公交车辆的到达信息。智能化收费系统，实现了多种交通方式的"一卡通"，不但降低了工作人员的工作强度，而且对公交基础数据的收集起到了不可替代的重要作用。总之，现代技术在公交系统的应用，大大方便了乘客和员工，有效地提高了效率。

15.2 城市轨道交通系统

15.2.1 了解城市轨道交通的发展史

1. 世界城市轨道交通的产生与发展

自 1863 年 1 月 10 日世界上第一条地下铁道（图 15.2）在伦敦建成并投入运营以来，城市轨道交通的发展已有 150 多年的历史，但真正开始大规模修建城市轨道交通系统则是在第二次世界大战结束以后。世界城市轨道交通的发展历程，大致可以分为以下四个阶段：

（1）初步发展阶段（1863—1924 年）。在这一阶段，欧美国家的城市轨道交通发展较快，期间有 13 个城市建成了地铁，还有许多城市建设了有轨电车。20 世纪 20 年代，美国、日本、印度和中国的有轨电车有了很大的发展。这种旧式的有轨电车行驶在城市的道路中间，不仅运行速度慢，准点率低，而且噪声大，加速性能低，乘客舒适度差，但它在当时仍然是主要的公共交通工具。欧美国家在这一阶段的有轨电车如图 15.3 所示。

图 15.2 1863 年伦敦地铁图

图 15.3 早期欧洲有轨电车

（2）停滞萎缩阶段（1925—1949 年）。一方面，第二次世界大战的爆发和汽车工业的发展，导致了城市轨道交通的停滞和萎缩；另一方面，因投资大，建设周期长，也导致了城市轨道交通的发展出现停滞和萎缩现象。只有 5 个城市在这一阶段发展了城市地铁，而有轨电车则停滞不前，有些线路还被拆除。

（3）再发展阶段（1950—1969年）。汽车过度增加使城市道路异常堵塞，行车速度下降，严重时还会导致交通瘫痪，加之空气污染、噪声严重，大量耗费石油资源，市区汽车有时甚至难以找到停车的地方，于是人们又开始重新认识到解决城市客运交通必须依靠占地少、污染小、运力大的城市轨道交通。因此，城市轨道交通又重新得到了重视。

（4）高速发展阶段（1970年至今）。在这一阶段，世界各国政府纷纷确立了优先发展轨道交通的方针，同时，通过立法解决城市轨道交通的资金来源。并且，世界各国城市化的趋势导致人口高度集中，这也要求轨道交通高速发展以适应日益增加的客流运输要求，同时各种新技术的发展和应用也为轨道交通奠定了良好的基础。

2. 我国城市轨道交通的产生与发展

作为解决城市交通拥堵问题的首选措施，我国目前正在加大发展城市轨道交通建设。就我国城市轨道交通的发展而言，可以分为以下五个阶段：

（1）起步阶段。20世纪50年代至70年代初期，我国轨道交通的发展战略是以防战兼顾交通。其指导思想是"平战结合"，即平时用于交通，战时用于战争，属于"绝密工程"。根据当时的发展战略和指导思想，以修建人防设施为主的地铁应运而生。此阶段以1965年开始兴建、1969年10月1日建成通车的全长为36 km的北京地铁（北京站—苹果园站），以及1970年开始兴建、1976年建成通车的全长为5.1 km的天津地铁（新华路站—西南角站）为标志。

（2）开始建设阶段。20世纪80年代末至20世纪90年代初，以上海地铁1号线、北京地铁复八线和广州地铁1号线建设为代表，我国真正以交通为目的的地铁项目开始建设。在这一阶段，随着改革开放和经济体制改革的逐步深入，城市交通需求剧增，导致道路交通供给能力严重不足，交通供需矛盾突出，成为城市社会经济发展的一个重要制约因素。为适应城市发展的需要、缓解城市交通的紧张情况，我国政府加大了对城市交通基础设施的投入，强调轨道交通对解决城市交通问题和引导城市发展的作用。从此，发展大容量轨道交通方式的理念开始显现，我国开始了城市轨道交通的建设阶段。

（3）建设高潮开始阶段。随着我国经济的发展和城市化进程的加快，城市的规模和人口数量在不断扩大，城市交通问题更加突出。城市交通问题的解决必须依赖公共交通的发展，大城市及特大城市必须建设一个以轨道交通系统为骨干，以公共交通为主体，多种交通方式相互协调的综合交通系统。同时，经济的快速发展也为发展城市轨道交通奠定了雄厚的物质基础。自20世纪末至21世纪初，我国城市轨道交通进入快速发展的建设高潮阶段。在此阶段，兴建城市轨道交通的城市迅速增多，部分城市的轨道交通建设呈现网络化，并且城市轨道交通的类型朝着多元化、现代化的方向发展。

（4）调整阶段。由于地铁建设发展迅猛，部分城市不顾地方经济实力，盲目跟风建设轨道交通项目；还有的城市盲目追求高标准，忽视了是否适合本城市的实际情况等问题，使城市轨道交通建设带有很大的盲目性。针对工程造价高、车辆全部引进、大部分设备大量引进等问题，1995年，国务院办公厅第60号文件通知，除上海地铁2号线项目外，所有地铁项目一律暂停审批，并要求做好发展规划和国产化工作。1995—1998年，国家没有审批城市轨道交通项目，轨道交通的建设与发展经历了一段曲折的历程。1997年年底，原国家计委开始研究城市轨道交通设备国产化实施问题，并于1998年将深圳地铁1号线、上海轨道交通3号线、广州地铁2号线作为国产化依托项目进行了立项，轨道交通建设项目又开始启动。

（5）建设高潮阶段。随着积极财政政策的实施及内需的进一步扩大，我国于1999年开始陆续批准了一批城市轨道交通项目开工建设。自1999年以后，我国先后审批了深圳、上海、广州、重庆、武汉等10个城市的轨道交通项目，并投入40亿元国债资金予以支持。目前，我国大城市、特大城市已将建设大容量的快速轨道交通作为解决城市交通问题最主要的技术政策。包括北京、上海、广州在内，全国有已建和在建轨道交通项目的城市 44 个。毋庸置疑，21 世纪我国的城市轨道交通系统必将迅猛发展。

15.2.2　了解城市轨道交通的基本概念

1. 城市轨道交通的概念与特点

（1）城市轨道交通的概念。城市轨道交通为采用轨道结构进行承重和导向的车辆运输系统，依据城市交通总体规划的要求，设置全封闭或部分封闭的专用轨道线路，以列车或单车形式，运送相当规模客流量的公共交通方式。

（2）城市轨道交通的特点。

轨道交通以其鲜明的特点，赢得了城市管理者和市民的青睐。其优点主要包括以下六个方面：

（1）采用列车编组化运行，运量大。

（2）良好的线路条件与控制体系，运行速度快。

（3）电力牵引，污染少、绿色环保。

（4）可采用地下和高架敷设方式，占地面积小。

（5）全隔离的路权方式，安全和可靠性强。

（6）良好的环控体系和候车环境，乘车舒适性佳。

同时，城市轨道交通也存在一些缺点，例如，建设投资大、路网结构不易调整、运营成本高、技术条件要求高等。

2. 城市轨道交通的分类

城市轨道交通种类繁多，技术指标差异较大，世界各国评价标准不一，并无严格的分类。城市轨道交通在世界范围内发展较快，由于地区、国家、城市的不同，服务对象的不同等，使得城市轨道交通发展成为多种类型。

（1）按导向方式分类。城市轨道交通按导向方式，可分为轮轨导向的城市轨道交通系统和导向轨导向的城市轨道交通系统。

（2）按线路架设方式分类。城市轨道交通按线路架设方式，可分为地下（水下）城市轨道交通系统、高架城市轨道交通系统和地面城市轨道交通系统。

（3）按线路隔离程度分类。城市轨道交通按线路隔离程度，可分为全隔离城市轨道交通系统、半隔离城市轨道交通系统和隔离城市轨道交通系统。

（4）按轨道材料分类。城市轨道交通按轨道材料，可分为钢轮钢轨城市轨道交通系统、橡胶轮混凝土轨道梁城市轨道交通系统。

（5）按牵引方式分类。城市轨道交通按牵引方式，可分为旋转式直流电机牵引城市轨道交通系统、交流电机牵引城市轨道交通系统和直线电机牵引城市轨道交通系统。

（6）按运营组织方式分类。城市轨道交通按运营组织方式，可分为传统城市轨道交通、区域快速轨道交通和城市（市郊）铁路。

（7）根据高峰小时单向运输能力的大小分类。城市轨道交通按高峰小时单向运输能力的大小，可分为高运量轨道交通系统、中运量轨道交通系统和低运量轨道交通系统等类型。高运量轨道交通系统的高峰小时单向运输能力在 30 000 人次以上（包括 30 000 人次），属于该种类型的轨道交通系统主要有地下铁道和高技术标准的轻轨铁路；中运量轨道交通系统的高峰小时单向运输能力为 15 000～30 000 人次（包括 15 000 人次），属于该种类型的轨道交通系统主要有轻轨铁路和独轨铁路；低运量轨道交通系统的高峰小时单向运输能力为 5 000 ~ 15 000 人次，属于该种类型的轨道交通系统主要有低技术标准的轻轨铁路和有轨电车。

（8）按动能范围、车辆类型及主要技术特征分类。城市轨道交通按动能范围、车辆类型及主要技术特征，可分为有轨电车、地下铁道、轻轨交通、城市（市郊、城际）铁路、独轨交通、磁悬浮、新交通系统七类。

3. 各种城市轨道交通形式概述

由于各国对城市轨道交通划分没有统一的标准，造成城市轨道交通概念混淆和分类不同，下面列举一些基本上得到各国认同的概念：

（1）地铁。地铁泛指高峰时单向客运量在 3 万 ~ 7 万人次/h 的大容量城市轨道交通。该系统在市区多为地下隧道线，有速度快、安全准时、舒适、运输成本低、节约能源、不污染环境、不占城市用地等优点；其缺点为建设成本高、周期长、见效慢等。一般情况下，地铁线路实行全封闭，可实现信号控制自动化。地铁适用于出行距离较长、客运量需求较大的城市中心区域。现在，其概念的内涵与外延已有很大的发展。

（2）轻轨。轻轨是指在乘车高峰时单向客运量在 1 万 ~ 3 万人次/h 的中等容量轨道交通系统。相对于地铁，轻轨因其车辆轴重较轻及对轨道施加的载荷轻而得名。如今，轻轨也是一个比较广泛的概念，其还包括现代有轨电车等，轻轨在西欧、北美等地区已成为新一轮城市公共交通投资的主流，其最大的特点成本低廉，一般而言，行驶于专用车道的轻轨系统拥有 90% 以上地铁的速度和可靠度，却只需要地铁 1/3 以下的建设成本和运营成本，且施工难度小、工期较短。

（3）有轨电车。建设有轨电车是采用电力驱动并在轨道上行驶的低运量轻型轨道交通系统。其优点是造价低、建设难度小。但由于有轨电车多与汽车和行人共用路权，故其所受干扰多、速度慢、通行能力低，与地面交通工具冲突而引起交通堵塞，同时，其隔离程度和安全程度也比较低。随着现代有轨电车的发展，其形式也出现多种改变。例如，专用路权的有轨电车、与铁路共享路权的有轨电车、货运有轨电车等。

（4）市郊铁路。利用干线铁路或修建专用线路，从市中心区到卫星城镇、卫星城镇到卫星城镇之间（站距较大、停车次数较少、行车密度不太大）的旅客列车叫作市郊铁路。其主要用于通勤、通学、旅游等加强城郊联系的社会、经济活动。例如，北京至天津的"京津城际铁路"、北京北站至延庆站的 S2 线。

（5）单轨交通。单轨交通是指车辆在一根轨道上运行的一种城市轨道交通系统。单轨交通通常分为悬吊式与跨座式两种。其功能主要是解决地面交通拥挤和旅游地区的客运。悬吊式单轨交通的轨道架设于支柱上端，车辆的车轮在车厢的上方，并支撑于悬空轨道的钢轨上，车辆可以是对称或非对称布置，也可以是单个或成双布置；跨座式单轨交通的轨道通常为支柱上端的预应力钢筋混凝土梁，其上铺设钢轨，车轮自车厢的下部支撑于钢轨上。单轨交通的车厢一般由铝合金制造。驱动机构由电动机机组组成，与动轮布置在一起。单轨交通的优点是技术较简单、投资费用少、不受地面交通干扰、占用土地少和运行平稳等；其缺点是运能较小、能耗大、发生事故时疏散和救援工作困难。

（6）磁浮交通。磁浮交通是利用电磁系统产生的排斥力将车辆托起在导轨上，利用电磁力进行导向，用直线电机驱动列车运行的新型轨道交通系统。其消除了轮轨之间的接触，具有无摩擦阻力、线路垂直、负荷小、时速高、无污染、安全、可靠、舒适等优点。

（7）自动导向交通。自动导向交通是一种新型的无人驾驶轨道交通系统，是小型车辆运行在具有侧向或中央导轨混凝土轨道上的系统，也可以说是"在高架的专用轨道上，装有小型轻量橡胶轮胎的车辆沿导轨运行的中等运量运输系统"。

4. 城市轨道交通系统的构成

城市轨道交通系统主要由车辆段、轨道、车辆、通信系统、信号系统、供电系统、车站等构成。

（1）车辆段是对车辆进行运营管理、停放及维修养护的场所。一般情况下，一条线路设置一个车辆段，当线路长度超过 20 km 时可以考虑增设一个停车场。车辆段主要可分为停车库、检修库和办公生活设施等。

（2）轨道是城市轨道交通系统的重要组成部分。轨道作为一个整体的结构，铺设在路基之上，直接承受列车车辆及其载荷的巨大压力，它是对列车运行起着导向作用的一组设备。

（3）车辆是指在城市轨道交通中由电力牵引，搭载乘客，在固定导轨上行驶的一种交通运输工具。

（4）通信系统是指直接为轨道交通运营服务，保证列车快速、高效运行及乘客安全的一种内部智能自动化综合业务数字通信网络系统。其主要用于指挥列车运行、组织客运的指令发布和进行公务联络，有效地传输运营与安全管理的相关语言、数据和图像等各种信息。

（5）信号系统是城市轨道交通系统中最重要的设备之一。信号系统是保证安全、实现行车指挥和提高运输效率的关键设备系统。城市轨道交通信号系统改变了传统的以地面信号显示指挥行车的方式，实现了以车载信号为主体信号，用计算机系统实现了速度控制、进路选择和进路控制等功能。

（6）供电系统是指由电力系统经高压输电网、主变电所降压、配电网络和牵引变电所降压、整流等环节向城市轨道系统输送电力的能源系统。

（7）车站是城市轨道交通系统最重要的组成部分。其不仅是乘客上下车、换乘的场所，而且是列车到发、通过、折返、临时停车的地点，同时，还是运营管理人员主要的工作场所。

15.3　BRT 系统

15.3.1　快速公交系统简介

快速公交系统（Bus Rapid Transit，BRT）是一种介于快速轨道交通（Rapid Rail Transit，RRT）与常规公交（Normal Bus Transit，NBT）之间的新型公共客运系统，是一种运量交通方式，通常也被人称作"地面上的地铁"。其是利用现代化公交技术配合智能交通和运营管理（集成调度系统），开辟公交专用道路和建造新式公交车站，实现轨道交通模式的运营服务，达到轻轨服务水准的一种独特的城市客运系统。

1. BRT 定位

（1）快捷：主要依靠设立专用车道、信号优先系统等实现，停靠站时间比普通公交短。

（2）准时：通过 GPS 调度系统，使 BRT 车辆准时。

（3）方便：在线路的设置上，逐步完善、延伸，在班次的安排上，比普通公交密度大；同时，通过加密普通公交，方便市民换乘。

（4）廉价：实行低票价，享受公交的政策，财政给予一定补贴。

2. 快速公交系统溯源

快速公交系统 30 年前起源于巴西的库里蒂巴市，与此同时世界上许多城市通过仿效库里蒂巴市的经验，开发改良建设了不同类型的快速公交系统。BRT 系统在类型、容量和表现形式上的多样性，反映出它在运营方面广阔的发展空间及大运量公交系统与生俱来的灵活性。BRT 既适用于拥有几十万人口的小城市，同时，也适用于特大型都市。库里蒂巴市的公交出行比例高达75%，日客运量高达 19 万人。

3. BRT 的优点

（1）解决城市拥堵。

（2）节省乘客时间。

（3）提高舒适性和方便性。

（4）更安全。

（5）平衡交通方式。

（6）提升城市的生活环境质量。

（7）节约运营成本。

（8）改善驾驶员的工作条件。

（9）提升城市现代化的都市形象。

（10）改善其他机动车辆的交通状况。

（11）节省能源消耗，提高空气质量。

（12）沿线土地得到升值，引导土地发展。

15.3.2　建设 BRT 条件

BRT 对于现在的城市居民并不陌生：高度封闭的公交专用道、独立设置的公交信号、类轨道交通式的运营服务。可以说，BRT 既提高了乘客舒适性，改善了城市交通拥堵环境，也在一定程度上提升了城市的形象。

当前，大力发展 BRT 和现代有轨电车等地面公共交通，与轨道交通构成城市快速通勤网络，有望扭转城市公共交通速度慢、行车不准点、乘车不舒适的被动局面，大力提高城市公共交通服务水平。BRT 兼具轨道交通容量大、速度快和常规公交灵活、造价低的优点，是促进城市交通可持续发展的重要途径之一。

截至 2013 年年底，国内已经建设运营 BRT 的城市有北京、杭州、厦门、重庆、广州、枣庄等 21 个城市，运营线路长度达 2 695 km，运营车辆 4 122 辆。这其中既有严格意义上的快速公交系统，也有将传统公交系统升级改造引入 BRT 元素的发展模式。

2010 年 2 月 10 日，筹划建设 4 年之久、耗资 13 亿元的广州 BRT 快速公交试验线正式开通，系统采用"封闭走廊＋灵活线路"的运营模式，根据客流和车型灵活设置站台规模，日均客运量超过 80 万人次，在 BRT 走廊内所做的调查显示，乘客满意度由此前的 24% 提升至 81%。

而作为全国最早规划建设 BRT 线路和运营里程最多的枣庄，则由于资源型城市的特殊性，形成了典型的组团式城市格局，各城区相距较远，人口规模都不大，无法发挥同城效应。最终，枣庄 BRT 以 60 km/h 以上的时速和便捷的换乘方式赢得了市民的心，成为沟通枣庄各城市组团之间一道便捷之"桥"，推进了枣庄的同城化发展。

15.3.3　分期推进量化建设

事实上，由于 BRT 近年来的风靡，许多城市开始仓促上马建设 BRT，在各城市内部也引起了不少的争议。一个城市是否需要 BRT、是否有条件建设 BRT，在规划、建设和运营中应当充分注意以下四个方面：

（1）统筹规划，分期建设。BRT 是城市公共交通系统的重要组成部分，是骨干，应纳入城市公交网络整体规划。BRT 项目既可以分为几个阶段进行，也可以集中一次完成。为了降低建设和运营风险，建议可以在统一规划的前提下，根据客运需求和资金状况分期建设，步步为营，逐步推广完善。首先，尽管 BRT 项目相较于其他大运量公共交通方式较为经济，但仍然会受基础设施资金的限制；其次，BRT 建设问题比较复杂，初期的整体设计可能随情况变化而变化，还可以通过初期的结果来优化调整未来的规划设计；最后，分期建设还可以降低施工期间对城市交通的影响。

（2）因地制宜，选择合理的发展模式。BRT 的模式十分灵活，从运营模式上有封闭走廊、封闭线路和封闭走廊灵活线路，从专用路权的选择上有路中式和路侧式，从站台的建设上有岛式站台也有侧式站台等。规划建设 BRT 系统，既需要考虑道路条件、线网规划、客流需求，以及 BRT 在城市交通系统中的功能定位等实际情况，同时，也需要鼓励公众参与，合理选择相应的建设规模和发展模式。

（3）以客流为基础选择 BRT 走廊。BRT 的成功运营，要具有充裕的客流作为支撑。BRT 走廊应选择在需求量高、交通拥堵的地区（包括市中心）。这使得 BRT 在节省乘客出行时间、缩减公交车辆需求以及由速度提高带来的运营费用降低等方面可以产生最为直接的影响。事实证明，所有尝试在新区道路上或者城乡接合部这类没有客流但是道路断面条件优越的走廊上建设的 BRT 都是失败的。

（4）利用科学的量化分析进行规划和决策。BRT 的基础设施，尤其是车站布局、建筑设计、规模和道路交叉口的位置等，很难甚至不可能在 BRT 开通之后进行调整。因此，在规划之初就需要量化 BRT 的建设规模，使决策最大程度精确化。例如，在充分准确预测未来客流需求的基础上，合理设计每个车站停车泊位的个数及超车道，如果在短期内不需要超车道，相应的空间应该以中央绿化带的形式预留，以便未来系统随着客流需求的增加而扩张。

15.3.4　BRT 的组成

（1）专用路段。通过设置全时段、全封闭、形式多样的公交专用道，提高快速公交的运营速度、准点率和安全性。

（2）设施齐备的车站。提供水平登乘、车外售检票、实时信息监控系统和有景观特色的建筑为乘客提供安全、舒适的候车环境与快速方便的上下车服务。

（3）乘客需求的线路组织。采用直达线、大站快运、常规线、区间线和支线等灵活的运营组织方式更好地满足乘客的出行需求。

（4）智能化的运营管理系统。运用自动车辆定位、GPS 自动报站、实时营运信息、交通信号优先、先进车辆调度，提高快速公交的营运水平。

（5）BRT 车辆。由于乘客流量极大，使用铰接式的公交车是合理的。快速公交系统车辆的关键设计要素为公交车的长度通常为 18 m 左右（部分将采用 12 m 车型的快速公交系统车辆）；公交车的地板高度与车站站台（一级踏板）相同；公交车的车门应该尽可能多；铰接式的公交车通常在靠近快速公交系统站台的一侧有 2～3 个门；公交车辆的右侧开门配合分离式站台或者左侧开门配合岛式站台；公交车内应该配有空调系统。

15.3.5　BRT 工作流程

当公交车辆进入车场时被远距离读写器读取安置在本车上的电子标签号码，读写器自动将读取到的全球唯一的号码或车辆的相关信息传输至后台计算机处理，后台计算机对于此信息记录并处理，记录该车辆的到站时间，并将此信息传输给驾驶员，驾驶员便可以知道其他车辆的信息，调整车辆运行速度等。

快速公交线沿线每个灯控路口，都安装系统控制设备，部分路口还安装了快速公交专用的信号优先控制检测设备，当快速公交车辆行驶至路口处，绿灯要变红灯时，智能系统、交通系统会适当延长绿灯时间，让车辆顺利通过；当路口为红灯时，智能系统会适度缩短红灯时间，减少快速公交车在路口的等候时间。

1. BRT 车站

车站的设计要能保证大量的公交车和乘客快速通行。车站的设计也将是快速公交系统能否成功的要素之一，车站设计不仅能够确保提供足够的乘客候车区域，还能够保证快速公交系统车辆在走廊内的运行速度保持在 30 km/h 以上。快速公交系统车站的设计应该具有与众不同的风格，从而向乘客展示：快速公交系统是一个高品质的系统；快速公交系统车站的设计具有审美感染力；座位、通风、遮阳/遮雨棚、安全设施、耐用材料、照明及乘客信息系统都是快速公交系统站台设计的特色所在。

快速公交系统车站被设计在现有公交站附近，建议在主要常规车站附近设系统车站，没必要站站配套。

2. BRT 车外售检票

快速公交系统车站具备车外售检票及水平登乘系统。这样可以实现快速上下车，平均每个乘客上车时间为 0.7 s。而现状常规公交，每位乘客的上车时间需要 2~5 s。

思考题

1. 城市交通系统包括哪几部分？分别承担哪些交通出行需求？
2. 在我国现阶段，发展公共交通有何意义？
3. 轨道交通有何特点？建设轨道交通的适用条件是什么？
4. 试比较 BRT 与轨道交通的优缺点。

第16章

智能交通系统

★本章主要内容

　　本章主要讲述智能交通系统的含义及国内外智能交通系统的发展，介绍了智能交通系统服务领域及体系结构，以及智能交通涉及的关键技术及实用系统，最后简单介绍智能交通系统里的两项新技术——物联网与车联网技术。

★本章学习目标

　　了解智能交通系统的含义及发展；熟悉智能交通系统的体系结构；掌握智能交通涉及的关键技术及服务领域；了解智能交通系统的实用系统。

16.1　智能交通系统的含义与发展

16.1.1　智能交通系统的含义

　　智能交通系统（Intelligent Transportation System，ITS）是近 40 年发展起来的新型交通理念，迄今为止，国际上没有公认的定义。在第一届 ITS 世界大会上，大会主席对 ITS 作了如下描述："智能交通系统是在较完善的道路基础设施之上，将先进的信息技术、通信技术、控制技术、传感器技术以及系统综合技术有效地集成并应用于地面交通系统，从而建立起的大范围内发挥作用的，实时、准确、高效的地面交通系统。"我国也有专家给出过解释："智能交通系统是为出行安全方便和提高交通资源的效率，运用实时监测、信息技术、通信技术、计算机控制等技术创造的具有人类智慧特征的交通系统。"

　　从对智能交通系统的描述看，推进智能交通系统的目的是保障出行安全、方便和提高交通资源的利用效率，强调着眼于系统，强调系统具有人类智慧特征。智能交通系统是在传统交通系统基础上发展起来的，具有新理念。即在处理交通问题时，探索采用高新技术来改造现有道路系统和交通管理体系，充分挖掘现有路网潜力，尽量提高交通资源的利用效率，降低能耗，减少交通环境污染，在促进交通发展的同时做到保护环境。在进行交通管理时，更强调服务的理念，将管理与服务相结合，以服务促进管理，向路人提供广泛的信息服务，使之有选择的可能。

16.1.2　智能交通系统的发展

智能交通系统的发展，最早可以追溯到20世纪70—80年代的系列车辆道路系统新技术开发与应用。在美国，由政府、企业、学术机构等参与，共同酝酿提出智能交通系统，起初称为智能车路系统（Intelligent Vehicle Highway System，IVHS）。1991年，美国国会通过《地面交通效率法》（Intermodal Surface Transportation Efficiency Act，ISTEA），即俗称《冰茶法案》。从此美国的IVHS研究开始进入宏观运作阶段。1994年，美国将IVHS更名为ITS。1996年，美国公布了ITS的目标，要在未来10年内，在美国75个最大城市加强智能交通系统基础设施建设。

在欧洲，有关车辆和道路的研究，最早是分别按PROMETHEUS计划（Program for a European Traffic with Highest Efficiency and Unprecedented Safety）和DRIVE计划（Dedicated Road Infrastructure for Vehicle Safety in Europe）进行的。前者面向汽车技术，将先进的信息通信与汽车技术结合，重点放在车辆的改进上；后者面向道路和交通控制技术，这一计划的第一阶段是致力于研究、规划、试验，尝试将人工智能技术应用到公路系统，第二阶段的DRIVE继续了第一阶段的工作，主要致力于运行测试与评价研究。到了1991年，成立了欧洲道路交通通信协作组织ERTICO（European Road Transport Telematics Implementation Coordination Organization），该组织的成立使得欧洲也将车辆和道路的研究结合为一体，开始了欧盟的ITS研究与开发的进程。

20世纪70年代，日本开始车载动态路线指示系统的研究；20世纪80年代，开始有关道路、通信系统的研究，以及移动交通通信系统的研究；1990年，开始研究开发车辆信息与通信系统（VICS）；1994年，成立了道路交通车辆智能化推进协会VERTIS（Vehicle，Road Traffic Intelligence Society），以期求得各方合作，共同推进日本ITS的研究进程。

我国学者从20世纪90年代初开始关注国际上ITS的发展。原交通部从1996年开始，安排落实了一系列的研究项目和示范工程项目，如进行了公路智能交通系统发展战略研究。同时，建立ITS试验室及开展测试基地建设、网络环境下不停车收费系统示范工程等。1999年11月，正式组建国家智能交通系统工程技术研究中心，主要工作包括推进交通领域ITS的工程应用，协助国家制定ITS领域的标准和规范，研究和开发ITS领域的新技术、新产品，并促进ITS的产业化发展。2000年2月，成立了全国智能交通系统（ITS）协调指导小组及办公室，标志着我国政府正式介入ITS的建设，我国ITS建设步入系统协调规范发展的阶段。2000年7月，公布了《中国智能交通系统体系框架》。

2015年，国家科技部将"综合运输与智能交通"认定为交通科技领域"十三五"规划布局的重点专项之一。近些年，组织了系列国内和国际的学术技术和产品的交流活动。

16.2　智能交通系统体系结构

美国首先进行了ITS体系结构的研究，并不断调整更新，随后欧洲、日本、澳大利亚、加拿大、芬兰等地区和国家都陆续完成了各自的体系结构研究，我国也建立了国家ITS体系结构。那么，体系结构究竟起什么作用呢？体系结构是一种规格说明，它决定系统如何构成，确定功能模块及模块之间进行通信和协同的协议与接口。

ITS是大范围内多系统协调运作的大系统，为了充分利用ITS技术的潜能，系统接口必须兼容以便分享数据，可以调整，可以跨地区运作，支持通用设备和恰当的通用服务。所以，

ITS 体系框架的建立是为了提供全面的引导以确保系统产品和服务的互换性与通用性，而对设计者的选择没有任何限制。ITS 体系框架能够使不同类型的技术满足交通运输用户的各种不同服务需求，在体系结构下通用性可确保这些技术互不干扰。由此可以了解 ITS 体系结构是为智能交通系统提供指导的结构标准定义通用的结构，提供模块化的系统结构，并不是实际的系统设计。

在 ITS 体系结构中，提供了几个方面的定义，主要包括以下四项：

（1）实现一个给定用户服务的功能（如收集交通信息）。

（2）实现该功能的物理实体和子系统（如道路、车辆）。

（3）物体子系统之间的界面和信息流，信息流的通信需求（有线和无线）。

（4）确定标准（国家和地区通用，适应经济和发展规模的产品标准）。

在按照体系结构进行系统配置时，一个子系统如何配置将由其选择的特定设备决定，可以单一或集成配置。体系结构保证支持多种通信形式和技术的选择。

为保证更广泛的系统兼容性，智能交通系统体系结构应与国际标准组织和国际电信组织的有关内容相一致。考虑到相关领域相关技术的发展对智能交通系统的促进，体系结构还应具有可扩展性。

ITS 体系结构中相关的几个名词解释如下：

（1）用户服务：是指在体系结构中，某一层向接近于最终用户的相邻层提供的（服务）功能。

（2）用户主体：是指服务面对的主要用户，反过来也是在某服务领域指定需求的主体。

（3）服务主体（服务提供商）：是指服务的提供者，与用户主体是服务、被服务的关系。

（4）系统功能：是指 ITS 为完成用户服务必须具有的处理能力。

（5）逻辑框架：是指为提供各项 ITS 用户服务，ITS 必须具有的功能和必须遵从的（技术）规范，以及各功能之间交换的信息和数据流。

（6）物理框架：是指将逻辑框架中的功能实体化、模型化，将功能结构相近的实体（物理模型）归结成直观的系统和子系统。

（7）设施：是指在 ITS 中除人和信息外的所有实体，包括移动的设施和固定的设施。

ITS 体系结构主要包括服务领域、逻辑框架、物理框架、ITS 评价、ITS 标准等几个主要文件，下面将分别进行叙述。

16.2.1 服务领域

智能交通系统的主要目标即为用户提供良好高效的服务，所以，体系结构中一个重要的组成部分就是服务领域。

在体系结构中，通过分析用户需求确定服务领域。用户主要有公众和系统管理者两类，分别对应系统层次的需求和普通用户需求。

在我国的 ITS 体系结构中，共分为 8 大服务领域，其中包含 34 项服务功能，又被细划为 137 个子服务系统。其中 8 个服务领域包括：交通管理与规划；电子收费；出行者信息；车辆安全与辅助驾驶；紧急事件和安全；运营管理；综合运输；自动公路。

美国 ITS 的 9 个服务领域包括：智能化的交通信号控制系统；高速公路管理系统；公共交通管理系统；事件和事故管理系统；收费系统；电子支付系统；铁路平交路口系统；商用车辆管理系统；出行信息服务系统。

日本 ITS 的 9 个服务领域包括：导航系统；电子收费系统；辅助安全驾驶；道路交通的优化

管理；提高道路管理的效率；公共交通支持；提高商用车辆运营效益；行人援助；紧急车辆运营。

欧洲 ITS 的 6 个服务领域包括：需求管理；交通和旅行信息系统；城市综合交通管理；城市间综合交通管理；辅助驾驶；货运和车队管理。

16.2.2 逻辑框架

逻辑框架用来描述用户服务、系统功能和信息流程，用结构化数据流图表组织规范这些功能之间的逻辑关系。

逻辑框架中包含的相关文件有功能层次表（功能域功能过程划分）、功能规范文件（功能域功能过程描述）、数据流图文件（描述各功能域功能过程间的逻辑关系）。

1. 顶层结构简图

逻辑框架顶层结构简图主要描述 ITS 各系统之间的逻辑关系，如图 16.1 所示。

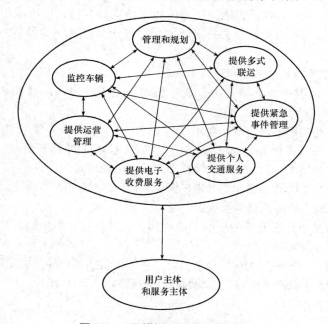

图 16.1 逻辑框架顶层结构简图

2. 数据流图

数据流图（Data Flow Diagram）描述子系统（或功能模块）存储的信息和在子系统（或功能模块）之间传输的信息或数据流，如图 16.2 所示。

3. 功能规范文件

功能规范文件是对子系统内功能模块的功能说明（Process Specification），描述将输入信息转换为所希望的输出信息的过程。

16.2.3 物理框架

物理框架是将逻辑框架中的功能实体化、模型化，将功能结构相近的实体（物理模型）确定为可以设计的物理系统和物理子系统。基本过程即是将功能分配到物理子系统中。然后确定为实现功能的物理实体或结构，最后确定子系统的输入、输出终端。

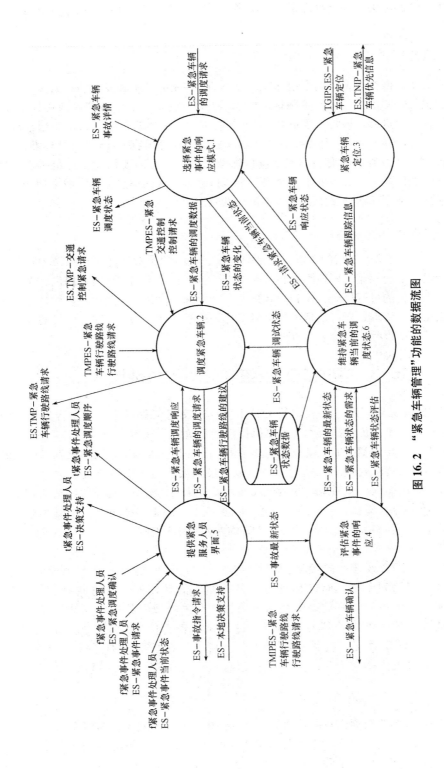

图 16.2　"紧急车辆管理"功能的数据流图

物理框架中包含的相关文件有物理系统层次表，系统、子系统、系统模块描述文件，物理框架图文件。

16.2.4　ITS 标准

目前还没有关于智能交通系统的专用标准，由于 ITS 涉及的技术和专业领域繁多，相关的专业技术应遵循相关技术标准。另外，国际标准组织（ISO）成立一个专门 TC－204 技术委员会，以促进交通系统标准化进程。该技术委员会有 16 个工作组，很早就开始致力于交通信息和控制系统标准化的工作。而在我国 ITS 体系结构中主要考虑了四部分内容：ITS 综合性标准，包括 ITS 术语、结构、数据单元词典；标准明细表，包括标准名称、标准简要描述、宜定级别、采标程度、相应的国际进展情况等；标准要求，给出每个接口之间传输的信息流，完成某项功能所必须交换的数据及该接口适用的通信技术类别；关键标准明细表。

16.2.5　ITS 评价

ITS 评价是智能交通系统框架的关键组成部分之一，其目的是对智能交通系统项目的经济合理性、技术可行性、社会效益、环境影响和风险作出评价，为实际的 ITS 项目提供一个综合、全面的评价结果，为项目的可行性研究实施、效果及方案比选、优化、决策提供科学依据。为已有的系统运作、优化提供依据，还可以帮助投资者对将来的投资作出决定。ITS 项目的评价包括经济、技术、社会、环境影响、风险五个方面。

16.3　智能交通系统中应用的关键技术

ITS 的研究对象是交通问题，所利用的工具不仅仅是交通工程理论，必须将先进的信息技术、通信技术、控制技术、传感器技术、计算机技术和系统综合技术有效地综合集成。ITS 具有多学科交叉的特点，各相关专业的关键技术构成了 ITS 的专业技术基础，其本质就是将高新技术应用到交通信息的采集传输处理和反馈的各个环节，最大限度地实现各类交通信息的共享，并对其进行综合分析，进而提高交通系统的运行效率和安全性能，实现交通系统的集约式发展。从技术层面来讲，ITS 包括计算机技术、通信技术、信息技术、多媒体技术、控制技术等多个学科领域知识的交叉综合，各相关专业共同构成了 ITS 的专业技术基础。

1. 计算机技术

智能交通系统可以有效运行的关键因素之一是实现广泛的信息交换与共享。信息需要采集传输、处理、存储和发布，而计算机在信息存储、信息处理、信息共享和信息发布等方面起着重要作用。利用计算机数据库技术可以建立有关领域的数据库、知识库、方法库，利用计算机数据处理软件可以处理各类信息，进而建立各类信息系统。另外，计算机网络技术又为 ITS 中大量的信息交换提供了物理平台。目前，在智能交通系统广泛应用的管理信息系统（MIS）、决策支持系统（DSS）、地理信息系统（GIS）等无一不是以计算机技术为基础的。

2. 通信技术

在 ITS 中，通信技术为交通信息的传递和共享提供媒介和支持技术，为信息采集、信息加工处理、信息反馈，以及信息发布等一系列环节中能够准确、快速地传递信息提供技术保障。

在 ITS 中，主要应用无线通信和有线通信两种方式。应用的无线通信技术主要有全球移动通信系统（Global System for Mobile Communication，GSM）、码分多址技术（Code Division Multiple

Access，CDMA）、蜂窝式数字分组数据（Cellular Digital Packet Data，CDPD）等移动通信技术、卫星通信技术及短程通信技术等；有线通信技术有 Internet、综合业务数字网（Integrated Services Digital Network，ISDN）、异步传输模式（Asynchronous Time-division Multiplexing，ATM）、光纤分布式数据接口（Fiber Distributed Data Interface，FDDI）等。当然，随着通信技术自身的发展，目前已经渗透在 ITS 的方方面面。

3. 信息技术

研究信息、提取信息、变换信息存储的理论称为信息论。信息需要通过载体才可以真正实现流动，而对各类信息进行加工处理后才能应用于各个领域。目前，各类信息处理、加工的相关研究与开发已经取得了很多成果。ITS 的核心是交通的信息化，在智能交通系统中各类信息系统的重要作用不言而喻。例如，利用管理信息系统（MIS）对道路信息、交通状态信息、交通管制信息、交通事故信息加以管理和控制；应用决策支持系统（DSS），利用交通静态信息（包括各种城市路网信息、地域信息、公安业务信息等），以及交通动态信息（包括报警信息、交通路况信息、超前控制的决策信息等）对城市道路交通实施超前计划与控制。

其他应用还有全球定位系统（GPS）和地理信息系统（GIS）。GPS 主要应用于车辆调度、目标跟踪、车辆导航和动态交通流数据的采集（装有 GPS 的车辆进行跟车法调查，可得到交通流速、流向等时空信息）等领域。GIS 可以应用于交通地理信息的可视化管理、交通地理信息的动态显示等，GIS 还可以用来开发用于车辆定位与导航系统、交通监控系统、交通控制指挥系统、公交智能化调度系统和综合物流系统等的专用电子地图。

4. 多媒体技术

多媒体技术是通过计算机电视通信等技术结合实现的，它将信息以文字、声音、图像等多种方式呈现出来。与 ITS 相关的多媒体技术主要有多媒体图像采集技术、多媒体图像数据压缩技术、多媒体通信技术等广泛应用于 ITS 中的现代交通监控系统、智能化电子收费系统、违章识别管理系统、车型分类、车牌号识别等多个领域中。

5. 传感器与控制技术

交通检测、监视和控制是提高交通运输系统运行效率，提高交通安全水平及管理水平的有效手段。能有效、准确检测实时交通状态的各类传感器是检测与监控的前提。在 ITS 中广泛应用高灵敏度、高精度的智能化、集成化新型传感器，可以改善交通检测与监控的有效程度，提高运行效率。ITS 还广泛应用变结构控制、最优控制、模糊控制、神经元网络控制，以及人工智能领域的相关研究成果进行交通管理与控制，例如，采用动态实时控制与交通量动态预报相结合，更加有效地提高道路通行能力和服务水平；通过分布式集散控制系统对高速公路实施匝道控制、主线控制、走廊控制和网络控制的多种方式的集成控制；对城市道路实施绿波或区域性优化控制等。总之，通过应用先进的传感器与控制技术，可以改善城市路网、城市快速路、高速公路等道路的交通状况，减少拥堵，降低事故发生率。

16.4　ITS 实用系统

16.4.1　交通信息系统

交通信息系统的主要研究内容有出行者信息系统、车载路径诱导系统、停车场停车引导系统及交通地理信息系统（核心是数字地图数据库）。其中，数字地图数据库是出行者信息系统和车载路线诱导系统的研究应用基础。

1. 系统服务功能

（1）出行前信息服务。出行者在出行前可以利用有线和无线电话网、Internet 网络，在任意地点访问信息服务系统，以获取出行路径、方式、时间，当前道路交通状态及公共交通等相关信息，以便决定出发时间，选择出行工具及出行路线。

（2）行驶中驾驶员信息服务。通过车载设备提供文字、图像或声音，向驾驶员提供动态优化的出行路线、车辆运行状态以及道路状况、交通管制等信息，提供路线诱导服务，还可以向不熟悉地形的驾驶员提供向导的功能。

（3）途中公共交通信息服务。通过可变信息情报板、广播、路边公用电话、公用计算机网络终端，使已在途中的公交用户在路边、公交车站或站台上及公交车辆上，获取实时公交出行服务信息，如出行路线指引、提供替代路线，以便乘客在出行中能够根据当前交通状况对其出行路线、方式作出适当调整。

（4）个性化信息服务。通过多种媒体及个人便携装置接收和访问个性化信息服务系统，以获取与出行有关的社会综合服务及设施的信息。此类信息包括餐饮服务，停车场、汽车修理厂、医院警察局等的地址、营业或办公时间等。

2. 系统功能与构成

为了实现系统所提供的各项信息服务，从信息结构的角度，系统应该具有信息采集、信息处理、信息存储和信息发布的功能。因此，交通信息系统应由交通信息中心、车载路线诱导、信息服务、通信网络 4 个功能单元构成。

3. 系统设计的关键技术

（1）路网数字地图数据库的研究。为了将数字地图直接用于路线诱导，如何表达道路属性信息（路段长度、行车道数、道路级别、是否收费）和交通管制信息（单行线路口禁转），从而全面地表达路网是需要重点研究的基础内容。另外，应设计一个结构合理的属性数据库存储道路属性信息和交通管制信息。

（2）出行者行为模型研究。需要进一步深入研究出行者的交通特性，以建立有效的动态路径选择模型和动态行程时间预测模型。

（3）有效的通信技术研究。有效的通信技术研究包括可靠的信息编码和纠错技术、传输的抗干扰性等技术的研究。

4. 系统应用案例

伦敦高森伯格（Gothenburg）和德国中部黑森州（Hessen）地区实施的 SNRTES（System of Nuhr Radio for Traffic Efficiency System），是欧洲集成道路交通环境计划的一个双向通信部分，应用于 GSM 系统，主要具有以下智能交通功能：

（1）动态导航：提供动态路网信息和实时交通信息；提供先进的交通流控制。

（2）车队管理：给出车队的实时所在位置及道路状况报警。

（3）停车场管理及信息系统：从各停车场获得信息并及时通知车队，以便找到最佳的停车位置。

（4）公共交通管理与信息系统：含公共车辆动态调度表、旅客信息系统和公共交通车队信息。

（5）危险状态报警：提供前方发生交通事故或者大雾、冰雪预报；提供紧急救援。

（6）旅游信息：提供旅馆位置、状态，加油站等信息；提供交通管理的其他信息和咨询功能。

目前，开发成功的还有美国的 Pathfinder Travtek、德国的 Ali – Scout 和日本的 AMTICS 等系统。

16.4.2　交通管理系统

交通管理系统（Advanced Traffic Management System，ATMS）的主要研究内容有城市道路交通信号控制系统、高速公路管理系统、事故管理系统、车辆排放监测和管理系统等。

1. 系统功能

（1）交通网络监视和检测，实时提供道路和交通状况数据。

（2）交通流量分析和预测，交通流量的模型识别预报与分析优化交通组织。

（3）城市交通控制的优化，中心管理的动态控制策略，交叉口自适应控制，建立行人、车辆和非机动车控制的模型。

（4）高速公路出入口匝道控制，城市出入口的监控。

（5）交通流量的控制，提高公共交通的效率；协调多种交通方式。

（6）通过可变信息情报板、交通信息广播提供最优路线引导等交通信息服务。

（7）事故监测与管理，建立快速反应的紧急救援系统。

（8）环境的监测和控制。

2. 系统结构

（1）信息采集系统。车辆检测器检测交通量、车道占有率和车速等交通流参数，设置在城市道路的交叉口附近和高速公路的出入口及主线上。常用的检测器有环形检测线圈、磁性检测器、雷达检测器、超声波检测器等。

紧急电话设置在高速公路两侧路肩上，在发生紧急事件时可为车辆提供紧急救援呼叫服务，以便与控制中心联系。

交通探测车报告实时的路网交通状况、路段通行时间、车辆位置、事故和道路损坏状况。

视频监测系统是在城市道路路段和交叉口、高速公路特殊地段和事故多发地段安装的视频监视设备，如闭路电视。加上图形处理设备，既可以对该区域交通状况、事故或车辆故障情况进行监视，还可以通过图形处理获得交通量等交通特性参数。

气象检测器检测气象状况，如雾、冰冻、风力风向、雨量、路面积雪程度等。

电子收费系统用于高速公路收费，还具有车辆防盗、车流量计数等功能。

（2）信息传输系统。实现各子系统之间的数据、语音和图像的传输，主要包括综合业务交换（专用程控交换机及外围设备，支持紧急电话、调度电话和业务电话等）、通信传输（普通程控电话电缆传输、数字微波中继传输、数字光纤传输）、PCM 数字基群（复接设备）、移动通信（GSM、CDMA 等）四部分。

（3）信息处理系统。信息处理系统的核心是交通控制中心，既完成信息处理功能，又实施交通管理和控制功能。其主要功能包括实时自适应控制，根据交通需求和交通状态优化交叉口和匝道入口交通信号灯的绿信比，平衡道路的交通分配；还可以实现各种交通管理功能，如在交通事故、道路维修、危险状况等情况下能够提供丰富信息。上述功能实现的基础是构建交通信息数据库，数据库通过收集来自各种交通检测器的数据，将交通拥堵、行程时间及控制效果等信息存储在其中，并随时更新，以便及时调整控制策略，并与系统的其他组成部分交换信息。

（4）信息发布系统。通过可变情报板、可变限速标志、交通广播和路侧广播、信号灯道路模拟屏、信号灯系统、公共查询系统、网络信息中心终端等设备向出行者和管理者提供交通信息，发布命令与建议，促使出行者选择合理的出行方式和路线，使道路交通量合理分布，达到交通管理与控制的目的。

可以看出，交通管理系统与交通信息中心通过交通管理系统的环形检测器路口摄像机、交通检测车采集数据，也采集来自交通警察和交通信息提供者的关于当前交通事件、事故、阻塞等的定性交通信息，以及路段行程时间交通量和车道占用率等实时交通状况信息。还可以考虑将交通信息中心和交通控制中心建立在一个共用的交通信息平台之上（共用地理信息数据库、交通运行数据库、公共运输信息数据库和道路信息数据库）。

3. 系统设计的关键技术

（1）视频系统的图像数字化压缩传输和模型识别技术。

（2）动态交通预测，包括动态交通分配与模拟、动态 OD 估计与预测、实时交通控制算法及模型等。

（3）高速公路通道集成交通模型。

（4）主要路段和高速公路事故识别与管理。

4. 系统应用案例

美国底特律的智能交通中心在系统中使用了 148 个电视监控镜头、54 幅可变交通信息情报板、2 419 个检测线圈、2 070 个不同类型的信号控制机、9 座通信塔及 103 km（64mile）的高速光纤，可以实时监控高速公路的运行状况。事故管理支持系统可以提醒监控人员潜在的事故并能够提供一系列的处理方案。

英国的 SCOOT 系统、意大利的 UTOPIA 系统、法国的 PRUDYN 系统及德国的 MOTION 系统，都表明系统的应用可使车辆平均速度提高 10% ~ 29%，旅行时间减少 10% ~ 20%。由于城市交通控制系统（UTC）和车辆管理系统（VMS）使汽车排放的有害气体（CO、NO、HC）降低了 26% ~ 30%，城市的环境也得以改善。

16. 4. 3　其他系统

1. 公共交通系统

公共交通系统（APIS）的主要功能是改善公共交通工具（包括公共汽车、地铁、轻轨、城郊铁路和城市间的长途汽车等）的运行效率，运用高新技术使公共交通和合乘车辆更有效、更可靠，使公共交通更便捷、更经济、运量更大。主要功能如下。

（1）公共交通辅助管理。实现公交系统规划、运营、管理的自动化和智能化：利用计算机对公交车辆及公共设施的技术状况和服务水平实时分析，非定线或准定线公共运输，为调度人员和驾驶员提供解决方案，与交通管理系统结合，采取公交优先策略。

（2）提供公共交通信息。为利用不同公共交通方式的出行者提供实时准确的车载中转换乘信息。

（3）保障公共交通安全。为公共汽车站、停车场、客运站及行驶途中的公共交通车辆提供行驶或工作环境的安全监测。

2. 车辆辅助控制系统

车辆辅助控制系统还处于研究试验阶段，从当前的发展来看，可以分为两个层次：一是车辆辅助安全驾驶系统，该系统由车载传感器（微波雷达、激光雷达、摄像机其他形式的传感器等）、车载计算机和控制执行机构等组成，行进中的车辆通过车载传感器测定出与前车周围车辆及与道路设施的距离，系统会及时向驾驶员发出警报，在紧急情况下强制车辆制动；二是自动驾驶系统，装备了这种系统的汽车也称为智能汽车，它在行驶中可以自动导向、自动检测和回避障碍物。在智能公路上，能够在较高的速度下自动保持与前车的距离。

3. 货运管理系统

货运管理系统是以高速道路网和信息管理系统为基础，利用物流理论进行管理的智能化物流管理系统。其综合利用卫星定位、地理信息系统、物流信息及网络技术有效组织货物运输，可有效提高货运效率。

16.5　物联网与车联网技术

16.5.1　物联网技术

物联网技术是新一代信息技术的重要组成部分，也是信息化时代的重要阶段性成果。其英文名称为 Internet of Things（IoT）。顾名思义，物联网就是物物相连的互联网。主要有两层含义：其一，物联网的核心和基础仍然是互联网，是在互联网基础上延伸和扩展的网络；其二，其用户端延伸和扩展到了任何物品与物品之间，在它们之间进行信息交换和通信，也就是物物相息。物联网通过智能感知、识别技术与普适计算等通信感知技术，广泛应用于网络的融合中，也因此被称为继计算机、互联网之后世界信息产业发展的第三次浪潮。

从技术架构来看，物联网可分为感知层、网络层和应用层三层。

（1）感知层由各种传感器及传感器网关构成，包括二维码标签、RFID 标签和读写器、摄像头 GPS 等感知终端。其是物联网识别物体、采集信息的来源，其主要功能是识别物体、采集信息。

（2）网络层由各种私有网络、互联网、有线与无线通信网、网络管理系统与云计算平台等组成，负责传递和处理感知层获取的信息。

（3）应用层是物联网和用户（包括人、组织和其他系统）的接口，它与行业需求结合，实现物联网的智能应用。

在物联网应用中有三项关键技术，即传感器技术、RFID 标签、嵌入式系统技术。

（1）传感器技术：是计算机应用中的关键技术，需要传感器将模拟信号转换成数字信号计算机才能处理。

（2）RFID 标签：也是一种传感器技术，RFID 技术是融合了无线射频技术和嵌入式技术的综合技术，RFID 在自动识别物品物流管理领域有着广阔的应用前景。

（3）嵌入式系统技术：是综合了计算机软硬件、传感器技术、集成电路技术、电子应用技术的复杂技术。

16.5.2　车联网技术

车联网（Internet of Vehicles）的概念引申自物联网（Internet of Things），属于物联网的一部分，根据行业背景不同，对车联网的定义也不尽相同。传统的车联网是指装载在车辆上的电子标签通过无线射频等识别技术，在信息网络平台上实现对所有车辆的属性信息和静态、动态信息的提取与有效利用，并根据不同的功能需求对所有车辆的运行状态进行有效的监管和提供综合服务。

随着车联网技术与产业的发展，上述定义已经不能涵盖车联网的全部内容。根据车联网产业技术创新战略联盟的定义，车联网是以车内网、车际网和车载移动互联网为基础，按照约定的通信协议和数据交互标准，在车—X（X：车、路、行人及互联网等）之间，进行无线通信和信息交换的大系统网络，是能够实现智能化交通管理、智能动态信息服务和车辆智能化控制的一体化网络，是物联网技术在交通系统领域的典型应用。

车联网的架构同物联网，主要包括感知层、传输层和应用层三个层次，因此，具有其他车辆控制系统无法比拟的优势。车联网与目前在道路运输领域广泛使用的智能交通系统相比，可以实现更全面的感知、各种各样的互联及智能化信息处理和应用集成。

在物联网应用中有以下六项关键技术：

（1）传感技术及传感信息整合：传感技术主要涉及车的传感器网络和路的传感器网络。车的传感器网络可分为车内传感器网络和车外传感器网络。车内传感器网络是向人提供关于车的状况信息的网络；车外传感器网络是用来感应车外环境状况的传感器网络。路的传感器网络是指铺设在路上和路边的传感器构成的网络，用于感知和传递路的状况信息。

（2）开放的、智能的车载终端系统平台：如互联网络中的计算机、移动互联网中的手机。车载终端是车主获取车联网最终价值的媒介，是网络中最为重要的节点。

（3）语音识别技术：成熟的语音识别技术依赖于强大的语料库及运算能力，因此，车载语音技术的发展本身就得依赖于网络，因而必须要采用基于服务端技术的"云识别"技术。

（4）服务端计算与服务整合技术：云计算在车联网中用于分析计算路况、大规模车辆路径规划、智能交通调度、基于庞大案例的车辆诊断计算等。车联网和互联网、移动互联网一样都得采用服务整合来实现服务创新，提供增值服务。通过服务整合，可以使车载终端获得更合适、更有价值的服务。

（5）通信及其应用技术：是指短距离无线通信和远距离移动通信技术。前者主要是 RFID 传感识别及类似 WIFI 等通信技术；后者主要是 GPRS、3G、LTE、4G 等移动通信技术。

（6）互联网技术：车联网是通过整合车、路、人各种信息与服务，最终为人（车内的人及关注车内的人）提供服务。因此，能够获取车联网提供的信息和服务的不仅是车载终端，而是所有能够访问互联网及移动互联网的终端，因此，计算机、手机也是车联网的终端。

16.5.3 物联网与车联网技术的应用

物联网技术的主要应用领域包括智能电网（电网管理、节能与安全故障预警）、智能交通（公交运营生产调度、实时交通信息控制道路视频监控和 ETC 系统、车车及车与基础设施通信）、智能安防（城市及大型公共设施监控）、智能工业（供应链管理、生产工艺优化、设备监控管理、安全生产管理）、智能环保（生态、人居环境监测）、智能物流（流程管理、信息服务平台）、食品药品安全（生产过程信息采集与管理）、智慧城市（城市管理、城市信息服务）等。

当前车联网技术的应用主要包括：进行车辆驾驶安全等级评定，对车辆保险业务的客户进行评级优化；获取车辆驾驶数据及故障信息，提醒驾驶员及时维修保养，开发系统减轻驾驶员的负担，提高驾驶舒适性，为驾驶员发送视觉、听觉和（或）触觉报警信号，加快驾驶员反应，自主制动以预防事故或减轻其严重程度。

思考题

1. 什么是智能交通系统？其服务领域包括哪些内容？
2. 简述交通管理系统的结构和主要功能。
3. 简述公共交通系统的结构和主要功能。
4. 简述车辆导航系统的结构和主要功能。

参考文献

［1］任福田，刘小明，荣建，等．交通工程学［M］．2 版．北京：人民交通出版社，2008.

［2］任福田，刘小明，孙立山，等．交通工程学［M］．3 版．北京：人民交通出版社股份有限公司，2020.

［3］王炜，过秀成．交通工程学［M］．2 版．南京：东南大学出版社，2011.

［4］原交通部．公路建设项目环境影响评价规范，JTG B03—2006［S］．2006.

［5］中华人民共和国国家质量监督检验检疫总局，中国国家标准化管理委员会．环境空气质量标准，GB 3095—2012［S］．2016.

［6］国家环境保护局．城市区域环境振动标准，GB 10070—1988［S］．1989.

［7］王炜．城市交通管理规划指南［M］．北京：人民交通出版社，2003.

［8］杨晓光，等．城市道路交通设计指南［M］．北京：人民交通出版社，2003.

［9］陆化普，等．城市交通管理评价体系［M］．北京：人民交通出版社，2003.

［10］王炜，陈学武，陆建．城市交通系统可持续发展理论体系研究［M］．北京：科学出版社，2004.

［11］王炜，杨新苗，陈学武．城市公共交通系统规划方法与管理技术［M］．北京：科学出版社，2002.

［12］王炜，项乔君，常玉林，等．城市交通系统能源消耗与环境影响分析方法［M］．北京：科学出版社，2002.

［13］王炜，邓卫，杨琪．公路网络规划建设与管理方法［M］．北京：科学出版社，2006.

［14］王炜，高海龙，李文权．公路交叉口通行能力分析方法［M］．北京：科学出版社，2000.

［15］裴玉龙，王炜．道路交通事故成因及预防对策［M］．北京：科学出版社，2004.

［16］过秀成．道路交通运行分析基础［M］．南京：东南大学出版社，2010.

［17］过秀成．道路交通安全学［M］．南京：东南大学出版社，2004.

［18］过秀成，盛玉刚．公路交通事故黑点分析技术［M］．南京：东南大学出版社，2009.

［19］裴玉龙．道路交通安全［M］．北京：人民交通出版社，2004.

［20］王建军，严宝杰．交通调查与分析［M］．北京：人民交通出版社，2004.